融合 教育在北京

培智学校
康复训练评估与教学

孙颖 陆莎 王善峰 ● 著

PEIZHI XUEXIAO
KANGFU XUNLIAN PINGGU YU JIAOXUE

华夏出版社
HUAXIA PUBLISHING HOUSE

前　言

　　课程是实现育人目标的主要载体。2016年，教育部颁布了《盲校义务教育课程标准》《聋校义务教育课程标准》和《培智学校义务教育课程标准》（以下简称"培智学校课标"），这是中华人民共和国成立以来第一次为残疾学生专门制定的一整套系统的学习标准，是对我国多年来特殊教育发展和教育教学改革经验的集中总结，充分体现了党和国家对残疾儿童教育的高度重视。这三类特殊教育学校课程标准正式发布后，特殊教育学校以落实新课标为契机，掀起了一轮特教学校课程建设热潮，尤其是一些培智学校，从学生实际需要出发，依照新课标开展了诸多实践探索。

　　2016年版培智学校课标规定了培智学校义务教育课程的性质、目标和主要内容，明确了不同阶段培智学校学生在知识与技能、过程与方法、情感态度与价值观等方面的基本要求，提出了教学、评价和实施建议。培智学校课标在政治性、思想性和重大原则方面与普通学校课程标准保持一致，也根据残疾学生的身心特点和学习成长规律，对普通学校课程标准做了科学调整与转化，同时结合我国特殊教育实践经验，专门研制开发了特色课程，其中培智学校康复训练课程就是具有代表性的课程，这类课程重点解决残疾学生的潜能开发和功能补偿问题，以促进他们全面发展、更好地融入社会。康复训练的目的是综合、协调地应用各种措施，为培智学校中有康复训练需求的学生提供一系列基础训练、专业技术和环境支持，使其达到和维持身心最佳的功能状态。除智力障碍学生之外，培智学校中的多数学生还伴有运动、感知觉、沟通与交往、情绪与行为等障碍，其个体间差异及个体内差异较为显著。教育与康复的有机结合，能补偿学生身心缺陷，满足其学习与发展需求，因此康复训练课程对提升培智学校学生的生活质量具有不可替代的重要作用。

　　长期以来，由于康复训练专业的综合性与课程实施的特殊性，使得学校在课程实践中遇到诸多挑战。例如：有些学校面对学生不知如何有针对性地开展与落实康复训练课程标准；有些学校虽然按照要求开设了康复训练课，但多数教师表示较难把握课程标准，不知如何将康复训练课程目标转化为有康复需求学生的实际目标，所授康复训练课的有效性也较难评价。基于上述问题，北京教育科学研究院特殊教育研究指导中心于2018年启动"培智学校康复训练课程评估与教学指导"项目，明确康复训练课程中动作训练、感知觉训练、沟通与交往训练、情绪与行为训练四个领域的初筛标准、教学评估标准；明确标准达成过程中的主要流程和需关注的关键问题，提出解决问题的策略和示范案例，帮助培智学校教师解决"教谁""教什么""从哪教""教到什么程度""怎么教"等问题，为培智学校实施康复训练课程在评估、组织、实施、评价等方面提供了方法论的支撑。本书在三年多的市区校联动探索中，聚焦培智学校康复训练课程标准，基于问题的解决，重点从三个方面研究与实践，促进培智学校更加有效地落实康复训练课程标准，恢复学生的身心最佳功能状态，提高其生活质量。

第一，基于学生需求，帮助教师解决"教谁""教什么"的问题。"如何借助康复训练课程标准帮助教师初步筛选有不同康复训练需求的学生""如何针对学生的实际需求设计制订个别化康复训练计划"是学校实施康复训练课程首先要解决的问题，同时也是旨在帮助教师解决"教谁""教什么"的问题，解决这些问题是课程实施的基础。为帮助教师初步筛选哪些学生有哪些康复需求，我们聚焦学生在动作、感知觉、沟通与交往、情绪与行为这四个康复训练领域中自身发展需要的必备品格和关键能力，初步研制初筛表及评估工具，帮助教师初步筛选出有康复训练需求的学生，并以其初筛时"不通过""部分通过"的能力水平，确定康复训练的领域范畴、环境与课程支持的强度。

第二，基于教育评估，帮助教师解决"从哪教""教到什么程度"的问题。评估与教学相辅相成，各个领域的康复训练始于评估，终于评估。项目组以培智学校康复训练课程标准的内容要求为准则，编制了《动作训练教育评估表》《感知觉教育评估表》《沟通与交往教育评估表》《情绪与行为教育评估表》及其配套的评估标准解析，评估标准解析从每个条目的评估目的、评估要求、辅助材料以及评价标准等方面进行解析，并从三个等级进行评价，赋予每个等级具体的界定和解释，帮助教师确定"从哪教"和"教到什么程度"等问题。

第三，提炼关键要素，帮助教师解决"怎么教"的问题。教育训练是落实康复训练标准的保障，教育训练的关键问题是能否准确、有针对性地设计与实施训练，那么训练方法是否有指导性显得至关重要。为此，我们首先提炼各康复训练领域的关键要素，从设计教学目标、确定教学内容、选择教学策略、动态教学评价等方面给予具体的指导意见，同时基于这些关键要素，设计不同类型的教学示例，结合典型示例帮助教师解决"怎么教"的问题。

以上三个方面既是项目组实践研究的核心内容，也是本书的基本框架。在2021年国务院办公厅转发的《"十四五"特殊教育发展提升行动计划》中明确提出"教育质量全面提升，课程教材体系进一步完善，教育模式更加多样，课程教学改革不断深化，康复与特殊教育进一步深度融合"的主要目标，我们也希望本书能为进一步推进特殊教育课程建设与教学改革提供可借鉴的范例。

本书的研究成果是集体的智慧，是专家和一线教师共同付出的结果。感谢在项目研究过程中以方中雄院长为首的北京教育科学研究院各位领导的指导与大力支持；感谢北京师范大学刘艳虹教授的悉心指导与专业付出；感谢北京市健翔学校王桂香、李文新、门越等老师，北京市西城区培智中心学校孙广宇、薛玲玲等老师，北京市朝阳区安华学校李雁、李霞、白静、文英等老师的积极参与和实践探索；感谢北京教育科学研究院特殊教育研究指导中心的全体同仁对本项目的支持与付出，在此一并感谢。

限于我们的能力和水平，本书难免存在不足之处，希望读者们批评指正，以便今后进一步改进和完善。

孙颖

2022 年 7 月

目 录

第一章 动作训练的教育评估与教学设计 … 1

第一节 概述 … 1
一、动作训练的内容 … 1
二、动作训练的流程 … 2

第二节 动作训练的教育评估 … 5
一、粗大动作教育评估 … 6
二、精细动作教育评估 … 25

第三节 动作训练的教学活动设计 … 46
一、动作训练教学活动设计的基本要素 … 46
二、动作训练教学活动设计示例 … 49

第二章 感知觉训练的教育评估与教学设计 … 71

第一节 概述 … 71
一、感知觉的发展阶段 … 71
二、感知觉训练的内容 … 72
三、感知觉训练的流程 … 77

第二节 感知觉的教育评估 … 80
一、视觉教育评估 … 81
二、听觉教育评估 … 88
三、触觉教育评估 … 92
四、味觉教育评估 … 96
五、嗅觉教育评估 … 97
六、前庭觉与本体觉教育评估 … 99

第三节 感知觉的教学活动设计 … 102
一、视觉的教学活动设计 … 103
二、听觉的教学活动设计 … 109

三、触觉的教学活动设计 …………………………………………………… 112
　　四、味觉的教学活动设计 …………………………………………………… 116
　　五、嗅觉的教学活动设计 …………………………………………………… 118
　　六、前庭觉与本体觉教学活动设计 ………………………………………… 119

第三章　沟通与交往训练的教育评估与教学设计 …………………………… 123
第一节　概述 ……………………………………………………………………… 123
　　一、沟通与交往的基本概念 ………………………………………………… 123
　　二、沟通与交往的训练内容 ………………………………………………… 124
　　三、沟通与交往训练的实施流程 …………………………………………… 126
第二节　沟通与交往训练的教育评估 ………………………………………… 130
　　一、沟通与交往教育评估表 ………………………………………………… 131
　　二、沟通与交往教育评估标准解析 ………………………………………… 134
第三节　沟通与交往的教学活动设计 ………………………………………… 152
　　一、沟通与交往的教学训练活动 …………………………………………… 152
　　二、沟通与交往的教学训练活动示例 ……………………………………… 156

第四章　情绪与行为训练的教育评估与教学设计 …………………………… 177
第一节　概述 ……………………………………………………………………… 177
　　一、情绪与行为训练的内容 ………………………………………………… 177
　　二、情绪与行为训练的实施流程 …………………………………………… 178
第二节　情绪与行为的教育评估 ………………………………………………… 182
　　一、情绪与行为教育评估表 ………………………………………………… 182
　　二、情绪与行为教育评估标准解析 ………………………………………… 185
　　三、教育评估标准解析使用说明 …………………………………………… 205
第三节　情绪与行为的教学活动设计 ………………………………………… 206
　　一、情绪与行为的教学训练理念 …………………………………………… 206
　　二、情绪与行为的教学训练活动 …………………………………………… 207

参考文献 …………………………………………………………………………… 245

第一章 动作训练的教育评估与教学设计

导读：本章内容围绕2016年版的《培智学校义务教育康复训练课程标准》对动作训练的内容和要求展开。怎样开展动作训练的教学？动作训练的流程能给您一定的启示。哪些学生需要参加学校的动作训练？动作技能的初筛能回答您这个问题。怎样确立动作训练的教学目标？北京市特殊教育研究指导中心自主编制了《动作训练教育评估表》和《动作训练教育评估标准解析》，二者配套使用，简单且容易操作。怎样设计动作训练活动？20个动作训练教育活动示例可供您参考。

第一节 概述

一、动作训练的内容

《培智学校义务教育康复训练课程标准（2016年版）》（以下简称"课标"）中动作训练的内容包括粗大动作训练和精细动作训练两部分。

（一）粗大动作训练内容

粗大动作训练主要集中于爬、坐、站立、行走、跑、跳、推、抛、接、踢等动作技能。许多培智学校学生都存在粗大动作能力落后或不足的情况，如智力障碍学生表现为动作灵活程度不足，协调性差等；孤独症谱系障碍学生呈现出异常的运动姿势，重复性的手势和动作及不良的走路姿态等；唐氏综合征学生表现为动作笨拙不协调、步态不稳、肌张力低；运动功能障碍是脑瘫学生的主要问题。

课标中的粗大动作训练分为姿势控制、移动、平衡与协调三个部分。粗大动作训练的内容是通过设计相关活动，使学生能够控制头部活动，发展躺卧、滚翻、坐跪、站立、行走、跑步、跳跃、爬行及身体协调等能力，以满足学生日常生活及学习活动中对姿势的控制以及移动和运动等方面的需求。

（二）精细动作训练内容

精细动作是指手部小肌肉动作，主要涉及手指、手掌和手腕等的活动能力。在培智学校中有很多学生存在精细动作发展落后或迟缓现象。很多学生的手眼协调、单手操作、双手配合能力差，精细动作成功率较低，不能自如地做各种灵巧的动作，手指显著不灵活，并且动作笨拙，如在使用剪刀、解纽扣、系鞋带、使用筷子、写字与绘画等方面。

课标中的精细动作训练分为手部动作、手眼协调、握笔写画和使用工具四个部分。精细动作训练的目标在于提高手腕及手指的小肌肉群的活动能力。训练强调功能发展，例如能够画直线、画圆以及画各种平面图形，穿珠子、系鞋带、解鞋带、折纸、剪纸、做手工、泥工、烙画、筷子夹豆、翻书页、做手指操等游戏，为逐步过渡到能够日常生活自理奠定基础。

二、动作训练的流程

在课标发布以前，培智学校课程体系是以校本课程为核心开发设计的，每所学校的学生残疾程度不同，教学资源配置也不同，反映出来的教学需求也就不同。关于动作训练课程与标准制定，多采取有需要、有资源、有能力就开展；没有资源、没有康复教师，但学生有需求，就只能选择替代性课程。比如，通过参与体育活动、户外游戏等方式弥补动作康复需求。虽然开展了相关的活动，但接受教育康复的有效性会有很大偏差。

《培智学校义务教育课程设置实验方案》中说明了"7+5"的主体课程架构，包括一般性课程和选择性课程两种，其中康复训练课程是选择性课程。这意味着并不是所有的学生都需要参与动作训练，而是基于数据的分析来确定个体是否需要接受动作训练。

根据课标要求，培智学校的动作训练课程合理运用学校的康复资源，以评估为基础，拟订个别化教育计划（individualized education plan，以下简称IEP）目标，根据康复活动解析建议开展动作训练课程。动作训练流程分为初筛，分流，评估，拟订IEP，实施、检验与调整五个环节，见图1-1。

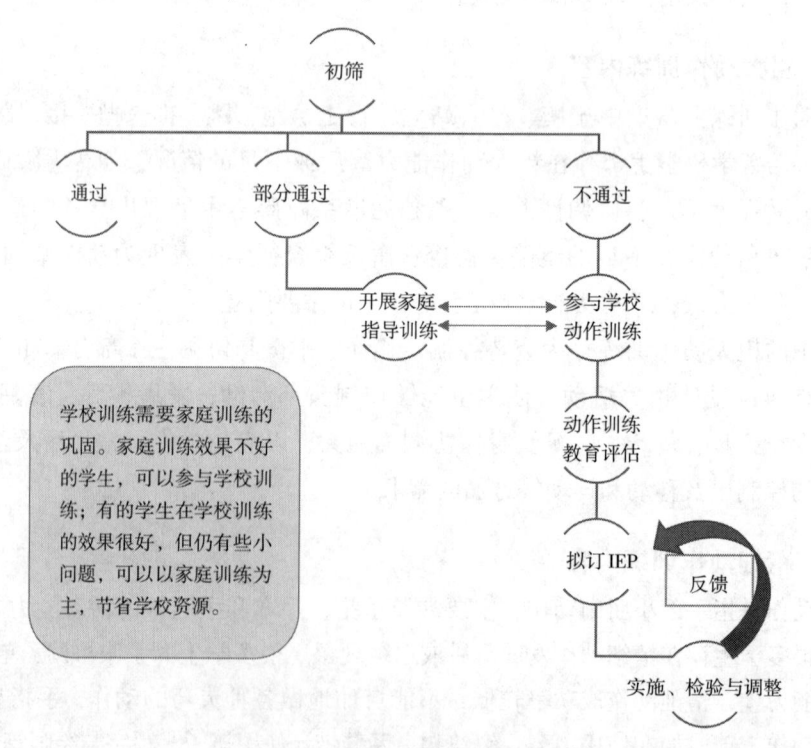

图1-1 动作训练实施的流程

(一) 初筛

以北京市特殊教育研究指导中心课题组编制的《动作训练初筛表》(见表1-1) 作为初筛工具,对全校学生开展初步筛查。在初筛阶段,评估者一定是熟悉被评学生的人员。可采用日常观察、他人(科任教师、班主任、家长、同伴等熟悉被评学生的人)报告、实际评测的方法获取信息。可以任选一种方法,也可以任意组合两种方法或者灵活使用三种方法收集信息作为评价的依据。我们提倡将日常观察和/或他人报告作为收集学生数据的主要评测方式;进行个别条目的实际测评时,要根据学生的需要,以语言提示、动作示范、辅助操作、辅助器具等方式引导学生完成条目要求。实测时,一个条目最多评测3次。如果学生情绪不稳定或不配合,就需要另换时间实测。初筛结果将作为学生接受学校康复训练和家庭指导训练的依据。

表1-1 动作训练初筛表

学生姓名:_____ 性　别:_____ 年　龄:_____ 班　级:_____
残疾类别:_____ 残疾程度:_____ 测评方法:_____ 测评时间:_____

模块	序号	条目	说明	评价 通过	评价 部分通过	评价 不通过	备注
粗大动作	1	翻身起床	从仰卧位或俯卧位翻身站立起来				
粗大动作	2	稳坐1分钟	立腰,挺胸,上体自然挺直,双膝自然并拢,双腿正放或侧放,稳定地坐在椅子上参与活动				
粗大动作	3	站直1分钟	抬头挺胸,两臂自然下垂,两脚跟并拢,稳定站立着参与活动				
粗大动作	4	如厕	稳定维持蹲姿动作				
粗大动作	5	行走3米	双下肢自然交替行走				
粗大动作	6	上下楼梯5阶	一步一阶交替上下楼梯				
粗大动作	7	小跑5米	双下肢快速交替,双脚交替腾空,从脚跟至全脚掌着地向前跑				
粗大动作	8	连续跳跃5次	双脚同时抬离地面,连续跳跃				

续表

模块	序号	条目	说明	评价 通过	评价 部分通过	评价 不通过	备注
精细动作	9	拍手3次	双手向中线连续拍手，并拍出声音				
	10	穿珠3个	用绳子将3个串珠穿起来				
	11	拧毛巾	双手拧毛巾，能拧出水来				
	12	积木叠高3块	积木稳定叠高，不掉落				
	13	涂色	将简单图形（直径5厘米内的圆形、三角形或正方形）涂满颜色				
	14	敲鼓3次	连续敲鼓，并发出响亮声音				
	15	剪绳	使用剪刀剪断绳子				
	16	夹夹子	使用夹子夹住卡片/袜子				

评价分为三种方式：

通过：按指令独立完成动作并达到要求，允许使用辅具；

部分通过：需要他人<25%的助力（即他人的肢体帮助）才能达到动作要求；

不通过：需要他人≥25%的助力才能达到动作要求。

如某个项目无法进行判断，则在备注一栏打"×"，以区别未测或漏测，并提示评估者注意日后在使用该项目能力的情境中观察学生的表现。

（二）分流

初筛结果是学生分流的依据。动作训练初筛中，如果学生所有条目的评价结果均为"通过"，表示该学生的动作技能协调性、灵巧性、熟练程度、动作质量表现较好，不需要额外开展学校动作训练。如果学生某一条目评价结果为"部分通过"，需要接受家庭指导训练以解决动作问题，学校需为家长提供适合的、便于家庭开展的动作训练指导计划，如训练效果不理想，则需要参加学校的动作训练。如果学生某一条项目完成情况为"不通过"，则需要接受学校的动作训练，并且同步接受家庭训练，以巩固康复训练的效果。

（三）评估

使用北京市特殊教育研究指导中心自主编制的《动作训练教育评估表》及其配套的《动作训练教育评估标准解析》，对需要参与学校动作训练的学生进行动作技能的评估（详见本章第二节）。依据学生的个体情况、教师的专业水平和学校资源的匹配情况，需要针对具体问题做一个专业化评估时，可选择专业的评估量表评估做补充，如

PDMS-2[①]、GMFM-66 和 GMFM-88[②] 等。

（四）拟订 IEP

IEP 已在北京市推广应用。特殊教育教师会为每个特殊需要学生拟订 IEP。在讨论拟订 IEP 的过程中，动作训练教师也要参与讨论，报告学生动作技能的评估情况，并与班主任、其他教师和家长共同商定动作训练的教学目标、教学内容和训练方式。

（五）实施、检验与调整

实施 IEP。基于数据导向，并通过观察学生在日常生活与学习环境中的表现，检验训练目标的达成情况并适时调整训练方向。在训练—调整—再训练的过程中促进学生动作技能的提升。

第二节　动作训练的教育评估

评估与教学是相辅相成的，动作训练始于评估，也终于评估。北京市特殊教育研究指导中心课题组以课标中对动作训练的内容要求为准则，以动作发展的山峰理论为依据，以基本动作技能为考察点，自主编制了《动作训练教育评估表》及其配套的《动作训练教育评估标准解析》。《动作训练教育评估表》由粗大动作（包含姿势控制、移动、平衡与协调三个模块）和精细动作（包含手部动作、手眼协调、握笔写画、使用工具四个模块）两部分组成，共计 50 个条目，采用"0""1""2"三个等级的评估方式。《动作训练教育评估标准解析》从每个条目的评估目的、评估要求、辅助材料以及评价标准四个方面进行解析，并对"0""1""2"三个等级进行解释说明："0"表示需要他人 50% 以上的辅助完成活动；"1"表示需要他人 50% 以下的辅助完成活动；"2"表示独立完成活动。基于辅助器具的支持与使用是部分残疾学生实现功能自主的有效途径，如果学生在辅助器具的支持下能够独立完成活动，在评估中也计为"2"。评估为"0"或"1"的条目，要描述学生在该条目的具体表现。评估结果将作为开展动作训练的依据。

评估者一定是熟悉被评学生的人员。可采用日常观察、他人报告、现场实测的方法获取信息。可以任选一种方法，也可以任意组合两种方法或者灵活使用三种方法收集信息作为评价的依据。评估的每一条目都基于功能导向。绝大多数条目在日常生活、学习、游戏玩耍的过程中表现出其要求。因此，提倡日常观察和/或他人报告作为收集

---

① Peabody 运动发育量表（Peabody Developmental Motor Scales 2，PDMS-2），该量表由 6 个亚测验组成，包括反射、姿势、移动、实物操作、抓握和视觉运动整合等，共 249 项。

② 粗大运动功能测量（Gross Motor Function Measure，GMFM）是对粗大运动进行量化评定的一种方法。此量表的评估对象为脑性瘫痪儿童，有两个版本，分别是原版的 88 项评估方法（GMFM-88）和新版的 66 项评估方法（GMFM-66）。

学生数据的主要测评方式；进行个别条目的现场实测时，要根据个体差异的需要，以口头提示、图片提示、手势提示、动作示范、肢体辅助、器具辅助等方式引导学生完成条目要求。现场测试的过程中，教师使用社会性强化物，如口头表扬、代币奖励等是很重要的，否则很容易导致现场测试无效。实测时，一个条目最多测评3次。如果学生情绪不稳定或不配合，需要另换时间实测。

一、粗大动作教育评估

（一）粗大动作教育评估表

粗大动作教育评估包含姿势控制、移动、平衡与协调三个模块，共计24个条目，见表1-2。

表1-2 粗大动作教育评估记录表

学生姓名：_____ 性 别：_____ 年 龄：_____ 班 级：_____
残疾类别：_____ 残疾程度：_____ 测评方法：_____ 测评时间：_____

模块	序号	条目	测评方法	评价 2	评价 1	评价 0	备注
姿势控制	1	看大屏幕（1.1）[①]					
	2	坐着上课（1.2）					
	3	俯趴体位下双手伸直支撑（1.3）					
	4	爬（趴）下双手弯曲支撑（1.3）					
	5	维持双膝关节跪位（1.4）					
	6	站立（1.5）					
	7	维持蹲姿（1.6）					
移动	8	头部自如活动（2.1）					
	9	在垫子上滚动翻身（2.2）					
	10	翻身起床（2.3）					
	11	腹部爬行（2.4）					
	12	四点支撑爬行（2.4）					
	13	跪走（2.5）					
	14	蹲起（2.6）					
	15	走（2.7）					
	16	跑（2.8）					
	17	上下楼梯（2.9）					
	18	双脚跳（2.10）					

[①] 编注：括号内的数字表示与之对应的课标条目，全文同。

续表

模块	序号	条目	测评方法	评价 2	评价 1	评价 0	备注
平衡与协调	19	搭桥活动（3.1）					
	20	俯卧撑活动（3.2）					
	21	爬行越过障碍物（3.3）					
	22	坐位传接球（3.4）					
	23	跪立位投篮（3.5）					
	24	踢足球（3.6）					

（二）粗大动作教育评估标准解析

1. 姿势控制

（1）看大屏幕

目的	考察学生坐位、立位下颈部肌肉的力量及其稳定头控的能力（1.1）
要求	坐位、站位均可，两眼向前，头颈直立观看大屏幕（电视）1分钟以上，头部位置不可歪斜或头颈不过分晃动。
器材	教室内的大屏幕（电视）或移动视频设备，学生座椅
图示	
评价	0　需要他人50%以上的双手辅助保持头颈直立观看大屏幕（电视）
	1　需要他人50%以下的辅助保持头颈直立观看大屏幕（电视）1分钟
	2　无需外力辅助，保持头颈直立观看大屏幕（电视）1分钟以上
说明	
注意事项	引导学生观看，若学生不能配合听从指令，可以使用强化物加以引导。

(2) 坐着上课

目的	考察学生坐位下躯干伸直的控制及稳定能力（1.2）
要求	坐在小凳上目视前方，躯干、头颈挺直无晃动，维持1分钟。
器材	学生座椅
图示	
评价	0　需要他人50%以上的双手辅助保持坐姿上课 1　需要他人50%以下的辅助维持坐姿上课1分钟 2　无需外力辅助，维持坐姿上课1分钟
说明	
注意事项	采用日常观察评估。

(3) 俯趴体位下双手伸直支撑

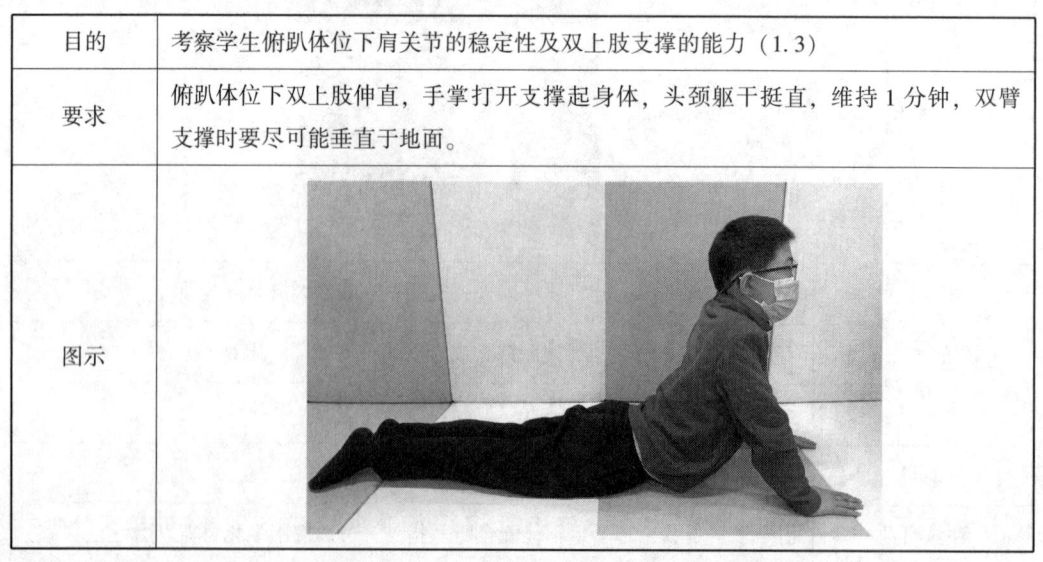

目的	考察学生俯趴体位下肩关节的稳定性及双上肢支撑的能力（1.3）
要求	俯趴体位下双上肢伸直，手掌打开支撑起身体，头颈躯干挺直，维持1分钟，双臂支撑时要尽可能垂直于地面。
图示	

器材	地垫	
评价	0	需要他人50%以上的双手辅助完成俯趴双上肢支撑
	1	需要他人50%以下的辅助维持俯趴双上肢支撑1分钟
	2	无需外力辅助,维持俯趴双上肢支撑1分钟
说明		
注意事项	若学生无法独立完成动作,可由测试者将学生摆位至双上肢支撑体位,以观察学生是否具备支撑能力。	

(4) 爬(趴)下双手弯曲支撑

目的	考察学生趴姿或爬行过程中,肩关节的稳定性及双上肢屈曲时肘关节支撑的能力(1.3)	
要求	趴姿下(俯趴、四点趴)双上肢屈曲,肘关节支撑呈90°(手掌及前臂接触地面)撑起躯干并抬头,维持1分钟,上臂尽可能垂直于地面。	
图示		
器材	地垫	
评价	0	需要他人50%以上的双手辅助完成爬(趴)姿下肘支撑
	1	需要他人50%以下的辅助维持爬(趴)姿下肘支撑1分钟
	2	无需外力辅助,维持爬(趴)姿下肘支撑1分钟
说明		
注意事项	可以辅助学生摆位完成初始动作。	

(5) 维持双膝关节跪位

目的	考察学生背部、臀部肌肉力量及跪位时下肢支撑能力（1.4）
要求	双下肢并拢，屈膝 90°，踝关节跖屈（绷脚尖），跪立在地垫上保持 1 分钟，头颈躯干挺直，不能大幅晃动。
图示	
器材	地垫
评价	0 需要他人 50%以上的双手辅助完成双膝关节跪位
	1 需要他人 50%以下的辅助维持双膝关节跪位 1 分钟
	2 无需外力辅助，维持双膝关节跪位 1 分钟
说明	
注意事项	考察学生跪位支撑，如果注意力影响跪位时长，可借助强化物。

(6) 站立

目的	考察学生双下肢支撑，维持站立的动作能力（1.5）
要求	双下肢伸直支撑，全脚掌踩地，抬头、躯干挺直无晃动，保持站立 1 分钟。
图示	

续表

器材	无	
评价	0	需要他人 50% 以上的双手辅助完成站立
	1	需要他人 50% 以下的辅助维持站立 1 分钟
	2	无需外力辅助，维持站立 1 分钟
说明		
注意事项	日常观察，保持站立位姿势。	

（7）维持蹲姿

目的	考察学生全身性屈曲能力及蹲姿下的控制能力（1.6）	
要求	双下肢屈曲，全脚掌踩地，躯干向前微倾使膝关节贴紧胸口，双臂环抱膝关节，维持蹲姿 1 分钟。	
图示		
器材	无	
评价	0	需要他人 50% 以上的双手辅助完成蹲姿
	1	需要他人 50% 以下的辅助维持蹲姿 1 分钟
	2	无需外力辅助，维持蹲姿 1 分钟
说明		
注意事项	需要学生做到全脚掌踩地（后脚跟着地）。	

2. 移动

（8）头部自如活动

目的	考察学生是否具备稳定的头控能力（2.1）
要求	头部完成低头、仰头、环看四周的动作，动作流畅。
图示	
器材	无
评价	0　需要他人50%以上的辅助完成头部活动
	1　需要他人50%以下的辅助完成头部活动，或头部活动幅度小，活动受限
	2　无需外力辅助，独立完成低头、仰头、环看四周的动作控制
说明	
注意事项	考察学生的头控能力，若学生听从指令的能力较差，影响评测，可借助强化物。

（9）在垫子上滚动翻身

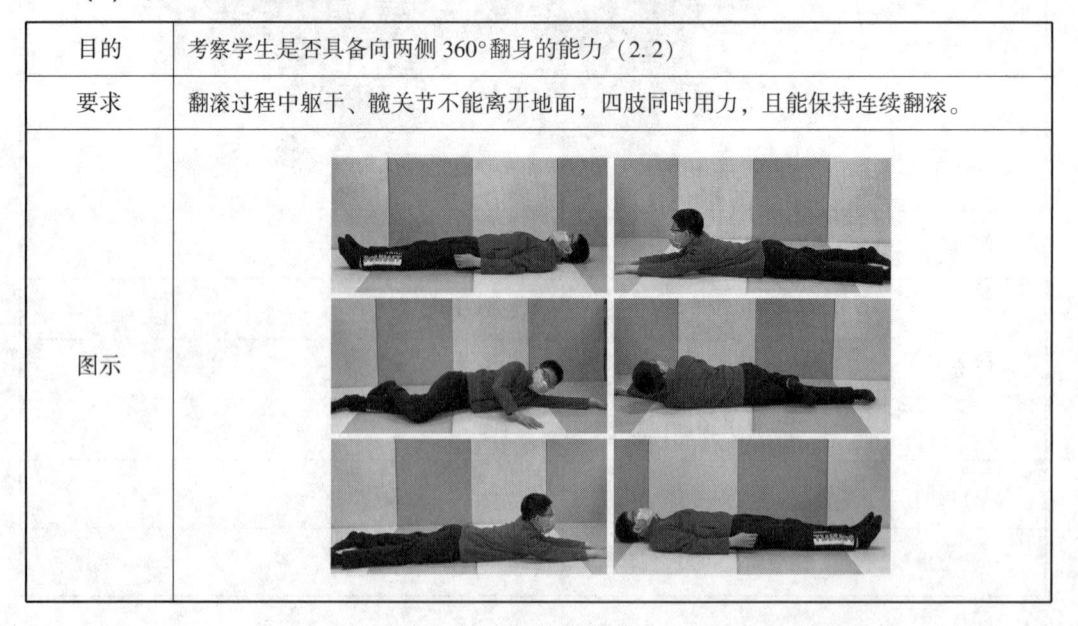

目的	考察学生是否具备向两侧360°翻身的能力（2.2）
要求	翻滚过程中躯干、髋关节不能离开地面，四肢同时用力，且能保持连续翻滚。
图示	

器材	地垫	
评价	0	需要他人50%以上的双手辅助完成翻身活动
	1	需要他人50%以下的辅助完成两侧360°翻身，或自主翻身180°
	2	无需外力辅助，独立完成两侧360°滚动翻身
说明		
注意事项	关注躯干是否翻转，并且能向两侧翻身。	

（10）翻身起床

目的	考察学生是否具备满足生活起居的以手支撑身体坐起来的能力（2.3）
要求	上身翻动至以手支撑身体坐起来，完成起床活动。
图示	
器材	地垫

评价	0	需要他人50%以上的双手辅助完成翻身起床活动
	1	需要他人50%以下的辅助完成翻身，以手支撑身体坐起至起床活动
	2	无需外力辅助，独立完成翻身起床
说明		
注意事项	坐起至躯干完全垂直于地面，双上肢可自主扶持。	

(11) 腹部爬行

目的	考察学生爬行过程中的上下肢支撑能力及协调动作的能力（2.4）
要求	腹趴在地面上，四肢参与，手脚协调地向前爬行，躯干不离开地面。
图示	
器材	地垫
评价	0　需要他人50%以上对双下肢的辅助完成腹部爬行
	1　需要他人50%以下的辅助完成腹部爬行
	2　无需外力辅助，独立完成腹部爬行
说明	
注意事项	躯干不离开地面，可通过强化物诱导。

(12) 四点支撑爬行

目的	考察学生爬行过程中的上下肢支撑能力及协调动作的能力（2.4）
要求	手膝位支撑身体四点趴下，上下肢协调地交替向前爬行。
图示	

续表

器材	地垫	
评价	0	需要他人50%以上的辅助完成四点支撑爬行
	1	需要他人50%以下的辅助完成四点支撑爬行
	2	无需外力辅助，独立完成四点支撑爬行
说明		
注意事项	爬行中躯干不能接触地面，双上肢尽量伸直。	

（13）跪走

目的	考察学生臀肌、髂腰肌及股四头肌的力量和在跪位下双下肢协调动作的能力（2.5）	
要求	双膝跪位，转移重心交替出腿移动3米，头颈、躯干挺直无晃动。	
图示		
器材	地垫	
评价	0	需要他人50%以上的辅助完成跪走3米
	1	需要他人50%以下的辅助完成跪走3米
	2	无需外力辅助，独立完成跪走
说明		
注意事项	跪走过程中需交替、连续动作，不跌倒，不用手扶持。	

（14）蹲起

目的	考察学生膝关节、踝关节的稳定性和下肢力量（2.6）
要求	在指令或肢体辅助下完成由蹲姿到站姿的姿势转换（脚后跟着地）5 次。
图示	
器材	无
评价	0　需要他人 50% 以上的辅助完成蹲起 5 次
	1　需要他人 50% 以下的辅助完成蹲起 5 次
	2　无需外力辅助，独立完成蹲起 5 次
说明	
注意事项	蹲起时躯干尽量挺直，双手不能参与扶持。

（15）走

目的	考察学生是否具备行走的能力（2.7）
要求	双下肢自然交替行走，从脚跟至全脚掌着地向前行走 10 米，躯干伸直，髋、膝关节自然交替屈伸。
图示	

续表

器材		无
评价	0	需要他人 50% 以上的辅助站立，完成行走
	1	需要他人 50% 以下的辅助向前行走 10 米
	2	无需外力辅助，独立完成向前行走 10 米
说明		
注意事项		行走过程中不跌倒、不过分晃动、不踮脚尖。

（16）跑

目的		考察学生是否具备跑的能力（2.8）
要求		双下肢快速交替，有瞬间的双脚腾空，脚跟（慢跑）或前脚掌（快跑）着地至全脚掌着地向前跑 10 米，双臂协调交替摆动。
图示		
器材		无
评价	0	需要他人 50% 以上的辅助完成跑的活动
	1	需要他人 50% 以下的辅助向前跑 10 米
	2	无需外力辅助，独立完成向前跑 10 米
说明		
注意事项		采用日常观察法，在自然情境下评测学生的跑步与行走能力；重点观察跑步动作是否协调，是否能保持向前跑动，并自然摆臂。

（17）上下楼梯

目的	考察学生是否具备满足日常生活的上下楼梯的能力（2.9）
要求	双下肢一步一阶交替上下楼梯，无明显晃动，完成5阶楼梯。
图示	
器材	楼梯
评价	0　需要他人50%以上的双手辅助一步一阶上下5阶楼梯
	1　需要他人50%以下的辅助一步一阶上下5阶楼梯或独立两步一阶
	2　无需外力辅助，独立完成一步一阶上下5阶楼梯
说明	
注意事项	采用日常观察法进行评测。重点观察学生是否能一步一阶交替上下楼梯；多数低年级学生是两步一阶的上下楼梯，若能独立完成上下楼梯，可记1分。

（18）双脚跳

目的	考察学生是否具备满足日常体育休闲活动所需的双脚跳的能力（2.10）
要求	双膝微屈，下肢用力，脚掌蹬地，保持身体平衡，双脚同时离地，连续跳3下。
图示	

续表

器材		无
评价	0	需要他人 50% 以上的双手辅助完成双脚跳，或跳不起来
	1	需要他人 50% 以下的辅助完成跳跃，或不能连续跳跃，每次跳 1 下
	2	无需外力辅助，独立完成双脚同时起跳落地，连续跳 3 下
说明		
注意事项		双下肢保持同步动作，重点观察学生的双脚是否能同时离地。

3. 平衡与协调

（19）搭桥活动

目的	考察学生双下肢及臀肌肌力和髋关节控制能力（3.1）
要求	仰卧姿，双下肢并拢，双膝屈曲 90 度，脚掌撑地，臀肌及腰背部发力将身体撑起，呈臀桥姿势，维持 20 秒。
图示	
器材	地垫
评价	0	需要他人 50% 以上的双手辅助完成搭桥活动
	1	需要他人 50% 以下的辅助完成搭桥活动 20 秒
	2	无需外力辅助，独立完成搭桥活动 20 秒
说明	
注意事项	双上肢不参与扶持，晃动不能过大。

（20）俯卧撑活动

目的	考察学生双上肢同步支撑起身体的平衡控制能力（3.2）
要求	俯卧姿，双手掌着地撑起身体，能交替完成3个撑起动作，双下肢可不抬离地面。
图示	
器材	地垫
评价	0　需要他人50%以上的双手辅助完成交替撑起动作
	1　需要他人50%以下的辅助，最多完成2个俯卧撑
	2　无需外力辅助，独立完成3个俯卧撑
说明	
注意事项	首先是俯卧体位，然后提示或辅助学生支撑完成俯卧撑动作。

(21) 爬行越过障碍物

目的	考察学生爬行状态下越过障碍物的能力（3.3）	
要求	以手、膝支撑的四点爬行，观察前方的障碍物，稳定绕过或越过障碍物。	
图示		
器材	地垫	
评价	0	需要他人 50% 以上的双手辅助爬行越过障碍物
	1	需要他人 50% 以下的辅助爬行越过障碍物或爬行越过障碍物时不会跌倒
	2	无需外力辅助，独立爬行并越过障碍物
说明		
注意事项	障碍物高 20~30 厘米，宽 20 厘米，如大型积木、小跨栏、放倒的锥筒等。关注学生爬行时对四肢的稳定控制能力，越过或绕开障碍物时不会跌倒。	

（22）坐位传接球

目的	考察学生坐位下进行双上肢活动时，躯干的稳定性及平衡控制能力（3.4）
要求	坐在小圆凳上双手持球，与教师进行 5 次连续传接球，晃动不能过大。
图示	
器材	地垫、无靠背小圆凳、软排球
评价	0	需要他人 50% 以上的双手辅助完成坐位传接球，或只能自主传接球 1~2 次
	1	需要他人 50% 以下的辅助完成 5 次坐位传接球，或自主传接球并保持平衡 3~4 次
	2	无需外力辅助，独立完成 5 次坐位传接球
说明	
注意事项	坐位时能保持平衡，不跌倒，不起身；接球时能看球，伸手接球；传球时能看教师，传到指定位置，没有偏差。

（23）跪立位投篮

目的	考察学生跪立位下进行双上肢活动时，躯干及骨盆的稳定性及平衡控制能力（3.5）
要求	跪立位，双手持球，向前方 2 米距离投篮 5 次，活动中保持标准跪姿，躯干晃动幅度不可过大。
图示	
器材	篮球、1 米高的篮筐
评价	0	需要他人 50% 以上的双手辅助完成跪立位投篮
	1	需要他人 50% 以下的辅助完成 3 次跪立位投篮，或自主投篮不足 1 米
	2	无需外力辅助，独立完成 5 次跪立位投篮
说明	
注意事项	投篮过程中，双上肢用力，身体保持平衡不跌倒。

(24) 踢足球

目的	考察学生站立位时下肢单侧支撑参与活动及平衡控制能力（3.6）
要求	站立位，下肢单侧支撑，对侧下肢摆动踢球 5 次，支撑腿伸直站稳，晃动幅度不可过大。
图示	
器材	足球
评价	0　需要他人 50%以上的双手辅助完成踢球
	1　需要他人 50%以下的辅助完成 3 次踢球
	2　无需外力辅助，独立完成 5 次踢球
说明	
注意事项	观察学生踢球过程中下肢单侧支撑能力和对身体的平衡控制能力。

二、精细动作教育评估

(一) 精细动作教育评估表

精细动作教育评估包含手部动作、手眼协调、握笔写画和使用工具四个模块，共计 26 个条目，见表 1-3。

表 1-3　精细动作教育评估表

学生姓名：_____　　性　　别：_____　　年　　龄：_____　　班　　级：_____
残疾类别：_____　　残疾程度：_____　　测评方法：_____　　测评时间：_____

模块	序号	条目	评测方法	评价 2	评价 1	评价 0	备注
手部动作	25	五指伸展（1.1）					
	26	伸出食指（1.2）					
	27	拇、食指对捏拿取小物品（1.2）					
	28	五指抓握拿取大物品（1.2）					
	29	按手印（1.2）					
	30	推拉门/柜（1.2）					
	31	摇晃物品（1.2）					
	32	敲鼓（1.2）					
	33	拍手（1.3）					
	34	拧毛巾（1.3）					
	35	双手捧（1.3）					
	36	手递手（1.3）					
手眼协调	37	积木叠高（2.1）					
	38	穿珠子（2.2）					
	39	插棒（2.2）					
	40	拼图（2.3）					
握笔写画	41	前三指握笔（3.1）					
	42	涂鸦（3.1）					
	43	涂色（3.2）					
	44	仿画线段（3.3）					
	45	仿画简单图形（3.3）					

续表

模块	序号	条目	评测方法	评价 2	评价 1	评价 0	备注
使用工具	46	用勺子进餐（4.1）					
	47	涂抹、粘贴卡片（4.2）					
	48	使用夹子夹住物品（4.3）					
	49	使用印章（4.4）					
	50	使用剪刀剪纸（4.5）					

（二）精细动作教育评估标准解析

1. 手部动作

（25）五指伸展

目的	考察学生五指伸展的能力（1.1）
要求	双手五指伸展—抓握—伸展，反复3次。
图示	
器材	无
评价	0　需要他人50%以上的辅助完成五指伸展动作
	1　需要他人50%以下的辅助完成五指伸展—抓握—伸展动作，或自主完成2次及以下
	2　无需外力辅助，独立完成五指伸展动作
说明	
注意事项	1. 五指指伸展时，五指都要伸展—抓握—伸展，这算是1个标准动作，需要连续完成3次动作。 2. 伸直手指时，可以是五指张开状，也可以是五指并拢状伸直。

(26) 伸出食指

目的	考察学生屈伸控制食指的能力（1.2）
要求	单手握拳，令食指伸展—屈曲—伸展，反复 3 次，保持其余四指屈曲。
器材	无
图示	
评价	0　需要他人 50%以上的辅助完成数字手势 1 的动作
	1　需要他人 50%以下的辅助完成食指的伸展动作，或伸不直、弯不下，或只能自主完成 2 次
	2　无需外力辅助，独立完成伸出食指动作
说明	
注意事项	1. 食指伸展时，保持其余四指的屈曲状态。 2. 当食指弯曲时，食指各指关节要保持完全的屈曲状态。 3. 能连续完成 3 次动作。

(27) 拇、食指对捏拿取小物品

目的	考察学生拇指、食指对捏拿取物品的能力（1.2）
要求	惯用手的拇指和食指伸展，尽可能保持其余三指屈曲，从桌面上捏起积木，并放到小筐里。
图示	

续表

器材		边长 2 厘米小积木、小筐
评价	0	需要他人 50%以上的辅助完成拇、食指对捏积木动作
	1	需要他人 50%以下的辅助完成拇、食指对捏积木的动作，或转移积木时会掉落
	2	无需外力辅助，独立完成拇、食指对捏积木并放到小筐里
说明		
注意事项		1. 前两指（拇、食指）准确拿捏积木，并能转移到指定位置。 2. 有些学生在拿捏时，其余三指也呈现伸展状态，但可以完成拿捏动作且积木不会掉落，可记 2 分。

（28）五指抓握拿取大物品

目的	考察学生五指伸展、抓握拿取物品的能力（1.2）
要求	五指伸展，从桌面上大把抓握住积木，并放到小筐里。
图示	
器材	直径大于 5 厘米的圆柱体积木、小筐
评价	0	需要他人 50%以上的辅助完成抓握拿取积木的动作
	1	需要他人 50%以下的辅助完成五指抓握拿取积木的动作，或抓握拿取时积木会掉落
	2	无需外力辅助，独立完成五指抓握拿取积木并放到小筐里的动作
说明		
注意事项		1. 抓握时，五指能全部伸展，能大把抓握物品并将其转移。 2. 区别于使用指尖拿捏物品，抓握时，物品要在手掌中。

(29) 按手印

目的	考察学生食指伸展控制及按压的能力（1.2）
要求	伸出惯用手的食指，其他四指屈曲，以食指蘸取颜料，在指定位置点按并留下清晰的印记。
图示	
器材	颜料或印油、白纸
评价	0　需要他人 50%以上的辅助完成食指点按的动作
	1　需要他人 50%以下的辅助完成点按的动作，或点按的图案不清晰
	2　无需外力辅助，独立完成食指按手印的动作
说明	
注意事项	1. 食指伸展时，要保持其余四指屈曲。 2. 蘸取颜料时，确保食指指腹印上颜料即可，而不是整个手指尖插到颜料中。 3. 点按手指印时，能将整个指腹点按到纸上，手指保持伸直状态。

(30) 推拉门/柜

目的	考察学生五指抓握及上肢完成推拉动作时的力量和控制能力（1.2）
要求	五指抓握门/柜把手，用力推或拉，以打开或关闭门/柜。

续表

图示			
器材	推拉门/柜		
评价	0	需要他人50%以上的辅助完成推拉门/柜的动作	
	1	需要他人50%以下的辅助完成推拉门/柜的动作,或不能将动作完成彻底	
	2	无需外力辅助,独立完成推拉门/柜的动作	
说明			
注意事项	1. 推：用手抓握门把手或手掌张开置于门的边缘部分,用力向外推,且能打开门。 2. 拉：用手抓握门把手向身体方向拉动,且能拉开门。 3. 横向滑动柜门：用手抓握柜门把手（凸出的或向内凹陷的把手）,能横向左右滑动柜门,且能打开门。 4. 开、关双柜门：双手同步协调打开或关闭双柜门。		

(31) 摇晃物品

目的	考察学生单手抓握及手腕运动的能力（1.2）
要求	从桌面上拿起水瓶,水平方向快速摇晃水瓶,让瓶里的液体或小串珠晃动起来。

续表

图示	
器材	矿泉水瓶（装有水或小串珠）
评价	0 需要他人 50% 以上的辅助摇晃水瓶
	1 需要他人 50% 以下的辅助摇晃水瓶，且多是上下摇动水瓶
	2 无需外力辅助，独立完成水平方向快速摇晃水瓶的动作
说明	
注意事项	1. 学生单手拿起水瓶后可以做水平方向晃动，能以肩、肘关节为轴做水平摆臂动作，也能以腕关节为轴做水平摆动动作。 2. 评估者要观察学生摆动的角度，只要不偏离水平方向 15~30 度均视为完成动作。

（32）敲鼓

目的	考察学生五指抓握，上肢肌力及腕、肘关节运动的能力（1.2）
要求	手握鼓槌，屈肘，前臂用力向下敲击鼓面，连续 3 次，每次都能击打出响亮的声音。
图示	

续表

器材		小鼓和鼓槌
评价	0	需要他人50%以上的辅助完成敲鼓动作，或敲不出声音
	1	需要他人50%以下的辅助完成敲鼓动作，或声音比较小
	2	无需外力辅助，独立完成敲鼓的动作，且声音响亮
说明		
注意事项		1. 抓握鼓槌，要连续敲击鼓面，并能敲击出响亮的声音。 2. 敲击时，能以肘关节为轴前臂摆动完成敲击动作，或以腕关节为轴完成敲击动作。

（33）拍手

目的	考察学生双上肢向中线运动，双手互拍的动作能力（1.3）
要求	双手同时向中线运动，连续拍手（鼓掌）3~5次，且发出声响。
图示	
器材	无
评价	0	需要他人50%以上的辅助完成双手同时向中线运动，拍手（鼓掌）或不能连续拍手（鼓掌），或拍手时不能伸开五指
	1	需要他人50%以下的辅助完成连续拍手（鼓掌）的动作，或连续拍手3次
	2	无需外力辅助，独立完成连续拍手（鼓掌）的动作。
说明	
注意事项	在自然情境下观察学生双手同步向中线合拢拍手，并能连续拍出响声的动作。

（34）拧毛巾

目的	考察学生双手向前后两个方向同步旋拧的动作能力（1.3）
要求	折叠湿毛巾后，双手抓握毛巾两端，双手同时向前后不同方向旋拧，并拧出水。
图示	
器材	湿毛巾
评价	0	需要他人50%以上的辅助完成双手拧毛巾的动作，或双手挤毛巾，拧不出水
	1	需要他人50%以下的辅助完成双手拧毛巾的动作，或手攥毛巾拧不到位，或只能拧出少部分水
	2	无需外力辅助，独立完成双手拧毛巾的动作且拧出大部分水
说明	
注意事项	1. 评估者观察学生拧毛巾的动作，必须是双手同步旋拧，并方向相反，若学生双手挤压毛巾出水，则不记分。 2. 折叠湿毛巾可由教师代为完成，重点观察学生的腕关节动作，单纯依靠手指及手掌抓握出水不算。

（35）双手捧

目的	考察学生双手合力（捧）的控制能力（1.3）
要求	双手掌心向上，五指并拢，全手掌微屈，从串珠盒中捧起小珠子，两手合拢（两手小拇指及手掌小鱼际相贴），转移到小筐里，小珠子不掉落。
图示	
器材	直径1厘米的小串珠、盒子、小筐
评价	0　需要他人50%以上的辅助完成双手捧起珠子的活动，转移时多数珠子掉落
	1　需要他人50%以下的辅助完成双手捧起珠子的活动，或转移时有少部分珠子掉落
	2　无需外力辅助，独立完成双手捧起珠子的活动，转移时珠子不掉落
说明	
注意事项	1. 评估者要观察学生双手手掌是否同步合拢，手掌是否微微弯曲，五指间是否无大缝隙。 2. 学生能否捧起小串珠，转移到指定位置。 3. 若学生小拇指合拢，但其余四指间不能合拢，记0分。

（36）手递手

目的	考察学生双手协调操作，在两手间传递物品的能力（1.3）
要求	一手拿取一件物品，并将物品放到另一只手里，物品不掉落。
图示	
器材	水瓶或直径大于5厘米的圆柱体积木
评价	0　需要他人50%以上的辅助完成手递手的传递动作
	1　需要他人50%以下的辅助完成手递手的传递动作，或自主传递物品时有掉落
	2　无需外力辅助，独立完成手递手的传递动作，且物品不掉落
说明	
注意事项	评估者将积木或水瓶放置在学生的惯用手一侧，提示学生将其拿起，再引导学生将其放到另一只手里。

2. 手眼协调

(37) 积木叠高

目的	考察学生单手摆弄物体时动作的精细化程度和手眼协调能力（2.1）
要求	拇、食指拿捏积木，并准确拼搭叠高 5 块以上的积木，保持积木位置准确，积木不掉落。
图示	
器材	边长为 3 厘米的正方体积木数块
评价	0　需要他人 50%以上的辅助拼搭叠高积木 1~2 块
	1　需要他人 50%以下的辅助完成拿捏积木拼搭叠高 3~4 块，但不能将积木对齐
	2　无需外力辅助，拿捏积木拼搭叠高 5 块以上，且能将积木对齐不掉落
说明	
注意事项	1. 评估者要重点观察学生拇、食指对捏拿取积木时的动作。 2. 学生拿取第二块时，要观察其拼搭叠高积木时是否能准确地对位和对线，或能将积木调整位置码放整齐。 3. 要将 5 块以上的积木拼搭叠高。

(38) 穿珠子

目的	考察学生双手配合及手眼协调能力（2.2）
要求	一手捏绳子的绳花[①]，一手拿捏串珠，在 1 分钟内双手配合穿 3 颗串珠。

---

① 编注：绳花，指绳子末端的金属或塑料套子。

图示		
器材		直径1厘米的有孔串珠、带有绳花的绳子（如干净的鞋带）
评价	0	需要他人50%以上的辅助双手完成穿绳成串活动
	1	需要他人50%以下的辅助捏绳子或串珠，双手完成穿绳成串活动，或自主完成双手穿绳成串活动，需1分钟以上
	2	无需外力辅助，一只手拿绳子，另一只手拿串珠，独立完成穿绳成串活动，且能穿3个串珠
说明		
注意事项		1. 准备带有2厘米长的绳花的绳子，如串珠绳或干净的鞋带。 2. 评估者观察学生双手配合的动作，学生一手拿捏绳花，穿向另一只手拿捏的串珠。 3. 通过珠孔时，另一只手可以拿住绳花并拉拽出来。完成3个以上串珠则可记分，若时间到了未完成，但表现出具备完成基本动作的能力，可记1分。

（39）插棒

目的	考察学生的手指灵活性及手眼协调能力（2.2）
要求	单手前两指或前三指拿捏插棒，并按顺序准确插放在插盘里，需要完成3个插棒活动。
图示	

续表

器材	插棒（直径 2 厘米）、插盘	
评价	0	需要他人 50%以上的辅助完成插棒活动
	1	需要他人 50%以下的辅助，对准位置完成 2 个插棒活动
	2	无需外力辅助，独立拿捏插棒并按照指令完成 3 个插棒活动
说明		
注意事项	1. 准备中号插棒，示范动作时提示学生用前两指或前三指拿捏插棒。 2. 若学生大把抓握，或总是反复多次插放，不能准确地把插棒插放到插盘中，记 0 分。 3. 本项评测需要评估者观察学生的手指拿捏动作和手眼协调性，两者兼备则可记分。	

（40）拼图

目的	考察学生在视觉配合下手部精细动作的协调性（2.3）	
要求	单手拿起拼图，按照要求将其拼插在正确的缺失位置，摆放整齐。	
图示		
器材	"○□△"拼图或卡通拼图 3 块	
评价	0	需要他人 50%以上的辅助完成拼图活动
	1	需要他人 50%以下的辅助完成拼图，或随意拼插，需要辅助调整位置后才能完成拼图
	2	无需外力辅助，独立拿起拼图按照要求完成拼插活动
说明		
注意事项	1. 示范动作时，提示学生拿起任意一块拼图即可摆放，不要求顺序。 2. 若没有上述图形拼图，可以使用学生常用的拼图，不超过 4 块为宜。 3. 若学生拿起拼图并尝试拼摆，但图形不匹配，记 0 分。	

3. 握笔写画
(41) 前三指握笔

目的	考察学生使用前三指握笔的能力（3.1）
要求	拇、食指对捏握笔，中指远指间关节处抵住笔杆，形成前三指握笔。
图示	
器材	水彩笔、握笔器
评价	0 需要他人50%以上的辅助完成前三指握笔
	1 需要他人50%以下的辅助完成前三指握笔，或维持时间短暂
	2 无需外力辅助，独立完成前三指握笔
说明	
注意事项	1. 选择学生常用的水彩笔、铅笔等。 2. 评估者要观察学生前三指握笔的姿势，尤其是中指是否能抵住笔杆。 3. 若学生大把抓笔，或使用其他握笔姿势，或是姿势正确，但书写涂鸦时力道不足，笔迹清、浅或很不明显，只记1分。 4. 可使用握笔器，不扣分。

(42) 涂鸦

目的	考察学生用前三指握笔完成涂鸦的能力（3.1）
要求	用前三指握笔并在纸上随意涂鸦3厘米以上。

续表

图示	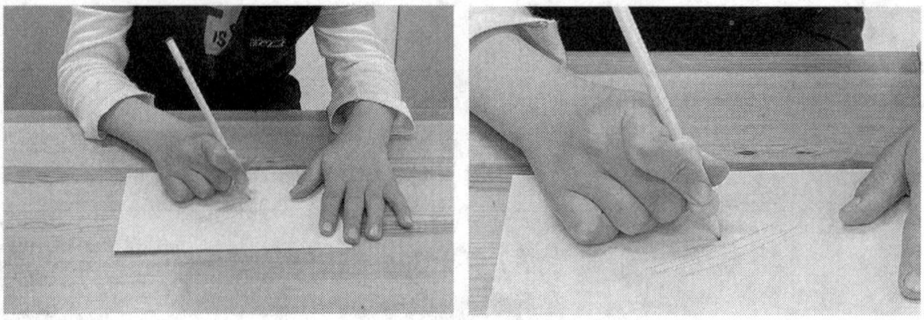	
器材	水彩笔、白纸	
评价	0	需要他人 50% 以上的辅助完成握笔后随意涂鸦
	1	需要他人 50% 以下的辅助完成前三指握笔随意涂鸦，或涂鸦小于 3 厘米
	2	无需外力辅助，独立完成随意涂鸦大于 3 厘米以上
说明		
注意事项	1. 部分握笔姿势正确的学生基本可通过此项。 2. 若学生只在原点涂鸦，记 0 分，基本条件是学生正确握笔，且能以肘、腕关节为轴，有前臂摆动动作。	

（43）涂色

目的	考察学生在图形内准确涂色的能力（3.2）
要求	能在直径 5 厘米的圆形、边长 5 厘米的三角形、正方形内涂色，出边不超过 1 厘米。
图示	
器材	水彩笔、白纸（画有图形轮廓）

续表

评价	0	需要他人 50% 以上的辅助完成涂色
	1	需要他人 50% 以下的辅助完成涂色，或涂色时总是会画出边
	2	无需外力辅助，独立完成图形内涂色，且不画出边
说明		
注意事项		1. 图形内 90% 以上的面积要有颜色，允许有部分线条式的空白，出边际小于 1 厘米可记分。 2. 如果握笔姿势正确，但不观察图形，大面积随意涂色，记 0 分。

（44）仿画线段

目的	考察学生执笔模仿画横线、竖线的能力（3.3）
要求	执笔画出 5 厘米横线、竖线，基本保持横平竖直。
图示	
器材	水彩笔、白纸
评价	0 需要他人 50% 以上的辅助画出横线和竖线，或自主画成曲线
	1 需要他人 50% 以下的辅助画出横线和竖线，或自主画出的线段较短
	2 无需外力辅助，独立仿画出横线、竖线
说明	
注意事项	1. 引导学生观察横线和竖线的方向，最好是粗一点的线段，观察学生是否能在示范的线段上描画，再引导学生独立仿画。 2. 若学生画的线段不足 5 厘米或远超于 5 厘米，或线段明显倾斜，不成横线或竖线，记 0 分。

(45) 仿画简单图形

目的	考察学生执笔模仿画圆形（方形、三角形）的能力（3.3）
要求	执笔画出圆形、方形、三角形等简单图形，相似度达到90%以上。
图示	
器材	水彩笔、白纸（画有图形轮廓）
评价	0　需要他人50%以上的辅助画出简单图形
	1　需要他人50%以下的辅助执笔画出图形，但相似度较低
	2　无需外力辅助，独立完成执笔仿画基本图形
说明	
注意事项	握笔姿势正确，按照教师出示的示例，能仿画三种图形，且相似度要满足要求，如果要求仿画圆形但画成方形，则不记分，其余同理。

4. 使用工具

(46) 用勺子进餐

目的	考察学生使用勺子进餐的能力（4.1）
要求	拇、食指合力握持勺子，并能从碗中舀出食物，进餐。
图示	

续表

器材	勺子、碗、餐食		
评价	0	需要他人 50% 以上的辅助才能进餐，或不会使用勺子	
	1	需要他人 50% 以下的辅助使用勺子进餐，过程中会有食物掉落	
	2	无需外力辅助，能熟练地使用勺子进餐，无食物掉落	
说明			
注意事项	1. 使用工具项目，观察学生单手前两指或前三指持勺姿势，能舀出食物，且保持平稳不掉落食物。 2. 若低年级学生呈现大把抓姿势，但进餐时动作稳定且尽可能使食物不掉落，也可得 2 分（已满足功能需要）。		

（47）涂抹、粘贴卡片

目的	考察学生使用胶棒（胶水）粘贴卡片的能力（4.2）
要求	用胶棒（胶水）在卡片指定区域涂抹，然后将另一张卡片粘贴在涂有胶水的区域并按压，拿起卡片时所粘的卡片不掉落。
图示	
器材	胶棒（胶水）、卡纸

续表

评价	0	需要他人 50%以上的辅助才能完成两张卡片的粘贴
	1	需要他人 50%以下的辅助使用胶棒（胶水）进行粘贴，或粘贴的位置偏差大
	2	无需外力辅助，独立使用胶棒（胶水）在指定位置涂抹、粘贴
说明		
注意事项		1. 使用工具项目，观察学生是否了解胶棒（胶水）的使用方法。 2. 单手拿捏，涂抹在指定区域，手持卡片覆盖（粘贴）在有胶水的区域。 3. 按压时能均匀用力。

（48）使用夹子夹住物品

目的	考察学生使用夹子，以及拇、食指或前三指用力对捏的能力（4.3）
要求	双手分别拿住夹子和卡片，协调地用夹子夹住卡片。
图示	
器材	塑料夹子、木质架子、燕尾夹、卡片
评价	0　需要他人 50%以上的辅助捏开夹子，夹住卡片 1　需要他人 50%以下的辅助完成夹夹子活动 2　无需外力辅助，独立完成捏开夹子夹住卡片的活动
说明	
注意事项	1. 使用工具项目，观察学生是否可以捏开夹子，由于不同种类夹子的使用力道不一样，需要评估者根据学生拿捏夹子时的力道选择适合其使用的夹子。 2. 一手拿捏夹子，一手拿卡片，完成双手配合夹卡片的动作。 3. 观察学生是否能使用前三指的对捏动作夹夹子。

（49）使用印章

目的	考察学生使用印章印出图案或印出文字的能力（4.4）
要求	手持印章，倒扣印在纸上，保持图案清晰。
图示	
器材	印油、印章、白纸
评价	0　需要他人50%以上的辅助印出图案
	1　需要他人50%以下的辅助印出图案，或自主印出的图案不清晰
	2　无需外力辅助，独立使用印章印出清晰的图案
说明	
注意事项	1. 使用工具项目，观察学生单手拿印章，按压印油或直接用力按压印章的动作。 2. 纸上能清晰地显示出印章印迹。

（50）使用剪刀剪纸

目的	考察学生正确使用剪刀剪纸的能力（4.5）
要求	按照示范动作，将拇指和中指套入剪刀手柄中，食指抵住手柄，置于中指上方，或食指和中指套入剪刀手柄中，三指合力控制剪刀张合，直至剪开纸张。
图示	

续表

器材		剪刀、白纸
评价	0	需要他人50%以上的辅助握持剪刀，完成剪纸
	1	需要他人50%以下的辅助张开、合并剪刀完成剪纸，或剪不断剪纸
	2	无需外力辅助，独立使用剪刀剪开纸张
说明		
注意事项		1. 使用工具项目，把大小适合的（钝头）剪刀放在桌子上，观察学生拿起剪刀时的姿势，如果学生拿起剪刀并能调整手的姿势（正确握持），继续评估。 2. 若学生不知如何正确握持，评估者注意学生握持的姿势，防止划伤。 3. 可由教师双手拿纸，学生剪。

第三节 动作训练的教学活动设计

一、动作训练教学活动设计的基本要素

（一）了解教学对象

有效教学的前提和基础是"学情分析"，即通过全面收集学生资料，对学生的起点做全面了解和分析。我们既要了解分析学生的动作技能水平、思维能力、学习优劣势，也要分析学生的情感态度、兴趣爱好以及精神状态。有效教学的关键在于能够了解学生的学习需要、学生的个性差异及家庭背景，等等。在教学过程中，我们会遇到不同残疾类别的学生，每一种类别都会有特定的动作特征。

智力障碍学生主要表现为运动能力低下，并呈现出两个主要特征：一是运动障碍程度与智力障碍程度成正比，且感知觉对运动障碍的影响更为严重；二是运动障碍伴有明显的行为心理特征。在针对此类学生开展评估与教学训练工作时，教师要关注学生动作难度与学生的心理变化，采用教学辅助支持（视觉提示、代币、任务导向）的方式开展教学训练工作。

孤独症谱系障碍学生在身体素质、动作技能、灵活应用等方面都存在差异，但在他们身上普遍存在的问题是肌容积不足、肌肉弹性差、肌张力和肌力低下，导致他们在运动时动作协调性不足、肌肉耐力差、易疲劳。在针对此类学生开展评估与教学训练工作时，教师要关注学生的情绪、动作技能执行情况，采用正向行为支持的方式开

展教学训练工作。

脑瘫学生的运动表现为神经肌肉控制，肌肉、骨关节运动，粗大和精细运动功能受限。例如，出现无功能意义的运动，异常的运动模式，头控差，翻身起坐障碍，行走姿势异常，呈现病理性步态；上肢肌技能丧失，准确性、协调性差，不能完成手部复杂精细动作（如书写、餐具使用、其他工具使用等）。在针对此类学生开展评估与教学训练工作时，教师要了解学生的病理分型，根据不同特征开展教学训练活动，采用教学辅助支持（任务导向、视觉提示、家长支持）的方式开展教学训练工作。

（二）设计教学目标

教学目标设计是对教学所要达到的预期结果的预测，是教学设计的重要环节，科学、合理的教学目标是保证教学活动顺利开展的必要条件。目前，我国特殊教育学校推行为每个学生拟订 IEP。在为有动作训练需要的学生拟订 IEP 时，要有动作训练教师的参与，并在 IEP 中体现动作训练的教学目标。动作训练教育评估的结果是动作训练教学目标的依据，基础动作及与生活学习密切相关的功能动作是首选目标。在集体讨论制定各学科的教学目标时，既要体现各学科的特点，也应考虑各学科之间的相关性。

（三）确定教学内容

教学内容的分析与设计解决的是课堂教学"教"什么和"学"什么的问题。要根据教学目标，结合学生的年龄特点和心理特征，设计主题或单元动作项目，按阶段进行康复训练。

（四）选择教学策略

教学策略是教师为达成教学目标而采用的教学组织形式、教学方法、教学媒体和教学结构程序的总称。选择最有效的教学策略，是实现教学最优化的必要保证。可采取集体教学训练、小组教学训练、个别教学训练、家庭与自然环境相结合等多种方式开展教学。

1. 集体教学训练

集体教学训练以班为单位，适用于有教辅人员参与的课程，是多种类型的教学目标集合，通过教师巡回指导的方式开展教学活动。集体教学训练应包括所有学生的不同层次的教学目标，充分利用群体气氛，通过师生互动、生生互动，示范等教学机制实现集体教学训练形式下的个别化教学效果。

2. 小组教学训练

小组教学训练是以 2 至 4 个学生为一组开展的教学活动。小组教学便于教师对学生进行比较细致的指导,同时提高学生间的互动、参照、模仿的技能,形成丰富多样的康复活动集合。比如根据学生能力分组,将能力相近的学生分在一组,开展同类教学训练活动。

3. 个别教学训练

个别教学训练是一对一的教学。根据学生实际需要,将 IEP 目标中的棘手、顽症问题进行密集性个别化的教学训练。以量为单位,按照阶段开展教学训练活动,由相关专业人员与教辅人员合作实施。比如把学生从班级中抽离出来开展有针对性的一对一动作康复训练。

4. 自然环境教学训练

自然环境教学训练是以真实生活场景为背景,让学生在自然状态下开展的一种教学训练活动,可以在学校、社区、家庭生活或工作环境中进行教学训练。自然环境教学训练的形式比较开放,多采用亲子互动、自然支持的方式。比如进餐过程不需要在训练室开展,教师可于午餐时间在班级中真实开展教学训练活动。

除了以上四种基本教学形式外,教师还可以采用其他教学形式。

(五) 动态教学评价

教学评价是对动作训练教学工作质量的测量、分析和评定。全面客观的评价工作不仅能了解学生在多大程度上实现了教学目标,而且能解释学生成绩不良的原因,并找出主要原因。教师可以根据反馈信息修订计划,调整教学,从而有效完成工作以达到所规定的目标。学生动作技能的点滴进步,对教师的教学和学生的学习动机都具有很好的激励作用。

1. 活动性评价(课时评价)

活动性评价是对各种教学训练课时成效进行的测评。每次教学训练结束后,教师和有关人员都应该对该教学训练中的教学目标完成情况进行测评,了解、分析目标的达成情况,并依据测评进行下一步教学训练的调整。

2. 阶段性评价(中期评价)

阶段性评价是对 IEP 完成效果的测评。依据 IEP 规定的期限,对每个教学训练目标进行测评。将该测评结果与 IEP 实施前的教育诊断数据(基线)进行比较,便可得知阶段性目标的教学训练成效,并将这一结果作为新的基线制定下一周期的 IEP。

3. 总结性评价

总结性评价是对学生完成一个学段后的总体评价。包括课时目标完成情况、中期调整目标对比、IEP 目标达成等方面的内容。动作训练的总结性评价一般在学期末开展,并对所有内容进行汇总,以便在新学期制定教学训练目标。

二、动作训练教学活动设计示例

围绕课标的要求，以动作教育评估为依据，本文设计了 20 个动作训练教育活动，其中粗大动作训练和精细动作训练活动各 10 个。训练强调频率、强度和时间，且训练的效果因人而异。因此，某个训练活动有的学生训练几次就能达到训练目标，有的学生则需要持续一个学期乃至一个学年，才能达到相应的教学目标。这些活动是开展动作教育训练的母版，每节课的教案可以在此基础上根据学生的具体情况细化。一旦达到某个活动的教学目标后，就不需要再刻意地进行这个活动训练。换句话说，只要学生没有达到某个活动的教学目标，就一直要进行该活动的训练。在实际教学活动中，动作训练教师可以根据教学需要拓展适合的训练项目，也可根据学生的实际需要自行设计开发，以便丰富教学设计资源。

作为训练的实施者，要了解每个训练活动的**训练对象**，这需要通过教育评估来确定；要清楚每个训练活动的主要**活动部位**，即训练的重点是哪些肌肉、哪些关节（活动部位）；要明白每个训练活动是落实哪一条**对应课标**，教师可参考相应条目评估时对动作技能的要求，包括姿势、维持时间、完成数量、动作质量等确定**教学目标**。有些训练活动需要一定的康复训练**器材准备**以及训练环境的创设。训练活动的关键内容是**教学要点**。教学要点是训练活动设计中教师活动和学生活动重点信息的提炼和汇总。要点设计是递进的，与教育评估项目中的评价等级相对应，包括全辅助操作（不能独立完成）部分，动作技能辅助、过度、递进部分，独立操作完成部分。在实施教学训练活动中，提倡学生主动参与、教师辅助，并依据学生的回馈，灵活调整教学训练内容与教学形式；检验训练活动效果的是**活动评价**。每个训练活动示例从学生表现、教师反思、家庭作业三个方面收集资料。学生表现为活动性评价（课时评价），包括知识与技能、过程与方法、情感与态度三个维度。每次教学训练结束后，教师和有关人员对该教学训练中的教学目标完成情况、技能掌握情况、教学训练手段与方法、学生及教师的情感态度进行评价，并依据评价进行下一步教学训练的调整。教师反思可以记录教师在训练过程中对目标设定、教学训练内容设计、学生表现及反馈等方面的意见和建议。家庭作业是延展性的课业内容，由家长监督参与执行。相对于学校教学训练等而言，家庭作业简便易行，需要结合家庭康复指导开展。

（一）粗大动作训练教育活动示例

粗大动作训练提供了 10 个活动示例，涵盖了评估项目中最基础的动作技能：跪位控制、仰卧起身、翻滚活动、爬行活动、跪走活动、蹲起活动、走跑转换、跳跃活动、搭桥活动、投球活动。

活动一

活动名称	跪位控制
教学对象	对于动作训练教育评估第 5 条，评价结果为"1"或"0"的学生
活动部位	1. 双侧跪位 髋关节伸展、膝关节屈曲、踝关节跖屈 2. 单侧跪位 跪侧下肢：髋关节伸展、膝关节屈曲、踝关节跖屈 对侧下肢：髋关节屈曲、膝关节屈曲
教学目标	维持双膝跪位 10 秒、单膝跪位 10 秒及跪位交替转换 3 个回合（1.4）
器材准备	1. 地垫、梯背架、小凳 2. 小球、图书、手持视频设备
教学要点	一、扶持/辅助下双膝/单膝跪位 1. 学生双手扶持梯背架或小凳，维持双膝跪位。 2. 使用绳/弹力带包裹学生躯干（穿过学生腋下，上提），在学生双膝跪位时给予助力和帮助稳定动作。 二、独立双膝/单膝跪位 1. 教师引导学生在双膝/单膝跪位下看书、看视频、双手玩玩具等。 2. 学生独立单膝跪位，让小球从学生跪位腿下穿过，做模仿过桥洞或钻山洞的游戏，以保持趣味性，提示学生跪位平衡控制。 三、跪位交替转换（原地） 在维持双膝跪位平衡的基础上，引导学生用一侧下肢完全支撑整个身体的重量，然后将非负重侧下肢的膝关节向后下方运动，髋关节伸展呈跪立位，接着将身体重心也移到原非负重侧，将最开始负重的一侧下肢膝关节上抬呈单侧跪立位。最重要的是重心的转换能力。
教学形式	个别训练、小组训练、家庭互动

活动评价	学生表现	1. 知识与技能： 2. 过程与方法： 3. 情感与态度：
	教师反思	
	家庭作业	1. 跪姿活动：双膝/单膝跪位下传球互动。 2. 半跪姿亲子活动：交替半跪数数，保持重心转移的稳定控制。

活动二

活动名称	仰卧起身
教学对象	对于动作训练教育评估第 10 条，评价结果为"1"或"0"的学生
活动部位	1. 仰卧位：双上肢环抱头颈，双侧下肢伸髋屈膝 2. 仰卧起身：腹部核心区收缩，腰背部伸展，双下肢髋关节屈曲
教学目标	独立完成 3 个仰卧起身（2.3）
器材准备	地垫、绳子、弹力带、小球
教学要点	**一、扶持/辅助下仰卧起坐** 1. 教师拉住学生双手，由学生主动发力拉动身体由仰卧位转换成坐位。 2. 使用绳子或弹力带包裹学生上背部，在学生坐起时给予助力完成起身活动。 **二、独立完成 3 个以上仰卧起身** 1. 学生呈仰卧位，教师坐在学生前面伸出双手，引导学生独立起身，坐起后与教师拍手。 2. 学生呈仰卧位，双手持小球，引导学生独立起身，坐起传球，完成 3 个以上。
教学形式	个别训练、小组训练、家庭互动

活动评价	学生表现	1. 知识与技能： 2. 过程与方法： 3. 情感与态度：
	教师反思	
	家庭作业	1. 仰卧起坐练习。 2. 仰卧起坐传球。

活动三

活动名称	翻滚活动
教学对象	对于动作训练教育评估第 9 条，评价结果为"1"或"0"的学生
活动部位	1. 仰卧位：肩关节上举，髋膝关节伸展，踝关节跖屈 2. 翻滚：向左侧翻滚，右侧髋关节内收，腹部核心区收缩，躯体转动；向右侧翻滚，左侧髋关节内收，腹部核心区收缩，躯体转动
教学目标	独立侧滚翻 3 周或撞倒水瓶（2.2）
器材准备	地垫、水瓶、拼插类教具
教学要点	**一、辅助下翻滚** 1. 仰卧至俯卧：学生呈仰卧位，一侧肩关节上举，上臂贴近耳朵，上肢放在垫上，下肢另一侧腿屈膝脚掌踩垫。教师推动学生髋膝关节，引导其向放置手臂的一侧翻转。 2. 俯卧至仰卧：学生呈俯卧位，一侧肩关节上举，上臂贴近耳朵，上肢放在垫上，下肢另一侧腿屈膝，小腿垂直于地面。教师推动学生髋、踝关节，引导其向放置手臂的一侧翻转。 3. 学生躺在 15°~30° 楔形垫顶端，教师推动学生髋关节及上肢，引导其向下翻滚。 **二、独立翻滚** 1. 学生呈仰卧位，在 3 米外放置几个水瓶，引导学生连续翻滚撞倒水瓶。 2. 学生呈仰卧位，手持小棒或拼图，在不远处放置插板或拼图板，引导学生连续翻滚至指定位置插棒或插拼图。
教学形式	个别训练、小组训练、家庭互动
活动评价	学生表现	1. 知识与技能： 2. 过程与方法： 3. 情感与态度：
	教师反思	
	家庭作业	1. 翻滚比赛：与家长比比谁翻得远。 2. 滚木头：孩子扮演木头，连续翻滚。

活动四

活动名称	爬行活动
教学对象	对于动作训练教育评估第 11、12 条，评价结果为"1"或"0"的学生
活动部位	1. 腹部爬行：右侧肩关节前伸、外展，肘关节微屈支撑，肩关节逐渐后伸，到头顶越过手掌位置，对侧上肢交替；双下肢髋、膝关节屈曲到伸展支撑向前 2. 四点支撑爬行：腕、踝关节屈曲，双手手掌、前脚掌着地；右侧肩关节前伸，右侧屈膝屈髋，下肢抬离地面向前，腹部核心区收缩，左侧上肢肘关节伸展支撑，下肢屈髋伸膝支撑，左右侧交替抬起、支撑向前
教学目标	避开障碍物独立爬行 5 米（2.4）
器材准备	1. 地垫、小凳、梯背架 2. 绳子、弹力带、滑板（四轮）
教学要点	**一、辅助爬行** 1. 助力爬行练习（用绳子或弹力带包裹住学生躯干，在其腹爬/四点爬时给予助力）。 2. 推物跪行，学生双手扶持小凳或梯背架，向前跪行。 3. 趴滑板爬行，学生髋关节及下肢趴在滑板上，用上肢驱动向前爬行。 **二、独立爬行 5 米** 1. 在地垫上放置小凳作为障碍，引导学生跨越障碍爬行。 2. 在地垫上放置小凳作为障碍，引导学生绕过障碍爬行。 3. 学生腹爬或四点爬，根据教师指令向教室各个方向爬行。
教学形式	个别训练、小组训练、家庭互动

活动评价	学生表现	1. 知识与技能： 2. 过程与方法： 3. 情感与态度：
	教师反思	
	家庭作业	1. 爬行比赛：与家长比比谁爬得远、爬得快。 2. 障碍爬行：通过设置障碍让孩子练习腹爬及四点爬。

活动五

活动名称		跪走活动
教学对象		对于动作训练教育评估第 13 条，评价结果为"1"或"0"的学生
活动部位		1. 跪立位：双髋关节伸展，膝关节屈曲，踝关节跖屈 2. 跪走：一侧提髋屈膝摆动向前，对侧伸髋屈膝支撑；摆动膝关节落地支撑后对侧交替摆动向前
教学目标		避开障碍物独立跪走 5 米（2.5）
器材准备		地垫、绳子、弹力带、梯背架、小凳
教学要点		一、辅助跪走 1. 助力跪走（用绳子或弹力带穿过学生腋下，在学生跪走时给予助力）。 2. 被动扶持跪走，教师扶持学生双手，牵引学生屈膝向前交替跪走。 3. 主动扶持跪走，学生双手扶持梯背架或小凳向前交替跪走。 二、独立跪走 1. 在地垫上放置小凳作为障碍，引导学生绕过障碍跪走。 2. 学生呈双膝跪姿位，根据教师指令向教室各个方向跪走。
教学形式		个别训练、小组训练、家庭互动
活动评价	学生表现	1. 知识与技能： 2. 过程与方法： 3. 情感与态度：
	教师反思	
	家庭作业	1. 跪走比赛：与家长比比谁走得远、走得稳定。 2. 跪走取物：引导孩子向各个方向跪走取物。

活动六

活动名称		蹲起活动
教学对象		对于动作训练教育评估第 14 条，评价结果为"1"或"0"的学生
活动部位		1. 蹲姿：双髋膝关节屈曲，腹部核心区收缩及腰背部伸展 2. 蹲起：双髋膝关节伸展，踝关节微跖屈蹬地，腹部核心区伸展及腰背部收缩
教学目标		独立稳定蹲起 3 次（2.6）
器材准备		梯背架/椅背、小球
教学要点		一、辅助蹲起 1. 被动扶持蹲起，教师拉住学生双手，用力牵引学生上肢，使其从蹲位到立位，保持膝关节伸直；再缓慢扶持学生下蹲，保持身体平衡。 2. 主动扶持蹲起，学生双手扶持梯背架/椅背，髋、膝关节伸展至站立位；稳定后，髋、膝关节屈曲至蹲位；交替完成 3 次以上，保持身体平衡。 二、独立蹲起 学生在教师的口令下，独立完成蹲起活动，蹲起动作交替 3 次以上。 三、蹲起游戏 将小球放在小筐内，以口令提示学生蹲下去拿 1 个小球，站起来放在高处的小筐内，交替 5 次以上。
教学形式		个别训练、小组训练、家庭互动
活动评价	学生表现	1. 知识与技能： 2. 过程与方法： 3. 情感与态度：
	教师反思	
	家庭作业	1. 在家长的辅助下进行蹲起训练。 2. 同家长互动完成萝卜蹲游戏。

活动七

活动名称	走跑转换
教学对象	对于动作训练教育评估第16条，评价结果为"1"或"0"的学生
活动部位	1. 走：抬头挺胸，两眼平视前方。迈脚时，膝关节伸直，脚跟先着地，脚尖指向正前方，然后将重心移到脚尖，让前脚掌着地。之后再迈出另一只脚 2. 跑：起跑时（即后面的脚离开地面时），一条腿向前弯曲，另一条腿向后伸直，身体稍稍前倾。迈脚时，脚尖向前、脚掌先着地
教学目标	快速独立行走（双脚快速交替抬离地面），并向前跑动5米以上，快慢交替进行2次（2.7和2.8）
器材准备	锥筒、小球
教学要点	**一、独立向前跑步** 教师示范跑步动作，头正对前方，上肢紧靠身体两侧，以肩为轴前后交替摆动，双下肢快速摆动，双脚快速交替抬离地面，向前快速移动5米。 **二、辅助走跑转换** 1. 在距离起点5米处放置锥筒，教师与学生进行跑步比赛，提示学生手脚协调地向前跑步。 2. 到锥筒后，折返走回起点，行走速度放慢，上肢自然摆动，完成走与跑的转换。 3. 快慢交替2次以上，保持身体平衡。 **三、独立走跑游戏** 在距离起点10米处放置多个小球，提示学生走过去或跑过去，拿到小球后跑回来或走回来，走跑交替完成活动。
教学形式	个别训练、小组训练、家庭互动
活动评价	学生表现：1. 知识与技能： 2. 过程与方法： 3. 情感与态度：
	教师反思：
	家庭作业：1. 跟随音乐完成走走停停、跑跑停停游戏。 2. 同家长一起做"1、2、3木头人"游戏。

活动八

活动名称	跳跃活动		
教学对象	对于动作教育评估第 18 条，评价结果为"1"或"0"的学生		
活动部位	1. 半蹲位：双髋、膝、踝关节屈曲，双上肢屈肘，肩关节前伸，腹部核心区收缩 2. 跳跃：双髋、膝关节伸展，踝关节跖屈蹬地，腰背部区收缩，双上肢屈肘，肩关节后伸摆动；跳起后，髋、膝、踝关节伸展，双脚落地		
教学目标	独立跳跃 3 次，连续跳跃 3 次以上（2.10）		
器材准备	梯背架		
教学要点	一、被动扶持跳跃动作 1. 学生双手扶持梯背架，教师位于学生身后，双手扶持髋关节处，稳定骨盆。 2. 教师双手先用力向下拉拽学生髋关节处，给学生起跳姿势的本体感觉输入，学生膝关节微微屈曲最佳。 3. 教师双手用力向上提拉骨盆，给学生向上的本体感觉输入，至学生双脚跟抬离地面或双脚微微抬离地面。 二、主动扶持跳跃 1. 教师双手拉住学生双手，引导学生微微屈膝，下肢用力，蹬地，完成屈伸膝关节快速交替。 2. 教师拉着学生的双手共同向上跳，至学生双脚跟抬离地面或双脚微微抬离地面。 三、独立跳跃 1. 学生双手叉腰，双膝微屈，下肢用力，蹬地，双脚抬离地面高 5 厘米以上。 2. 单脚跳跃：一侧下肢屈曲抬离地面，另一侧微屈膝，用力，蹬地，双脚抬离地面高 5 厘米以上。 四、双脚连续跳跃 双下肢同时用力蹬地，双脚抬离地面，落地并快速再次抬离地面，反复 3 次以上。		
教学形式	个别训练、小组训练、家庭互动		
活动评价	学生表现	1. 知识与技能： 2. 过程与方法： 3. 情感与态度：	
^^	教师反思		
^^	家庭作业	1. 在家长的辅助下进行双脚跳活动。 2. 同家长互动做"跳房子"游戏。	

活动九

活动名称	搭桥活动
教学对象	对于动作训练教育评估第 19 条，评价结果为 "1" 或 "0" 的学生
活动部位	1. 仰卧位：双髋关节伸展，膝关节屈曲 2. 搭桥：双髋关节伸展，腰背部区收缩，臀大肌收缩
教学目标	完成 5 个仰卧位搭桥或保持搭桥姿势 5 秒以上（3.1）
器材准备	地垫
教学要点	一、辅助搭桥活动 1. 学生呈仰卧位，教师位于学生身旁扶持其髋关节，帮助学生保持稳定的姿势控制。 2. 教师用手辅助其骨盆向上提，帮助学生将臀部抬离地面至最高处。 3. 保持一段时间，3~5 秒。 4. 反复提升 5 次/每组。 二、独立搭桥活动 1. 身体平躺在垫上，双手掌心向下平放于身体两侧，双下肢微微分开，两脚掌踩平于地垫。 2. 维持身体平衡后，独立完成仰卧搭桥活动。 3. 维持一段时间，5 秒甚至 10 秒。
教学形式	个别训练、小组训练、家庭互动
活动评价	学生表现	1. 知识与技能： 2. 过程与方法： 3. 情感与态度：
	教师反思	
	家庭作业	1. 在家长的辅助下进行仰卧姿搭桥活动。 2. 同家长互动进行 "搭桥射门"（学生以搭桥姿势作为球门，家长完成射门）。

活动十

活动名称	投球活动
教学对象	对于动作训练教育评估第23条，评价结果为"1"或"0"的学生
活动部位	1. 跪立位：双膝跪立，躯干直立，肘关节屈曲，双手持球 2. 投球活动：双膝跪位，躯干直立，肘关节伸展，腕关节掌屈投球
教学目标	独立跪位双手投篮球入筐2个（3.5）
器材准备	地垫、篮球、儿童篮筐
教学要点	一、辅助跪立位投球活动 1. 教师跪立于学生身后，学生双膝跪位，教师扶持学生骨盆，辅助躯体稳定后进行投球活动。 2. 教师辅助学生双上肢内收，握球，置于胸前，引导学生"投球"，完成上肢快速伸展，腕关节掌屈，用力将球投出去。 二、跪立位独立投球活动 学生可以在教师的指令下，独立在跪立位下保持身体稳定，将篮球投入到篮筐里。
教学形式	个别训练、小组训练、家庭互动
活动评价	学生表现	1. 知识与技能： 2. 过程与方法： 3. 情感与态度：
	教师反思	
	家庭作业	1. 在家长的辅助下跪立进行投球训练。 2. 同家长互动进行"投篮比赛"。

（二）精细动作训练教育活动示例

精细动作训练也提供了10个活动示例，涵盖了评估项目中最基础的动作技能：手指操、小手挥起来、小鼓咚咚咚、拼搭积木、穿珠子、拼图、涂色、画图、手工粘贴制作、剪纸。

活动十一

活动名称	手指操
教学对象	对于动作训练教育评估第25、26条,评价结果为"1"或"0"的学生
活动部位	1. 掌伸运动：五指掌指关节、指间关节伸展 2. 食指运动：食指掌指关节、指间关节伸展,其他四指掌指关节、指间关节屈曲
教学目标	独立完成手指操活动（1.1)
器材准备	手指操视频及背景音乐
教学要点	**一、五指伸展运动（二节）** 第一节：掌上开花4拍,重复4次 预备动作：双手握拳置于胸前,拳心向上 第一拍：双手在胸前用力握拳 第二拍：双手进一步用力握拳 第三拍：双手五指伸展 第四拍：双手五指进一步伸展 第二节：掌压水花4拍,重复4次 预备动作：双手握拳置于胸前,拳心向下 第一拍：双手在胸前用力握拳 第二拍：双手进一步用力握拳 第三拍：双手五指伸开 第四拍：双手五指进一步伸展并往下压 **二、食指运动（四节）** 第一节：食指伸伸4拍,重复4次 预备动作：双手置于胸前,掌心向上,食指掌指关节自然伸展,指间关节屈曲;其他四指掌指关节、指间关节屈曲 第一拍：双手食指掌指关节屈曲（食指搭在大拇指上） 第二拍：双手食指间指关节屈曲（食指弯曲呈钩状） 第三拍：双手食指伸展 第四拍：双手食指进一步伸展 第二节：食指点点4拍,重复4次 预备动作：双手置于胸前,掌心向上,食指掌指关节自然伸展,指间关节屈曲;其他四指掌指关节、指间关节屈曲 第一拍：双手食指同时点一下两侧的太阳穴 第二拍：双手食指回到预备位 第三拍：双手食指同时点一下下巴 第四拍：双手食指回到中间位 第三节：食指摆摆4拍,重复4次 预备动作：双手置于胸前,食指掌指关节、指间关节尽量伸展;其他四指掌指关节、指间关节屈曲

续表

		第一拍：双手食指往右摆动 第二拍：双手食指回中间位 第三拍：双手食指往左摆动 第四拍：双手食指回中间位 第四节：食指转转 4 拍，重复 4 次 预备动作：双手置于胸前，食指掌指关节、指间关节尽量伸展；其他四指掌指关节、指间关节屈曲 第一拍：双手食指顺时针转一圈 第二拍：双手食指回中间位 第三拍：双手食指逆时针转一圈 第四拍：双手食指回中间位
	教学形式	个别训练、小组训练、家庭互动
活动评价	学生表现	1. 知识与技能： 2. 过程与方法： 3. 情感与态度：
	教师反思	
	家庭作业	1. 猜食指游戏 2. 拍手游戏 3. 拍水花 4. 玩沙

活动十二

活动名称	小手挥起来
教学对象	对于动作训练教育评估第 31 条，评价结果为"1"或"0"的学生
活动部位	腕关节：掌屈、背伸
教学目标	独立完成以腕关节为轴摇晃手掌或手中物品的动作（1.2）
器材准备	摇铃、小彩旗、指挥棒
教学要点	一、单/双手肘关节摇晃 学生单/双手持摇铃，屈伸肘关节，前臂摆动，摇铃发出声音。 二、单/双手腕关节摇晃 1. 学生单/双手持摇铃，双肘关节屈曲贴在胸部两侧，引导学生以腕关节为轴掌屈、背伸，摇铃发出声音。 2. 学生单/双持小彩旗，双肘关节屈曲放在桌面上，用腕关节运动，使彩旗飘动起来。

续表

		三、小小指挥家（互动） 1. 教师示范动作，手拿指挥棒随音乐挥动，肩肘腕关节联动。 2. 学生模仿教师动作，手拿指挥棒随音乐左右摇摆。
	教学形式	个别训练、小组训练、家庭互动
活动评价	学生表现	1. 知识与技能： 2. 过程与方法： 3. 情感与态度：
	教师反思	
	家庭作业	1. 给家长扇扇子（腕关节动作练习）。 2. 听音乐，挥动小旗子。

活动十三

活动名称	小鼓咚咚咚
教学对象	对于动作训练教育评估第32条，评价结果为"1"或"0"的学生
活动部位	腕关节屈、伸、旋前、旋后
教学目标	能独立完成腕关节运动，连续敲击小鼓3次，并敲出响亮的声音（1.2）
器材准备	节奏欢快的儿童音乐、小鼓
教学要点	一、辅助练习 1. 学生呈坐位，两手自然搭在大腿上。 2. 手掌紧贴大腿面，腕关节背屈抬起，掌屈轻轻落下，拍打大腿面，并能发出声音。 3. 双手从大腿上抬起3~5厘米，伸出食指，腕关节为轴，做掌屈背伸，以指尖轻触大腿为一个动作，双手同时或交替进行轻触N次（循序渐进）。 二、敲击练习 1. 双手握拳，放在桌面上，以腕关节为轴，做掌屈背伸，轻敲桌面并发出声响。 2. 双手抬离桌面，伸出食指，腕关节为轴，做掌屈背伸，以指尖轻敲桌面发出声响为一个动作，双手同时或交替进行敲击N次（循序渐进）。 三、敲鼓练习 双手持鼓槌，上肢贴靠于身体两侧，以腕关节为轴，用力敲击鼓面。
教学形式	个别训练、小组训练、家庭互动

活动评价	学生表现	1. 知识与技能： 2. 过程与方法： 3. 情感与态度：
	教师反思	
	家庭作业	1. 在桌面练习敲击动作。 2. 用手在鼓面练习敲击。 3. 打鼓练习。

活动十四

活动名称	拼搭积木
教学对象	对于动作训练教育评估第 37 条，评价结果为"1"或"0"的学生
活动部位	拇、食指或前三指（对捏、摆放）
教学目标	能独立完成 5 块积木叠高的任务（2.1）
器材准备	1. 大块塑料积木 2. 小块木质积木
教学要点	一、**大块塑料积木，练习摆放** 1. 将方形积木一块挨着一块地在地面上摆成一行。 2. 双手将小块三角形积木摆放在大块方形积木上，摆放平稳。 二、**小块木质积木，练习手眼协调** 1. 在桌面上，将两块以上的木质积木摆成一排。 2. 在桌面上，将一块木质方形积木叠放在另一块较大的木质方形积木上。 三、**积木叠高** 1. 在桌面上，将一块较大的木质方形积木叠放在另一块较小的木质方形积木上，保证不掉落。 2. 在桌面上，将两块大小一致的木质方形积木叠放在一起。 3. 在桌面上，将两块以上大小一致的木质方形积木叠放在一起。 4. 在上述基础上，逐渐叠高积木 5 块。
教学形式	个别训练、小组训练、家庭互动
活动评价	学生表现	1. 知识与技能： 2. 过程与方法： 3. 情感与态度：
	教师反思	
	家庭作业	1. 摆放练习（摆成平面的行、列、圆圈）。 2. 使用不同大小的积木进行叠高练习。

活动十五

活动名称	穿珠子
教学对象	对于动作训练教育评估第 38 条，评价结果为"1"或"0"的学生
活动部位	拇、食指对捏（穿、拉）
教学目标	能独立进行穿珠活动 3 个（2.2）
器材准备	不同大小的珠子、有绳花的绳子、毛根绳等
教学要点	一、不会穿珠子 1. 学生一只手前二指捏取珠子，教师将绳子从孔中穿过，学生用另一只手将绳花拉出。 2. 由教师拿稳珠子，学生将绳子从孔的一头穿出，用另一只手拉绳花。 二、双手配合，手眼协调性训练 1. 利用毛根绳练习双手配合穿珠子。 2. 利用有绳花的绳子练习穿珠子。 三、进阶与提高 1. 双手协调配合穿珠，能适时将珠子移至绳子的尾部，并保证珠子不散落。 2. 双手协调配合使用各种尺寸的珠子，穿珠过程中珠子不掉落，穿完后能整理、展示珠串。
教学形式	个别训练、小组训练、家庭互动
活动评价	学生表现	1. 知识与技能： 2. 过程与方法： 3. 情感与态度：
	教师反思	
	家庭作业	1. 练习一只手前二指捏取珠子，另一只手前二指捏取绳花。 2. 练习双手协调配合穿珠。

活动十六

活动名称	拼图
教学对象	对于动作训练教育评估第 40 条，评价结果为"1"或"0"的学生
活动部位	1. 对捏：掌屈，拇、食指或前三指指腹伸展—屈曲 2. 摆放：肘关节伸，肩关节前伸
教学目标	能完成简单拼图 5 块（2.3）
器材准备	单块图形拼图"〇□△"，多块图形拼图

续表

教学要点	一、拿捏单块图形摆放 1. 教师示范拿捏动作，五指的指腹拿捏拼图的边缘，并拿起转移到小筐中，学生练习拿捏转移。 2. 教师出示如"○□△"图形，选择一个图形让学生进行拼插摆放。 3. "○"形拼图由学生自主拼插摆放；"□△"形拼图由教师帮助学生摆放好位置，进行拼插。 二、拿捏单块图形、拼图正确摆放 1. 教师出示"○□△"三个图形，学生指认一块（或学生自主拿一块），选择正确拼图位置进行摆放。 2. 出示缺失 1~2 块插块的不完整拼图，逐一给学生缺失的拼图插块，让其进行摆放。 三、拿捏拼图插块正确摆放 1. 学生完成拼插 3 块插块以上的拼图活动：自主拿捏插块，按照顺序或图示正确摆放插块，完成拼图。 2. 学生按照图示完成拼插 5 块插块以上拼图活动。
教学形式	个别训练、小组训练、家庭互动
活动评价	学生表现：1. 知识与技能： 2. 过程与方法： 3. 情感与态度：
	教师反思	
	家庭作业	1. 拿捏练习。从硬币开始，前三指拿捏硬币并转移到小筐里。 2. 选择适合的积木拼图，让学生拿捏积木并放到相应的拼图位置上。

活动十七

活动名称	涂色
教学对象	对于动作训练教育评估第 42、43 条，评价结果为"1"或"0"的学生
活动部位	1. 执笔侧手：拇食指伸展—屈曲，其余三指屈曲 2. 涂色：大范围涂色时肘关节屈伸，小范围涂色时腕关节尺屈、桡屈、掌屈
教学目标	能将图形涂满颜色，不出边（3.2）
器材准备	粗蜡笔，需涂色的简单图形、多颜色图画
教学要点	一、前三指握笔涂鸦 1. 教师出示从粗到细的蜡笔，摆放在学生面前，让学生逐一进行前三指拿捏握持的练习，确保握笔姿势正确。 2. 出示一张白纸，勾画一个简单图形，让学生握笔后腕关节小范围左右摆动进行涂色。

		3. 出示简单图形，让学生在图形内涂鸦。 二、简单图形涂色 1. 教师画出简单图形"○□△"，让学生用笔勾画轮廓，了解轮廓、边界的概念。 2. 提示学生进行图形内涂色，且涂满颜色，不出边。 三、多颜色图画 出示一张多颜色图画，如房子、树木、小动物等。提示学生完成多种颜色的图画涂色，将空白位置涂满颜色。
	教学形式	个别训练、小组训练、家庭互动
活动评价	学生表现	1. 知识与技能： 2. 过程与方法： 3. 情感与态度：
	教师反思	
	家庭作业	1. 练习前三指的拿捏握笔姿势，进行腕关节摆动涂鸦。 2. 勾画轮廓，描红，再进行涂色，不出边。 3. 完成一幅多颜色涂色作品。

活动十八

活动名称	画图
教学对象	对于动作训练教育评估第44、45条，评价结果为"1"或"0"的学生
活动部位	1. 执笔侧手：拇、食指伸展—屈曲，其余三指屈曲 2. 图画：腕关节尺屈、桡屈、掌屈
教学目标	能独立完成一幅作品（3.3）
器材准备	彩笔、图画纸、简单轮廓图形
教学要点	一、描红、勾画轮廓 1. "○□△"等简单图形的轮廓描红、勾画。 2. 复杂图案的轮廓描红、勾画，如房子、树木、小动物等。 二、仿画简单图案 1. 教师出示一张简单图案，并提示学生图案的轮廓、边界。 2. 引导学生进行轮廓、边界的仿画，提示图案的要点。 3. 进行图案的涂色。 三、画图 1. 学生临摹复杂图画，轮廓勾画、配色、涂色，与原画基本相像。 2. 根据要求或自主画图，能够画出主体内容。
教学形式	个别训练、小组训练、家庭互动

续表

活动评价	学生表现	1. 知识与技能： 2. 过程与方法： 3. 情感与态度：
	教师反思	
	家庭作业	1. 勾画图案的轮廓，与原图轮廓基本保持一致。 2. 仿画简单图形的组合图案，与原图案基本相像。 3. 自主画图。

活动十九

活动名称	手工粘贴制作
教学对象	对于动作训练教育评估第47条，评价结果为"1"或"0"的学生
活动部位	拇、食指（拿捏），前三指（旋拧），腕关节（内收外展），前臂（摆动），手掌（按压）
教学目标	能使用胶棒将两张卡纸按照位置粘贴在一起（4.2）
器材准备	胶棒、胶水、胶条，折纸或卡纸，儿童剪刀或胶条座，彩笔
教学要点	一、使用胶棒粘贴制作 1. 熟悉胶棒的使用方法。打开胶棒瓶盖，双手旋拧出胶棒，按压涂抹，然后粘贴。 2. 在指定位置进行涂抹，将两张卡片或折纸粘贴在一起。 3. 将多张需要粘贴的卡片进行涂抹、粘贴、组合，完成制作。 二、使用胶水粘贴制作 1. 熟悉胶水的使用方法。拧开胶水瓶盖，拿捏毛刷蘸胶水，涂抹，粘贴。 2. 在指定位置进行涂抹，将两张卡片或折纸粘贴在一起。 3. 将多张需要粘贴的卡片进行涂抹、粘贴、组合，完成制作。 三、使用胶条粘贴 1. 了解胶条的使用方法，找到胶条截断部分，用惯用手拿捏、拉扯，使用剪刀或胶条座剪断胶条。 2. 将胶条粘贴在指定位置并按压，完成粘贴。
教学形式	个别训练、小组训练、家庭互动
活动评价	学生表现	1. 知识与技能： 2. 过程与方法： 3. 情感与态度：

教师反思		
家庭作业	1. 粘贴工具的使用方法。练习拿捏、打开、按压、涂抹等动作。 2. 两张卡片的粘贴，按照提示进行涂抹并按压，完成粘贴制作。 3. 使用胶条将两张卡片粘贴在一起。	

活动二十

活动名称	剪纸	
教学对象	对于动作训练教育评估第50条，评价结果为"1"或"0"学生	
活动部位	1. 开合：前三指伸展—屈曲 2. 剪纸：腕关节掌屈、背伸	
教学目标	能按照线段提示进行剪纸（4.5）	
器材准备	1. 手部握力器、塑料（或铁制）夹子或镊子 2. 画有不同粗细线段的硬质纸张、儿童剪刀	
教学要点	一、不会使用剪刀 1. 前三指独立屈伸练习；前三指拿捏小物品；前三指套入剪刀（反复多次）。 2. 前三指伸展，内收，至剪刀开合。 3. 出示不同剪刀，带领学生进行练习。 二、手部肌力较弱，开合力量不足 1. 使用握力器进行强化练习。 2. 使用塑料（或铁制）夹子进行前二指或前三指的握力练习，夹起桌面的小物品、小木棍等。 三、双手配合，手眼协调性训练 1. 惯用手持剪刀，另一只手拿卡纸（根据学生能力选择卡纸上的提示线），练习对准。 2. 练习对准开合剪，一剪剪开，能剪多少剪多少，一张卡纸上有多条线段。 3. 连续剪，直至剪开。 4. 剪三角形、正方形。 5. 剪圆形、曲线。 6. 剪简单图案（如小房子、小星星等）。	
教学形式	个别训练、小组训练、家庭互动	
活动评价	学生表现	1. 知识与技能： 2. 过程与方法： 3. 情感与态度：

续表

活动名称	剪纸
教师反思	
家庭作业	1. 握力器比赛（和家长计时比赛）。 2. 用夹子或镊子练习拇、食指对捏动作，捏起小物品。 3. 剪开一定长度的纸张。

　　本章小结：在康复训练课程中，动作训练是基础，学生参与课业学习和活动时都需要有协调的、一定的运动控制能力，以助其完成课业和活动。本章围绕课标对动作训练的内容和要求展开，总结梳理了北京市特殊教育领域落实课标所进行的地区性实践探索。第一节着重介绍动作康复训练流程的五个环节：初筛，分流（教育安置），评估，拟订 IEP，实施、检验与调整。第二节是本章节的重点，着重介绍了北京市特殊教育研究指导中心课题组以课标对动作训练的内容要求为准则，以动作发展的山峰理论为依据，以基本动作技能为考察点，自主研究编制的《动作训练教育评估表》及其配套的《动作训练教育评估标准解析》。《动作训练教育评估表》涵盖了课标中 7 个模块的粗大动作和精细动作，共计 50 个相关的动作教育评估项目。第三节提供了 20 个动作训练的活动示例，目的是把学生最常用的动作技能进行归纳总结，供教师参考。

第二章　感知觉训练的教育评估与教学设计

　　导读：感知活动是儿童所有认知活动的开端，是日常生活运作及学习的先备能力。儿童感知觉发展经历了四个阶段。每个后一阶段的发展都以前一阶段为基础。普通儿童可以在日常活动和游戏中发展和完善感知力，而特殊儿童因其感官的障碍或身体功能限制或发育迟缓等原因，其感知能力不能随着年龄的增长而同步发展完善。对特殊儿童开展感知觉训练，首先要筛选出需要感知觉训练的对象，再配套使用北京市特殊教育研究指导中心研究编制的《感知觉教育评估表》与《感知觉教育评估标准解析》对儿童进行感知觉的教育评估。以评估的结果为依据，确定感知觉的教育目标，制定感知觉训练方案并予以实施。

第一节　概述

一、感知觉的发展阶段

　　感觉是客观事物直接作用于感觉器官，产生神经冲动，经传入神经传至中枢神经系统引起的。知觉是对作用于感觉器官的信息的识别和解释。感知觉是客观事物作用于神经系统，引起神经系统活动而产生的。感知觉虽然简单，是最基本的心理过程，但它们同时也是一切高级、复杂心理活动的基础。

　　感知活动是儿童所有认知活动的开端，是日常生活运作及学习的先备能力。如果没有感知觉，环境中的信息就不可能进入人脑，人也就不可能有记忆、思维、想象、情感和意志等心理过程，更不会形成兴趣、理想、能力和性格等个性心理。

　　如下图所示，儿童感知觉发展经历了四个阶段。儿童在第一阶段如果没有发展好，会出现重力不安全感、触觉防御，低肌肉张力、平衡反应差、姿势不良、眼球追视困难等发展障碍。第二阶段的发展会影响大肌肉动作发展的基础能力，动作协调性、动作精确度，以及学习新动作所需的计划与排序能力。在此阶段中儿童会发展出良好的大肌肉动作及挑战身体极限的能力，也会协助发展专注能力、调整控制自己活动量的能力和稳定情绪的能力。在第三阶段，前庭觉协助听觉发展听知觉的成熟度，使听觉

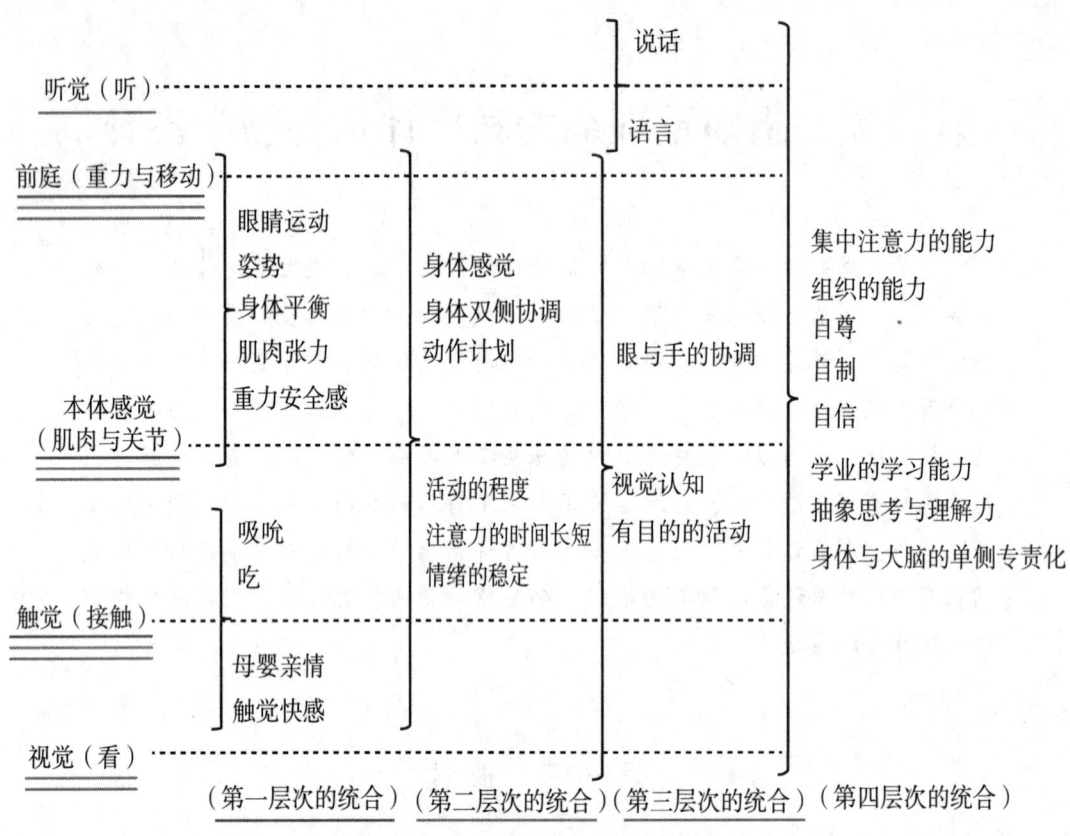

```
听觉(听) ┄┄┄┄┄┄┄┄┄┄┄┄┄┄┄┄┄┄┄┄┄┄┐  ┌说话         ┐
                                          │  │             │
                                          │  │语言         │
前庭(重力与移动) ═══════                  │  │             │
                ┌眼睛运动┐                │  ├集中注意力的能力
                │姿势    │┌身体感觉    ┐  │  │组织的能力    │
                │身体平衡││身体双侧协调│  │  │自尊          │
                │肌肉张力││动作计划    ├眼与手的协调│自制   │
                │重力安全感           ┘  │  │自信          │
本体感觉        └        ┘                │  │             │
(肌肉与关节)                              │  ├学业的学习能力│
                                          │  │抽象思考与理解力
                ┌吸吮    ┐┌活动的程度 ┐┌视觉认知│身体与大脑的单侧专责化
                │吃      ││注意力的时间长短││有目的的活动│
                │        ││情绪的稳定 ┘└          ┘└      ┘
触觉(接触) ═══════        │
                │母婴亲情│
                │触觉快感│
                └        ┘
视觉(看) ┄┄┄┄┄┄┄┄┄┄┄┄┄┄┄┄┄┄┄┄┄┄┘
        (第一层次的统合)(第二层次的统合)(第三层次的统合)(第四层次的统合)
```

图 2-1　儿童感知觉发展的四个阶段[①]

处理速度、听觉效率、听觉辨别、听觉记忆皆能顺利发展,进而协助语言和说话能力的发展。触觉、前庭觉、本体觉协同视觉发展出完善的视知觉,包括视觉辨别、前景-背景区辨、空间相对位置、形状辨认、视觉记忆等,以促进幼儿玩拼图、乐高及玩具组合的能力,进而发展手眼协调能力,促进幼儿的精细动作发展,如画图、使用工具、增进生活自理能力方面等。只有经过前三个阶段的发展,儿童才会进入第四个阶段,形成专注的能力,有条理的能力,自我控制的能力,自信心、自尊心,读、写、算的能力,抽象概念的理解及推理能力,左右手合作能力。

普通儿童可以在日常活动和游戏中发展和完善感知力,而特殊儿童因其感官的障碍或身体功能限制或发育迟缓等原因,其感知能力不能随着年龄的增长而同步发展完善。这就需要给予他们特殊的、针对性的训练,充分开发其感知能力,为其后续的学习奠定基础。

二、感知觉训练的内容

培智学校开展的感知觉训练应以《培智学校义务教育康复训练课程标准(2016 年

---

① AYRES A J. Sensory Integration and Child[M]. Los Angeles: Western Psychological Services, 2005.

版)》(以下简称"课标")中的感知觉训练为依据开展相关训练。课标中规定感知觉包括视觉、听觉、触觉、味觉、嗅觉、前庭与本体觉六个模块。

(一) 视觉训练内容

对特殊儿童来说,视觉训练的目的是提高其视觉能力,而不是视力。本书中的视觉训练包括视觉注意、视觉追踪、视觉辨别、视觉记忆及再现、视觉完形、视觉空间感知等方面。

1. 视觉注意 (1.1)

视觉注意是指对视觉刺激信息的注意力和反应能力。包含视觉注意和视觉反应两方面的训练内容,前者是指让特殊儿童在集体环境中将视觉集中于指定的人或物上,提升其视觉注意力,后者是指给特殊儿童提供各种视觉刺激,引导或辅助其做出适当的反应。

2. 视觉追踪 (1.2)

视觉追踪是指追视物体的能力。给特殊儿童提供以不同移动速度朝各种方位移动的物体,引导其进行追视物体,通过这种训练提升特殊儿童的视觉追踪能力。

3. 视觉辨别 (1.3)

视觉辨别是指利用视觉区分物品的形象和区分主体与背景的能力。让特殊儿童找相同外观(颜色、形状等)的物品或从背景图中找主体物品,提升特殊儿童的视觉辨别能力。

4. 视觉模仿 (1.4)

视觉模仿是儿童利用视觉观看他人的动作示范后,能对他人的动作进行模仿的能力。开展静态姿势模仿、动态姿势模仿等活动提升特殊儿童的视觉模仿能力。

5. 视觉记忆及再现 (1.5)

视觉记忆及再现是指看见某种形象后,将此形象保存在记忆里并进行再认或再做出此形象的能力。开展先看(视频/图像/模型)后做(找出/画出/摆放刚刚看过的形象)、还原物品位置等训练,提升特殊儿童的视觉记忆及再现的能力。

6. 视觉完形/想象 (1.6)

视觉完形/想象是指从给出的部分视觉信息推知出整体的能力。开展连线画、补全画、根据提示找物品等训练,提升特殊儿童的视觉完形/想象能力。

7. 视觉空间感知 (1.7)

视觉空间感知是指以自己为中心,感知自己与他人或物品所处的空间状态(方向、距离、深度等)。开展搭积木、拿放物品、捉迷藏、形状恒常等训练,提升特殊儿童的视觉空间感知能力。

（二）听觉训练内容

对特殊儿童来说，听觉训练的目的是提高其听觉能力，而不是听力。本书中的听觉训练包括听觉注意、听觉定位与追踪、听觉辨别、听觉记忆及再现等方面。

1. 听觉注意（2.1）

听觉注意是指对听觉刺激信息的注意力和反应能力。包含听觉注意和听觉反应两方面的训练内容，前者是指让特殊儿童在集体环境中将听觉集中于指定声音上，提升其听觉注意力，后者是指给特殊儿童提供各种听觉刺激，引导或辅助其做出适当的反应。

2. 听觉定位与追踪（2.2）

听觉定位是指定位声音的能力。开展找发声物品或人、判断声音发出位置的训练，提升特殊儿童的听觉定位能力；移动发声源，训练特殊儿童追踪声源的能力。

3. 听觉辨别（2.3）

听觉辨别是指利用听觉区分声音特征（音调、响度、音色）和区分主体音与背景音的能力。开展找相同声音特征（音调、响度、音色）、将声音与发声的人或物配对、从背景音中找主体音的活动，提升特殊儿童的听觉辨别能力。

4. 听觉记忆及再现（2.4）

听觉记忆及再现是指贮存与回忆所听到的信息并再认、再现的能力。开展先听后认（刚刚听到了什么声音、听到了几次、听到的声音大小等）、先听后做（发出刚刚听到的声音、复述听到的语言、呈现与声音配对的物品或动作等）等训练，提升特殊儿童的听觉记忆及再现的能力。

（三）触觉训练内容

对特殊儿童来说，触觉训练不仅局限于手部，还包括身体其他部位。本书中的触觉训练包括触觉注意、触觉辨别、触觉记忆等方面。

1. 触觉注意（3.1）

触觉注意是指对触觉刺激信息的注意力和反应能力。包含降低过度反应和提升反应不足两方面的训练内容。针对过度反应的特殊儿童，需要开展主动获取触觉刺激或是抑制类的训练（本体觉训练中会涉及）来降低其过度反应的状态。针对反应不足的特殊儿童，可以提供大量的、重复的触觉刺激，让特殊儿童逐渐感受到触觉刺激从而做出适当的反应。

2. 触觉辨别（3.2）

触觉辨别是指利用触觉区分物品性状（形状、大小、软硬、干湿等）和区分身体哪个部位受到了触觉刺激。开展找相同性状（形状、大小、软硬、干湿等）的物品，身体按摩游戏，摸一摸、猜一猜（闭眼）等训练，提升特殊儿童的触觉辨别能力。

3. 触觉记忆（3.3）

触觉记忆是指触觉记忆、保持和再认的能力。开展找一找（找到刚才触摸过的一样性状的物品）、做一做（"你摸到什么？"说出从不透明的盒子或袋子中摸到的物品的名称）等训练，提升特殊儿童的触觉记忆能力。

（四）味觉训练内容

对特殊儿童来说，味觉训练的目的是提高其味觉能力，增强对有害食物的防御能力。本书中的味觉训练包括味觉注意、味觉辨别、味觉记忆等方面。

1. 味觉注意（4.1）

味觉注意是指对味觉刺激信息的注意力和反应能力。包含降低过度反应和提升反应不足两方面的训练内容。针对过度反应的特殊儿童，开展主动获取味觉刺激或是抑制类的训练（本体觉训练中会涉及）来降低其过度反应的状态。针对反应不足的特殊儿童，提供丰富的、重复的味觉刺激，让特殊儿童逐渐感受到味觉刺激从而做出适当的反应。

2. 味觉辨别（4.2）

味觉辨别是指利用味觉区分味觉刺激（酸、甜、苦、咸及这四种味觉的刺激程度）的能力。开展找相同口味的食物、找到口味最重的食物等训练，提升特殊儿童的味觉辨别能力。

3. 味觉记忆（4.3）

味觉记忆是指味觉记忆、保持和再认的能力。开展找相同食物（找到刚才吃过的食物或一样味道的食物）、排排序（结合对吃过的食物的记忆，根据喜好或食物口味对食物进行排序）等训练，提升特殊儿童的味觉记忆能力。

（五）嗅觉训练内容

对特殊儿童来说，嗅觉训练的目的是提高其嗅觉能力和对有害物品气味的防御能力。本书中的嗅觉训练包括嗅觉注意、嗅觉辨别、嗅觉记忆等方面。

1. 嗅觉注意（5.1）

嗅觉注意是指对嗅觉刺激信息的注意力和反应能力。包含嗅觉注意和嗅觉反应两方面的训练内容，前者是指让特殊儿童能注意到环境中的嗅觉刺激，提升其嗅觉注意力，后者是指给特殊儿童提供各种嗅觉刺激，引导或辅助其做出适当的反应。

2. 嗅觉辨别（5.2）

嗅觉辨别是指利用嗅觉区分嗅觉刺激（香味、酸味、腐臭味、刺鼻味等）的能力。

开展找相同气味的物品、找到气味最重的物品、将物品与气味进行配对等训练，提升特殊儿童的嗅觉辨别能力。

3. 嗅觉记忆（5.3）

嗅觉记忆是指嗅觉记忆、保持和再认的能力。开展找相同气味的物品（找到刚才闻过的气味或一样气味的物品）、记忆不可食用的食品的气味（馊饭味、泔水味、腐烂食物气味等）、记忆危险物品的气味（汽油、油漆、乳胶、洗衣液等）等训练，提升特殊儿童的嗅觉记忆能力。

（六）前庭觉与本体觉训练内容

前庭觉在保持身体自动平衡等方面起着重要的作用，故又称平衡觉。本体觉是指对肌肉、肌腱韧带和关节等深部结构的感受，即肌肉是处于收缩还是舒张状态、肌腱和韧带是否被牵拉，以及关节是处于屈曲还是处于伸直状态的感觉。本体觉与前庭觉的关系非常密切，本体觉的冲动可反射性调节躯干和四肢的肌张力，协调运动，以维持身体的平衡和姿势。通常，前庭觉和本体觉共同发挥作用，来感知机体在不同状态下的身体各部位位置、保持身体平衡和维持身体协调。

1. 本体感知（6.1）

本体感知是指利用本体觉感知机体在不同状态下的身体各部位位置。让特殊儿童开展大量需要肢体或口腔用力的活动，如推拉重物、投掷、跳跃、爬行、用力咀嚼、使用吸管等，让其在活动中充分感受和使用身体各部位，提高其利用本体觉感知身体各部位位置的能力。

同时，上述中抗阻力、出力气的活动，可以起到抑制功能，帮助特殊儿童降低触觉、味觉或前庭觉的过度反应。

2. 前庭平衡（6.2）

前庭平衡是指利用前庭觉正确感知身体的失衡状态后，可以实时应对失衡，调整身体姿势，维持身体平衡的能力。开展大量上下、左右跳的活动，前后、左右晃的活动，身体旋转的活动，变速跑的活动，以及失去重心需要调整身体姿势维持平衡的训练活动，如大龙球活动、独脚凳活动、秋千活动、蹦床活动等，让特殊儿童处于不同幅度、方向、速度的身体失衡状态，一方面给学生提供丰富的前庭觉感觉输入，另一方面在活动中让学生提升控制身体平衡的能力。

3. 身体协调（6.3）

身体协调是指身体各部位相互配合、相互协调，自如地控制关节进行活动的能力。开展跳跃、骑车、攀爬、荡秋千等涉及上下肢协调、双侧协调、身体节奏、动作计划（过障碍、多步骤运动等）等方面的活动训练，提升特殊儿童维持身体协调的能力。

三、感知觉训练的流程

《培智学校义务教育课程设置实验方案》中说明了"7+5"的主体课程架构,包括一般性课程和选择性课程两种,其中康复训练课程是选择性课程。这意味着并不是所有的学生都需要参与感知觉训练,而是需要基于数据的分析来确定个体是否需要进行感知觉训练的教学。感知觉训练流程分为初筛,分流,评估,拟订IEP,实施、检验与调整五个环节,见图2-2。

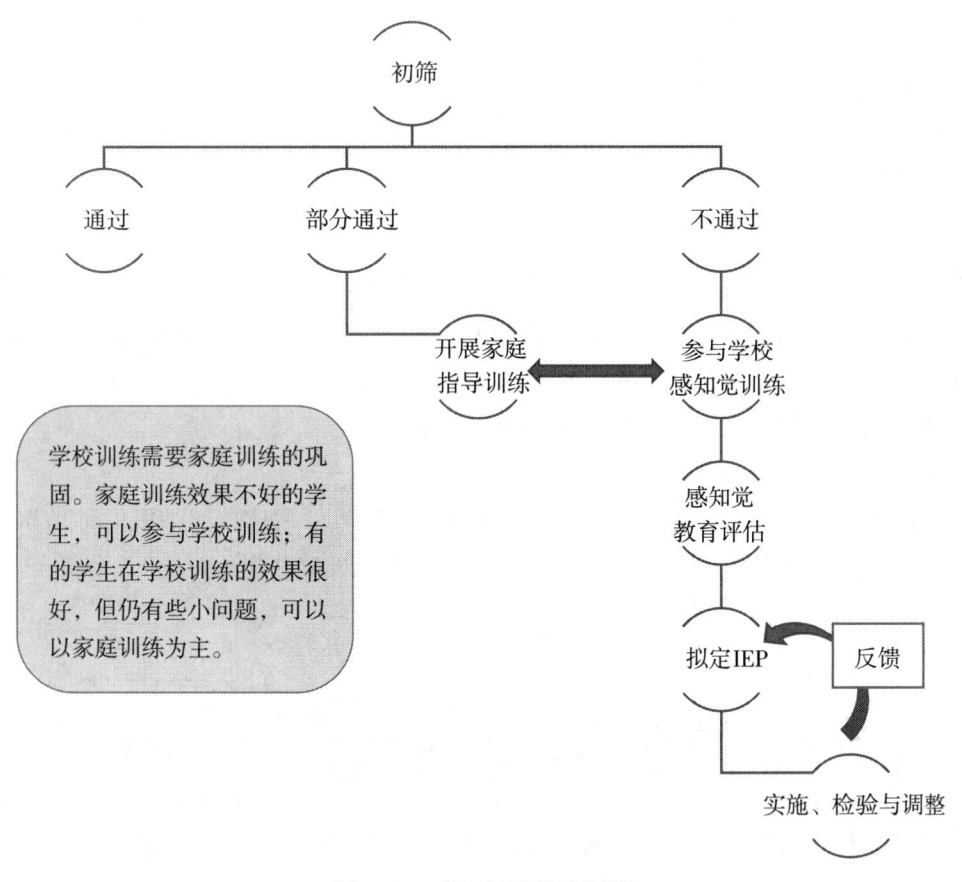

学校训练需要家庭训练的巩固。家庭训练效果不好的学生,可以参与学校训练;有的学生在学校训练的效果很好,但仍有些小问题,可以以家庭训练为主。

图2-2 感知觉训练流程图

(一)初筛

使用北京市特殊教育研究指导中心自主研究编制的《感知觉初筛表》(见表2-1)对全校学生开展初步筛查(首次筛查面向全校学生,之后只对新生筛查),完成情况以"通过""部分通过""不通过"三种方式记录,初筛结果作为教育安置的依据。

表 2-1 感知觉初筛表

学生姓名：_____ 性　　别：_____ 年　　龄：_____ 班　　级：_____
残疾类别：_____ 残疾程度：_____ 测评方法：_____ 测评时间：_____

序号	项目	评价 通过	评价 部分通过	评价 不通过	备注
1	完成 3 个回合的传接地面滚球（视觉）				
2	听并复述出 3 个常用的词语或声音（听觉）				
3	能通过触摸分辨出熟悉的物品（触觉）				
4	能分辨出 3 种常见的味道（味觉）				
5	能分辨常见气味（嗅觉）				
6	走路或跑步时会经常摔倒或撞到周围的物品（本体觉）				
7	单脚（不闭目）站立 15 秒（平衡觉）				

《感知觉初筛表》共 7 个条目，我们从测试工具、操作过程和评价标准三个方面逐条介绍初筛条目的现场测试。

条目 1：完成 3 个回合的传接地面滚球（视觉）

测试工具：1 个足球。

操作过程：让学生蹲在距离教师 3 米远的位置，教师把球按照下图的移动轨迹，分 3 次沿地面滚球给学生，学生可以持续注意球的移动轨迹并把球抓住。3 个回合（球的轨迹正中、偏左、偏右各一次）如下图。

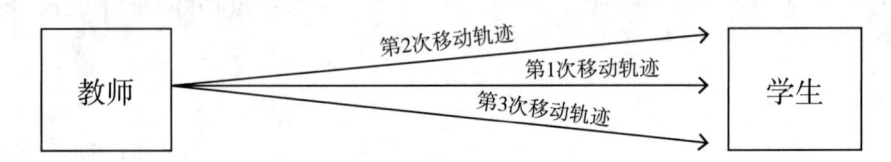

评价标准："通过"，3 次抓到球；"部分通过"，2 次抓到球；"不通过"，0~1 次抓到球。

条目 2：听并复述出 3 个常用的词语或声音（听觉）

测试工具：教师根据学生的自身情况，选取学生常用的 3 个词语或声音（如 3 个同学的名字或 3 个常见的文具、食物等）。

操作过程：教师依次说出学生常用的 3 个词语，学生听到后能一一对应复述出来。

备注：对于有口语的学生，教师选取学生常用的词汇；对于无口语学生，教师选取学生常发出的声音。

评价标准："通过"，正确复述 3 个；部分通过，正确复述 2 个；"不通过"，正确复述 0~1 个。

条目3：能通过触摸分辨出熟悉的物品（触觉）

测试工具：两套一样的铅笔、积木、毛绒玩具。

操作过程：教师把一套物品放在桌面上，另一套物品放进不透明的盒子中。之后教师把桌面上的一个物品放在学生左手上，让学生根据左手上物品的触感，使用右手从不透明的盒子中摸出一样的物品，上述测试进行3次。

备注：程度好的学生可以按照上述步骤直接测试。程度弱的学生，可以先由教师带着玩指认游戏。学生熟悉规则后，再进行上面的测试。

评价标准："通过"，正确分辨3次；"部分通过"，正确分辨2次；"不通过"，正确分辨0~1次。

条目4：能分辨出3种常见的味道（味觉）

测试工具：学生常吃的3种食物和它们的图片。

操作过程：教师在学生闭上眼睛的情况下让学生品尝其中1种食物，然后让学生睁开眼睛并根据口中正在咀嚼的食物的味道，从3种食物图片中，指出正在吃的是哪种食物，上述测试进行3次。

备注：选择学生常吃的食物，口感、形状、厚度相近但味道不同的3种零食或果蔬，如酸味的山楂片、苦味的苦瓜片、甜味的奶片，它们都是圆片状，厚度也相近，但是味道不一样。也可以把3种果蔬切成一样大小。

评价标准："通过"，正确分辨3次；"部分通过"，正确分辨2次；"不通过"，正确分辨0~1次。

条目5：能分辨常见气味（嗅觉）

测试工具：香水、臭豆腐、清水。

操作过程：教师分别把3种气味的物品放进不透明的瓶子中，之后把气味两两一组呈现给学生，让学生分辨和指认。第一组：香味、臭味；第二组：臭味、无味；第三组香味、无味。

评价标准："通过"，正确分辨3次；"部分通过"，正确分辨2次；"不通过"，正确分辨0~1次。

条目6：走路时会经常摔倒或撞到周围的物品（本体觉）

操作过程：观察学生平时走路时是否经常摔倒或撞到周围的物品。

评价标准："通过"，走路时很少或从不摔倒或撞到周围的物品；"部分通过"，走路时有时摔倒或撞到周围的物品；"不通过"，走路时经常摔倒或撞到周围的物品。

条目7：单脚（不闭目）站立15秒（前庭觉）

测试工具：秒表。

操作过程：让学生使用优势腿完成单脚站立。

评价标准："通过"，单腿站立15秒；"部分通过"，单腿站立8~15秒；"不通过"，单腿站立8秒以下。

（二）分流

初筛的结果是学生分流的依据。初筛中，如果学生所有条目的评价结果均为"通过"，表示该学生的感知觉发展正常，不需要额外开展感知觉训练；如果学生某一条目为"部分通过"，则需要接受家庭训练，如果效果不理想，需参加学校的训练；如果学生某一条目的评价结果为"不通过"，则需要参与学校训练，并以完成家庭作业来巩固学校训练的效果。

（三）评估

使用北京市特殊教育研究指导中心自主研究编制的《感知觉教育评估表》及其配套的《感知觉教育评估标准解析》，对需要参与学校感知觉训练的学生进行感知觉教育评估（详见本章第二节）。

（四）拟订 IEP

感知觉训练的教师也要参与拟定学生 IEP 的会议，并报告对学生感知觉领域的评估情况。感知觉教育评估有两种方式，另一种是依据感觉阈值的高低，分为低敏、正常、超敏；一种是依据学生感觉能力的高低估分为通过、部分通过、不通过。前一种方式的评估结果可以为教学环境的创设提供依据；后一种方式的评估结果可以为与班主任、其他教师和家长共同商定感知觉训练的教学目标、教学内容和训练方式提供依据。

（五）实施、检验与调整

实施 IEP。基于数据导向，通过观察学生在日常生活与学习环境中的表现，检验训练目标的达成情况并适时调整训练方向。在训练—调整—再训练的过程中，促进学生感知觉能力的提升。

第二节　感知觉的教育评估

感知觉教育评估的评估工具为北京市特殊教育研究指导中心研究编制的《感知觉教育评估表》，与《感知觉教育评估标准解析》配套使用。

《感知觉教育评估表》是以课标中感知觉训练的内容模块和项目为框架，进一步细化编制而成的。全表包含视觉、听觉、触觉、味觉、嗅觉、前庭觉与本体觉六个模块。其中视觉模块有 15 个评估条目；听觉模块有 10 个评估条目；触觉模块有 7 个评估条目；味觉模块有 4 个评估条目；嗅觉模块有 4 个评估条目；前庭觉与本体觉模块有 4 个评估条目。全表共计 44 个评估条目。

建议教师在现场测试的过程中使用社会性强化物，如口头表扬、奖励代币等，否则很容易导致现场测试无效；根据具体情况，在测试过程中可以提供一定的支持，如口头提示、图片提示、手势提示、动作示范、肢体辅助、器具辅助等；也可以采用日常观察、家长或他人报告的形式完成。评估有两种方式。一种是从低敏、正常、超敏三个方面呈现的；另一种是从通过、部分通过、不通过三个方面进行呈现的。对于评估为"部分通过"或"不通过"的条目要描述学生在该条目上的具体情绪与行为表现。

感知觉教育评估的结果不仅是如何进行感知觉训练的依据，也是如何进行教育环境创设的依据。

一、视觉教育评估

（一）视觉教育评估表

视觉教育评估共计 15 个条目，见表 2-2。

表 2-2 视觉教育评估表

学生姓名：_____ 性　　别：_____ 年　　龄：_____ 班　　级：_____
残疾类别：_____ 残疾程度：_____ 测评方法：_____ 测评时间：_____

模块	序号	项目	评价 低敏	评价 正常	评价 超敏	备注
视觉（此项评估均可在对学生的日常观察中获得）	1	在白炽灯灯光下参与活动（1.1）（目前学生接触白炽灯的机会很少）				
	2	在日光灯灯光下参与活动（1.1）（教室内的灯光基本都属于日光灯）				
	3	在闪烁光下参与活动（1.1）（准备一个闪光的手电筒）				
	4	在太阳光下参与活动（1.1）（在操场上上操时观察）				
	5	在昏暗环境中参与活动（1.1）（午休时关灯、拉窗帘后观察）				

模块	序号	项目	评价 通过	评价 部分通过	评价 不通过	备注
视觉（此项评估均可在对学生的日常观察中获得）	6	追视横向移动的物体（1.2）（准备一只头部有特点的笔，告知学生要盯着这支笔的头部）				

续表

	7	追视纵向移动的物体（1.2）					
视觉（此项评估均可在对学生的日常观察中获得）	8	追视旋转移动的物体（1.2）					
	9	辨别物品的颜色（1.3）					
	10	辨别物品的形状（1.3）					
	11	从背景图中找样本图（1.3）					
	12	完成简单的动作模仿（1.4）					
	13	察觉消失的人或物品（1.5）					
	14	察觉被部分遮挡的物品（1.6）					
	15	感知自己与他人或物品在空间中的位置关系（1.7）					

（二）视觉教育评估标准解析

1. 在白炽灯灯光下参与活动

目的	考察学生对白炽灯灯光的视觉反应（1.1）
要求	观察学生在白炽灯灯光环境中的学习与生活状态。
器材	白炽灯
评价	低敏	盯着光源看、错过视觉提示、错过与他人的目光交流、漏看、看不清、活动中容易撞到他人和物品
	正常	看清环境中的人和物，情绪平稳地参与活动
	超敏	出现眨眼睛、眯眼、闭上眼睛、哭闹、离开去光照较弱的地方活动的行为
说明	

2. 在日光灯灯光下参与活动

目的	考察学生对日光灯灯光的视觉反应（1.1）
要求	观察学生在日光灯灯光环境中的学习与生活状态。
器材	日光灯（教室内的灯光基本都属于日光灯）
评价	低敏	盯着光源看、错过视觉提示、错过与他人的目光交流、漏看、看不清、活动中容易撞到他人和物品
	正常	看清环境中的人和物，情绪平稳地参与活动
	超敏	出现眨眼睛、眯眼、闭上眼睛、哭闹、离开去光照较弱的地方活动的行为
说明	

3. 在闪烁光下参与活动

目的	考察学生对闪烁光的视觉反应（1.1）
要求	观察学生在闪烁光环境中的学习与生活状态。
器材	带有闪光功能的手电筒
评价	低敏	盯着光源看、错过视觉提示、错过与他人的目光交流、漏看、看不清、活动中容易撞到他人和物品
	正常	看清环境中的人和物，情绪平稳地参与活动
	超敏	出现眨眼睛、眯眼、闭上眼睛、哭闹、离开去光照较弱的地方活动的行为
说明	

4. 在太阳光下参与活动

目的	考察学生对太阳光的视觉反应（1.1）
要求	观察学生在太阳光环境中的学习与生活状态。
器材	无
评价	低敏	盯着光源看、错过视觉提示、错过与他人的目光交流、漏看、看不清、活动中容易撞到他人和物品
	正常	看清环境中的人和物，情绪平稳地参与活动
	超敏	出现眨眼睛、眯眼、闭上眼睛、哭闹、离开去光照较弱的地方活动的行为
说明	

5. 在昏暗环境中参与活动

目的	考察学生对昏暗光线的视觉反应（1.1）
要求	观察学生在昏暗环境（昏暗的教室、隧道玩具）中的学习与生活状态。
器材	无
评价	低敏	盯着光源看、错过视觉提示、错过与他人的目光交流、漏看、看不清、活动中容易撞到他人和物品
	正常	看清环境中的人和物，情绪平稳地参与活动
	超敏	出现眨眼睛、眯眼、闭上眼睛、哭闹、离开去光照较弱的地方活动的行为
说明	

6. 追视横向移动的物体

目的	考察学生对视觉范围内的横向移动物体的视觉反应（1.2）
要求	教师在距学生眼睛 25 厘米处，横向移动物体（如笔、气球），观察学生的行为反应。
器材	气球或有装饰物的笔
评价	通过	眼球流畅且精确地跟随移动物体移动
	部分通过	眼球追随移动物体移动，但眼球时有跳动
	不通过	无法持续注意移动物体
说明	

7. 追视纵向移动的物体

目的	考察学生对视觉范围内的纵向移动物体的视觉反应（1.2）
要求	教师在距学生眼睛 25 厘米处，纵向移动物体（如笔、气球），观察学生的行为反应。
器材	气球或有装饰物的笔
评价	通过	眼球流畅且精确地跟随移动物体移动
	部分通过	眼球追随移动物体移动，但眼球时有跳动
	不通过	无法持续注意移动物体
说明	

8. 追视旋转移动的物体

目的	考察学生对视觉范围内的旋转移动物体的视觉反应（1.2）
要求	教师在距学生眼睛 25 厘米处，快速旋转移动物体（如笔、气球），观察学生的行为反应。
器材	气球或有装饰物的笔
评价	通过	眼球流畅且精确地跟随移动物体移动
	部分通过	眼球追随移动物体移动，但眼球时有跳动
	不通过	无法持续注意移动物体
说明	

9. 辨别物品的颜色

目的	考察学生使用视觉辨别不同颜色的能力（1.3）		
要求	从3种颜色的笔中找到和教师一样颜色的笔，进行3次。		
器材	3种不同颜色的笔（两套）		
评价	通过	找对3次	
	部分通过	找对2次	
	不通过	找对0~1次	
说明			

10. 辨别物品的形状

目的	考察学生使用视觉辨别不同形状的能力（1.3）		
要求	从3块不同形状的积木中找到和教师一样颜色的笔，进行3次。		
器材	3块不同形状的积木（两套）		
评价	通过	找对3次	
	部分通过	找对2次	
	不通过	找对0~1次	
说明			

11. 从背景图中找样本图

目的	考察学生从背景图中找样本图的能力（1.3）		
要求	从背景图中找到样本图，进行3次。		
器材	背景图、样本图各3张		
评价	通过	找对3次	
	部分通过	找对2次	
	不通过	找对0~1次	
说明			

12. 完成简单的动作模仿

目的	考察学生按顺序模仿动作的能力（1.4）
要求	教师连续示范 3 个简单动作，学生模仿。动作举例：前平举、双手叉腰、蹲下。
器材	无
评价	通过：按顺序模仿出 3 个动作 部分通过：能模仿出全部动作，但顺序不对 不通过：模仿 0~2 个动作
说明	

13. 察觉消失的人或物品

目的	考察学生记忆动作和再现的能力（1.5）
要求	教师先后呈现两套积木，学生观看后能从第二套积木中找到第一套积木中消失的那块积木，并把其还原到原来的位置。
器材	3 块不同形状和颜色的积木（两套）
评价	通过：快速且正确找到消失的积木并还原积木位置 3 次 部分通过：正确找到消失的积木并还原积木位置 2 次 不通过：正确找到消失的积木并还原积木位置 0~1 次
说明	

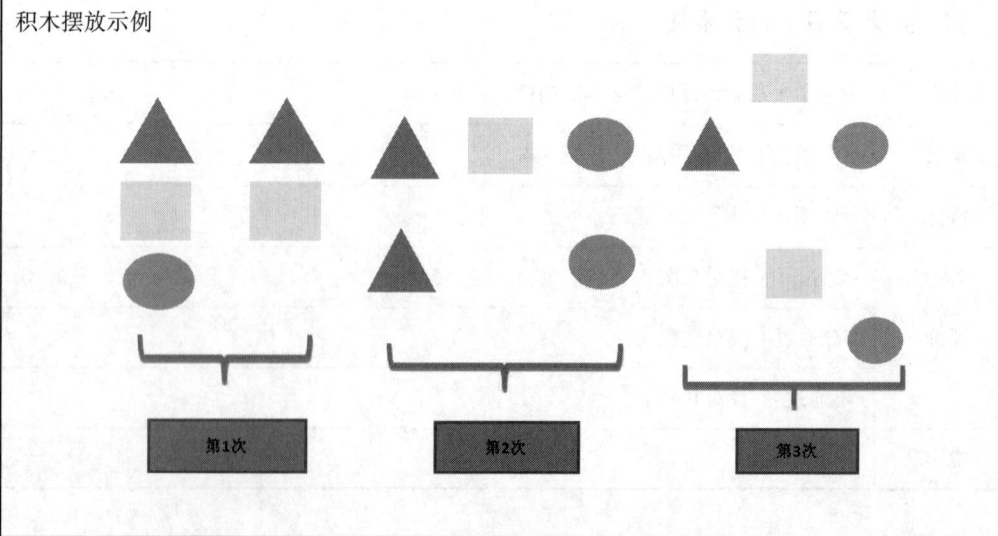

积木摆放示例

14. 察觉被部分遮挡的物品

目的	考察学生视觉完形的能力（1.6）
要求	学生看到被部分遮挡的物品后说出物品名称，无口语学生用图片表示。
器材	动物类图卡 3 张（被树叶遮住头的小鸟、被柜子挡住身子的小猫、被荷叶挡住身子的小鱼），物品类图卡 3 张（被柜子挡住一半的汽车、被筐子挡住一半的球、被柜子挡住一半的书包）
评价	通过	6 张图片均正确完形
	部分通过	4~5 张正确完形
	不通过	0~3 张正确完形
说明	

15. 感知自己与他人或物品在空间中的位置关系

目的	考察学生感知自己与他人或物品在空间中的位置关系的能力（1.7）
要求	学生依照图卡上的人和物品的位置关系，把玩具放在自己的前面、后面、侧面。
器材	3 张表现位置关系的图卡
评价	通过	放对位置 3 次
	部分通过	放对位置 2 次
	不通过	放对位置 0~1 次
说明	

图卡示例

二、听觉教育评估

（一）听觉教育评估表

听觉教育评估共计 10 条目，见表 2-3。

表 2-3　听觉教育评估表

学生姓名：_____　　性　　别：_____　　年　　龄：_____　　班　　级：_____
残疾类别：_____　　残疾程度：_____　　测评方法：_____　　测评时间：_____

模块	序号	项目	评价			备注
			低敏	正常	超敏	
听觉	1	对较大声音的反应（2.1）				
	2	对耳语音的反应（2.1）				
	3	对高频音的反应（2.1）				
	4	对低频音的反应（2.1）				
	5	对嘈杂环境音的反应（2.1）				

模块	序号	项目	评价			备注
			通过	部分通过	不通过	
听觉	6	寻找声音（2.2）				
	7	追踪声音（2.2）				
	8	辨别不同的声音（2.3）				
	9	从背景音中辨别主题音（2.3）				
	10	听并按顺序复述出 3 个常用的词语或声音（2.4）				

（二）听觉教育评估标准解析

1. 对较大声音的反应

目的	考察学生对响度大的声音的反应（2.1）
要求	学生所处环境中出现响度大的声音（如砸门的声音、大声说话的声音）时，察看学生的行为反应。
器材	无

续表

评价	低敏	对突然出现的大声音不予理睬，或在提示下偶尔对突然出现的声音有所反应、反应较慢，或过度喜欢某些大声音（如砸门的声音等），若没有听到这种声音会哭闹
	正常	转向声源，做出捂耳朵或者试图离开的动作
	超敏	对响度大的声音特别敏感，如认为自己听到的声音很大、过度排斥突发声音等；情绪不稳定而表现出大喊大叫或做出自伤行为，如学生听到远处的汽车鸣笛声就哭闹等
记录	请教师具体说明学生对哪些声音反应过度：	

2. 对耳语音的反应

目的	考察学生对耳语音的反应（2.1）
要求	学生所处环境中出现耳语音时，察看学生的行为反应。
器材	无
评价	低敏	对突然出现的耳语音不予理睬，或在提示下偶尔对突然出现的声音有所反应、反应较慢，或喜欢凑在他人旁边听耳语的声音等
	正常	转向声源
	超敏	对耳语音特别敏感，如认为自己听到的声音很大、过度排斥耳语音；情绪不稳定而表现出大喊大叫或做出自伤行为等

3. 对高频音的反应

目的	考察学生对高频音的反应（2.1）
要求	学生所处环境中出现高频音时，如蚊音、女性尖叫声、铜哨声等，察看学生的行为反应。
器材	无
评价	低敏	对突然出现的高频音不予理睬，或在提示下偶尔对突然出现的高频音有所反应、反应较慢，或过度喜欢某些高频声音（如汽车喇叭声），若没有听到这种声音会哭闹
	正常	转向声源
	超敏	对高频音特别敏感，如认为自己听到的声音很大、过度排斥高频音；情绪不稳定而表现出大喊大叫或做出自伤行为等
记录	请教师具体说明学生对哪些声音反应过度：	

4. 对低频音的反应

目的	考察学生对低频音的反应（2.1）
要求	学生所处环境中出现低频音时，如鼓声、敲击木鱼声等，察看学生的行为反应。
器材	无
评价	低敏：对突然出现的低频音不予理睬，或在提示下偶尔对突然出现的高频音有所反应、反应较慢，或过度喜欢某些低频声音，若没有听到这种声音会哭闹
	正常：转向声源
	超敏：对低频音特别敏感，如认为自己听到的声音很大、过度排斥低频音；情绪不稳定而表现出大喊大叫或做出自伤行为等
记录	请教师具体说明学生对哪些声音反应过度：

5. 对嘈杂环境音的反应

目的	考察学生对嘈杂环境中的声音的反应（2.1）
要求	学生处于嘈杂环境（如公共场所）时，察看学生的行为反应。
器材	无
评价	低敏：对嘈杂的声音不予理睬，喜欢频繁地制造噪音，喜欢哼唧或不停地唱歌
	正常：转向声源
	超敏：对嘈杂环境中的声音特别敏感，如认为自己听到的声音很大、过度排斥嘈杂的声音；情绪不稳定而表现出大喊大叫或做出自伤行为等

6. 寻找声音

目的	考察学生定位声音的能力（2.2）
要求	让学生闭上眼睛，教师依次把发声玩具放在学生前、后、左、右1米的地方，学生可以说出或指出发声玩具的位置。
器材	发声玩具1个
评价	通过：正确定位4次
	部分通过：正确定位2~3次
	不通过：正确定位0~1次
说明	

7. 追踪声音

目的	考察学生追踪声音的能力（2.2）
要求	让学生闭上眼睛，教师把发声玩具从学生身旁直线移动到 3 米远的地方后让玩具停止发声，学生睁开眼睛后，循着刚刚听到的玩具声音的轨迹找寻这个发声玩具。
器材	发声玩具 1 个
评价	通过：学生找玩具的路径与玩具移动轨迹一致，并且找到玩具 部分通过：学生找玩具的路径稍微偏离玩具移动轨迹，并且找到玩具 不通过：学生找玩具的路径完全偏离玩具移动轨迹
说明	

8. 辨别不同的声音

目的	考察学生辨别声音特征的能力（2.3）
要求	让学生闭上眼睛，教师双手各持一件乐器，并且随机弄响其中一件乐器 3 次，学生睁开眼睛后判断发声乐器是哪个。
器材	不同声音特征的乐器（如锣、鼓、沙锤等）
评价	通过：正确辨别 3 次 部分通过：正确辨别 2 次 不通过：正确辨别 0~1 次
说明	

9. 从背景音中辨别主题音

目的	考察学生辨别主题音的能力（2.3）
要求	教师播放音频，学生听到后，说出听到了什么。无口语学生在听到音频后从 3 张图卡中指认。
器材	混合主题音和背景音的音频 3 个（如嘈杂音中的小鸟叫声、嘈杂音中的下课铃声、嘈杂音中的教师声音），小鸟、铃、教师的图卡各 1 张
评价	通过：正确辨别 3 次 部分通过：正确辨别 2 次 不通过：正确辨别 0~1 次
说明	

10. 听并按顺序复述出 3 个常用的词语或声音

目的	考察学生记忆声音并再现声音的能力（2.4）
要求	教师说学生常用的 3 个词语，学生在听到后，按照顺序复述出 3 个词语。
器材	教师根据学生的自身情况，选取学生常用的 3 个词语，如 3 个同学的名字或 3 种常用的文具、食物等
评价	通过　　按顺序说出 3 个词语 部分通过　正确说出 3 个词语，但顺序出现错误 不通过　正确说出 2 个词语，但顺序出现错误
说明	
备注	对于有口语的学生，教师可选取学生常用的词汇；对于无口语的学生，教师可选取学生常发出的声音。

三、触觉教育评估

（一）触觉教育评估表

触觉教育评估共计 7 个条目，见表 2-4。

表 2-4　触觉教育评估表

学生姓名：＿＿＿＿　性　别：＿＿＿＿　年　龄：＿＿＿＿　班　级：＿＿＿＿
残疾类别：＿＿＿＿　残疾程度：＿＿＿＿　测评方法：＿＿＿＿　测评时间：＿＿＿＿

模块	序号	项目	评价			备注
			低敏	正常	超敏	
触觉	1	对触摸和挤压的反应（3.1）				
	序号	项目	评价			备注
			通过	部分通过	不通过	
	2	辨别物品的形状（3.2）				
	3	辨别物品的大小（3.2）				
	4	辨别物品的软硬（3.2）				
	5	辨别物品的干湿（3.2）				
	6	辨别被触碰的身体位置（3.2）				
	7	找到刚刚触摸的物品（3.3）				

（二）触觉教育评估标准解析

1. 对触摸和挤压的反应

目的	考察学生对身体被轻触和挤压时的反应（3.1）
要求	考察学生对身体被触摸、挤压和对被他人拥抱的反应。
器材	无
评价	低敏：握东西很紧；喜欢头顶重物；喜欢被挤压甚至依赖于被挤压，受到挤压时会感觉到平静或开心；喜欢紧压墙壁或躲在门后
	正常：能接受他人的正常触摸、拥抱并有合适的反应
	超敏：不喜欢被触摸；触摸时感觉不舒服甚至疼痛；不喜欢刷牙、洗脸、洗头、洗澡；不喜欢手上、脚上拿或戴任何东西；不喜欢某种纹理的衣服，喜欢特定类型或纹理的衣服；受到挤压后大喊大叫或做出问题行为

2. 辨别物品的形状

目的	考察学生使用触觉辨别物品形状的能力（3.1）
要求	教师把一套积木放在桌面上，另一套积木放进不透明的盒子中。之后教师把桌面上的一个积木放在学生左手，让学生根据左手对积木的触感，用右手从不透明的盒子中摸出一样形状的积木，上述测试进行3次。
器材	3块不同形状的积木（两套）、1个不透明盒子
评价	通过：正确辨别3次
	部分通过：正确辨别2次
	不通过：正确辨别0~1次
说明	
备注	对于程度好的学生可以按照上述步骤直接测试。对于程度弱的学生，可以由教师先带学生玩指认游戏，待学生熟悉规则后，再进行测试。

3. 辨别物品的大小

目的	考察学生使用触觉辨别物品大小的能力（3.2）
要求	教师把一套球放在桌面上，另一套球放进不透明的盒子中。之后教师把桌面上的一个球放在学生左手上，让学生根据左手对球的触感，用右手从不透明的盒子中摸出一样大小的球，上述测试进行3次。

器材	大、中、小的塑料球各1个（两套）、1个不透明盒子
评价	通过　正确辨别3次
	部分通过　正确辨别2次
	不通过　正确辨别0~1次
说明	
备注	对于程度好的学生可以按照上述步骤直接测试。对于程度弱的学生，可以由教师先带学生玩指认游戏，待学生熟悉规则后，再进行测试。

4. 辨别物品的软硬

目的	考察学生使用触觉辨别物品软硬的能力（3.2）
要求	教师把一套球放在桌面上，另一套球放进不透明的盒子中。之后教师把桌面上的一个球放在学生左手中，让学生根据左手对球的触感，用右手从不透明的盒子中摸出一样硬度的球，上述测试进行3次。
器材	大小相似的棉花球各1个（两套）、1个不透明盒子
评价	通过　正确辨别3次
	部分通过　正确辨别2次
	不通过　正确辨别0~1次
说明	
备注	对于程度好的学生可以按照上述步骤直接测试。对于程度弱的学生，可以由教师先带学生玩指认游戏，待学生熟悉规则后，再进行测试

5. 辨别物品的干湿

目的	考察学生使用触觉辨别物品干湿的能力（3.2）
要求	教师把一套毛巾放在桌面上，另一套毛巾放进不透明的盒子中。之后教师把桌面上的一条毛巾放在学生左手中，让学生根据左手对毛巾的触感，用右手从不透明的盒子中摸出一样湿度的毛巾，上述测试进行3次。
器材	干毛巾、湿毛巾、半干半湿的毛巾各1条（两套）、1个不透明盒子
评价	通过　正确辨别3次
	部分通过　正确辨别2次
	不通过　正确辨别0~1次

续表

说明	
备注	对于程度好的学生可以按照上述步骤直接测试。对于程度弱的学生,可以由教师先带学生玩指认游戏,待学生熟悉规则后,再进行测试。

6. 辨别被触碰的身体位置

目的	考察学生使用触觉辨别身体位置的能力(3.2)
要求	让学生闭上眼睛,教师(施以一定的力度,但是不要弄疼学生)触碰学生某个身体部位(可以选择上肢、下肢、后背,但要避开个人隐私部位),然后让学生指出被触碰的身体部位,上述测试进行3次。
器材	无
评价	通过 正确指出被触碰的部位3次
	部分通过 正确指出被触碰的部位2次
	不通过 正确指出被触碰的部位0~1次
说明	
备注	对于程度好的学生可以按照上述步骤直接测试。对于程度弱的学生,可以由教师先带学生玩指认游戏,待学生熟悉规则后,再进行测试。

7. 找到刚刚触摸的物品

目的	考察学生触觉记忆和再认的能力(3.3)
要求	学生闭上眼睛,教师递给学生一支铅笔,让其触摸3秒钟,之后放下铅笔。3秒钟后,学生睁开眼睛并从3支铅笔中找到刚刚触摸的那支铅笔,上述测试进行3次。
器材	3支长度相似、笔身有差别(笔身粗糙、光滑)的铅笔
评价	通过 找对3次
	部分通过 找对2次
	不通过 找对0~1次
说明	
备注	对于程度好的学生可以按照上述步骤直接测试。对于程度弱的学生,可以由教师先带学生玩指认游戏,待学生熟悉规则后,再进行测试。

四、味觉教育评估

(一) 味觉教育评估表

味觉教育评估共计 4 个条目，见表 2-5。

表 2-5 味觉教育评估表

学生姓名：_____ 性　别：_____ 年　龄：_____ 班　级：_____
残疾类别：_____ 残疾程度：_____ 测评方法：_____ 测评时间：_____

模块	序号	项目	文字描述	备注
味觉	1	特别喜好的食物（含异食）及味道 (4.1)		
	2	特别厌恶的食物及味道 (4.1)		

模块	序号	项目	评价			备注
			通过	部分通过	不通过	
	3	辨别不同口味的食物 (4.2)				
	4	找到刚刚品尝的食物 (4.3)				

(二) 味觉教育评估标准解析

1. 特别喜好的食物（含异食）及味道

目的	考察学生是否存在味觉迟钝 (4.1)
要求	教师用文字记录学生吃哪些味道很重（非常态）的食物或者非食物的东西，如泥土、棉絮、轮胎、纸等。
记录	

2. 特别厌恶的食物及味道

目的	考察学生是否存在味觉过敏 (4.1)
要求	教师用文字记录学生特别厌恶的食物及味道（非常态），如讨厌吃蔬菜，或者因为质地的原因讨厌吃黏稠或较滑的食物。
记录	

3. 辨别不同口味的食物

目的	考察学生使用味觉辨别味道的能力（4.2）
要求	教师在学生闭上眼睛的情况下让其品尝一种食物。学生睁开眼睛后，根据口中正在咀嚼的食物的味道，从3张食物图片中，指出正在吃的是哪种食物，上述测试进行3次。
器材	学生常吃的3种食物及其图片
评价	通过 正确辨别3种
	部分通过 正确辨别2种
	不能过 正确辨别0~1种
说明	
备注	选择学生常吃的，口感、形状、厚度相近但味道不同的3种零食或果蔬，如酸味的山楂片、苦味的苦瓜片、甜味的奶片，或者把3种果蔬切成一样的大小。

4. 找到刚刚品尝的食物

目的	考察学生味觉记忆和再认的能力（4.2）
要求	教师在学生闭上眼睛的情况下让其品尝一种食物。3秒钟后，学生睁开眼睛，根据刚刚尝过的食物的味道，从3张食物图片中，指出刚刚吃的是哪种食物，上述测试进行3次。
器材	学生常吃的3种食物及其图片
评价	通过 正确辨别3种
	部分通过 正确辨别2种
	不通过 正确辨别0~1种
说明	
备注	选择学生常吃的，口感、形状、厚度相近但味道不同的3种零食或果蔬，如酸味的山楂片、苦味的苦瓜片、甜味的奶片，或者把3种果蔬切成一样的大小。

五、嗅觉教育评估

（一）嗅觉教育评估表

嗅觉教育评估共计4个条目，见表2-6。

表2-6 嗅觉教育评估表

学生姓名：_____ 性　　别：_____ 年　　龄：_____ 班　　级：_____
残疾类别：_____ 残疾程度：_____ 测评方法：_____ 测评时间：_____

模块	序号	项目	文字描述			备注
嗅觉	1	特别喜欢的气味（5.1）				
	2	特别厌恶的气味（5.1）				
	序号	项目	评价			备注
			通过	部分通过	不通过	
	3	辨别物品的气味（5.2）				
	4	找到刚刚闻过的物品（5.3）				

（二）嗅觉教育评估标准解析

1. 特别喜欢的气味

目的	考察学生是否存在嗅觉迟钝（5.1）
要求	教师用文字记录学生特别喜欢闻但普通人闻后往往感到反胃、恶心的气味，如烟味、汽油味、恶臭味、狐臭味等。
记录	

2. 特别厌恶的气味

目的	考察学生是否存在嗅觉过敏（5.2）
要求	教师用文字记录学生对他人可以忍受的某些气味感到不舒服、厌恶，乃至出现情绪和行为问题。
记录	

3. 辨别物品的气味

目的	考察学生使用嗅觉辨别气味的能力（5.2）
要求	教师分别把3种气味的物品放进不透明的瓶子中，之后把气味两两一组呈现给学生，让学生分辨和指认，分组如下： 第一组：香味、臭味 第二组：臭味、无味 第三组：香味、无味
器材	香水、清水、臭豆腐

续表

评价	通过	正确辨别 3 种
	部分通过	正确辨别 2 种
	不通过	正确辨别 0~1 种
说明		

4. 找到刚刚闻过的物品

目的	考察学生嗅觉记忆和再认的能力（5.3）
要求	教师让学生闻一种气味 3 秒钟，之后教师挪开气味瓶。3 秒钟后，学生从 3 个气味瓶中找出刚刚闻过的气味瓶，上述测试进行 3 次。
器材	香水、清水、臭豆腐，不透明的瓶子
评价	通过	找对 3 次
	部分通过	找对 2 次
	不通过	找对 0~1 次
说明		

六、前庭觉与本体觉教育评估

（一）前庭觉与本体觉教育评估表

前庭觉与本体觉教育评估共计 5 个条目，见表 2-7。

表 2-7 前庭觉与本体觉教育评估表

学生姓名：_____ 性　　别：_____ 年　　龄：_____ 班　级：_____
残疾类别：_____ 残疾程度：_____ 测评方法：_____ 测评时间：_____

模块	序号	项目	评价			备注
			通过	部分通过	不通过	
前庭觉与本体觉	1	手臂位置复位（6.1）				
	2	滚球游戏（6.1）				
	3	踩脚印（6.1）				
	4	单腿站立 15 秒（6.2）				
	5	走平衡木（6.3）				

（二）前庭觉与本体觉教育评估标准解析

1. 手臂位置复位

目的	考察学生感知肢体位置的能力（6.1）	
要求	1. 让学生闭上眼睛，教师把学生的手臂抬至前平举位置，5秒钟后，教师把学生的手臂恢复至肢体两侧，再请学生自己把手臂依次恢复到刚刚教师抬至的位置。 2. 让学生闭上眼睛，教师把学生的手臂抬至侧平举位置，5秒钟后，教师把学生的手臂恢复至肢体两侧，再请学生自己把手臂依次恢复到刚刚教师抬至的位置。 3. 让学生闭上眼睛，教师把学生的手臂上举至头顶的位置，5秒钟后，教师把学生的手臂恢复至肢体两侧，再请学生自己把手臂依次恢复到刚刚教师抬至的位置。	
器材		
评价	通过	正确复位3次
	部分通过	正确复位2次
	不通过	正确复位0~1次
说明		
备注	对于程度好的学生可以按照上述步骤直接测试。对于程度弱的学生，可以由教师先带学生睁着眼睛玩手臂复位游戏，待学生熟悉规则后，再进行闭眼睛时的测试。	

2. 滚球游戏

目的	考察学生上肢控制力度的能力（6.1）	
要求	让学生依次把实心球滚到1米、2米、3米的目标圆圈内。	
器材	实心球	
评价	通过	准确滚球到指定距离3次
	部分通过	准确滚球到指定距离2次
	不通过	准确滚球到指定距离0~1次
说明		

3. 踩脚印

目的	考察学生控制下肢和身体移动的能力（6.1）
要求	教师出示脚印小路，小路上放置了10对距离不等、朝向有差异的脚印，让学生完成踩脚印的游戏。

器材	印有 10 对脚印的贴纸	
评价	通过	正确完成 10 对脚印
	部分通过	正确完成 5~9 对脚印
	不通过	正确完成 0~4 对脚印
说明		

脚印摆放示例

4. 单腿站立 15 秒

目的	考察学生的平衡能力（6.2）	
要求	两手自然垂放，以优势腿支撑，另一只腿抬起来离开地面，保持单腿站立 15 秒。	
器材	无	
评价	通过	单腿站立 15 秒
	部分通过	单腿站立 8~15 秒
	不通过	单腿站立 8 秒以下
说明		

5. 走平衡木

目的	考察学生的身体协调/动态平衡的能力（6.3）
要求	让学生走过3米长的平衡木。
器材	无
评价	通过：不会从平衡木掉落 部分通过：从平衡木上掉落1~2次 不通过：从平衡木上掉落3次或多次
说明	

第三节 感知觉的教学活动设计

如果没有各种感觉的充分供应，神经系统就无法适当发展。大脑需要各神经感觉持续不断地供给营养，才能发展并发挥功能。对伴有感知觉功能异常的特殊儿童，尤其是低年龄段的特殊儿童来说，进行感知觉训练意义重大。然而，并非每个特殊儿童都需要进行感知觉训练，即使需要进行感知觉训练，训练的内容、时长、频率、方法等也需要康复教师围绕特殊儿童感知觉评估的结果和新课标进行设计。感知觉教育评估结果，是为学生拟订IEP的重要依据。一方面，对感觉反应评估结果为"低敏"或"超敏"的学生，各科的教师可以结合学生的具体感觉反应特点进行有支持性的教学环境创设，调节学生的不良感觉反应；另一方面，对感觉能力评估结果为"部分通过"或"不通过"的学生，教师可以开展有针对性的感觉训练活动，提升学生相应的感觉能力。感知觉的训练活动因人而异，且无法穷尽。本节内容中针对课标里的每一条感知觉训练目标都设计了训练活动。这些活动仅供教师们参考，给教师们提供一些训练活动设计的思路，起到抛砖引玉的作用。可以根据激活兴趣、明确目标、保障安全、难易适宜、有序梯度、适当整合这六个关键点对这些训练活动进行借鉴和灵活地使用。

激发兴趣。 每个孩子的兴趣不一样，个别教学时的训练器材、环境创设可根据学生的兴趣不同而适当调整。在集体教学时，要考虑到群体特征、年龄特征。富有趣味性的训练活动，才能激发学生的参与动机。

明确目标。 每个训练活动都是围绕着某个教学目标而设计的。

保障安全。 设计训练活动时，一定要考虑训练活动的安全性。安全的训练环境、训练活动方式、安全无毒的训练器材都是在设计训练活动时要考虑的因素。

难易适宜。 给学生设计训练活动时，要预设出活动的难度变化。如果难度过大，学生挑战超出他们能力范围的训练活动，就容易产生畏难情绪，不愿意参与训练活动。如果训练活动难度太低，学生很容易完成，又会让他们觉得没意思，降低参与的积极性。

进阶梯度。 在设计集体/小组训练某个教学目标的训练内容时，需要考虑到不同学生的能力水平是不一样的。我们不仅要让每个学生能参与活动，还要尽可能让每个学生在活动中受益。因此，训练活动的内容要立体且有梯度，能够满足能力水平不同的学生的需要，并根据学生能力的提升，能让学生随时进阶到高一级的训练活动。

适当整合。 开展感知觉训练时，可以单纯地对学生的某一个感觉问题进行有针对性的单一感觉训练，也可以同时兼顾学生的多个感觉问题进行综合训练。如果想实施单一的感觉训练，可以借鉴使用后文列举的活动设计示例。如果想实施综合训练，可以对学生的感知觉训练目标和后文列举的活动进行整合，设计出一个综合的感觉训练活动。如训练学生视觉辨别颜色的能力、味觉的辨别能力，可以选取不同颜色的水果作为训练媒介，对学生同时开展颜色与味道的辨别训练。视觉追视能力、听觉追踪能力的训练也可以综合起来进行，拿遥控玩具小汽车作为训练媒介，让学生练习追视移动玩具小汽车的能力，同时还可以屏蔽视觉，让学生利用听觉追踪玩具小汽车的声音。视觉和前庭觉也可以综合起来加以训练，走平衡木的时候能同时训练学生的视觉和前庭觉。

总之，设计感知觉训练活动时，教师们可以结合学生的学习动机和自己的教学经验，设计出更多更好的训练活动，帮助学生改善感知觉方面的问题，更好地适应校园学习环境、家庭环境、社会环境。

一、视觉的教学活动设计

（一）视觉环境创设

课标中视觉模块的第 1 条为"能对各种视觉刺激有反应"。所有的视觉都是在有一定光线的基础上形成的。部分特殊儿童在不同光线的背景下反应不同，有的表现为低敏，有的表现为超敏。对于这部分学生，我们需要依据评估的结果，在教学活动中进行视觉环境创设，调节学生的不良视觉反应，见表 2-8。

表 2-8　视觉评估与视觉环境创设

序号	视觉刺激	视觉环境创设建议	
		低敏	超敏
1	在白炽灯灯光下参与活动（1.1）	避免让学生接触敏感的光亮刺激，可戴太阳镜或帽子来避免光亮刺激。	引导学生注意指定的物品而不是光亮刺激；移除会导致视觉混乱的物品。
2	在日光灯灯光下参与活动（1.1）		
3	在闪烁光下参与活动（1.1）		
4	在太阳光下参与活动（1.1）		
5	在昏暗环境中参与活动（1.1）	避免让学生待在昏暗的环境，可调亮环境光线。	

（二）视觉训练活动

对于视觉模块条目的评价为"部分通过"或"不通过"的学生，教师可以参考下面给出的活动以开展相应的视觉能力训练。

活动一

活动名称	追视汽车
教学对象	对于感知觉教育评估的视觉模块第 6、7、8 条中的任意一条，评价结果为"部分通过"或"不通过"的学生
教学目标	学生能在教学活动中追视遥控玩具小汽车的移动轨迹连续 3 次（1.2）
器材准备	遥控玩具小汽车
教学要点	教师遥控玩具小汽车到教室不同的位置，要求或引导学生站在原地用眼睛追视移动的玩具小汽车。当玩具小汽车停止移动时，学生将玩具小汽车拿起来交给教师。 可以根据评估结果，选择横向、纵向的直线移动或拐弯、转圈的旋转移动。活动初期，玩具小汽车移动轨迹是简单的直线。学生熟练后，就可以增加转弯、倒退等方向的移动。活动后期，轮流让一名学生遥控玩具小汽车，其他学生追视玩具小汽车。 小游戏：看谁先拿到汽车！ 学生原地站着追视玩具小汽车，只有当玩具小汽车停止移动时，学生才能起步。
教学形式	集体训练、小组训练或个别训练

续表

活动评价	学生表现	学生参与活动的积极性及学生在活动中的追视表现。
	教师反思	
	家庭作业	参照追视玩具小汽车的方法在家中玩追视移动的球或手电筒亮光的游戏。

活动二

活动名称		找颜色一样的积木
教学对象		对于感知觉教育评估的视觉模块第9条,评价结果为"部分通过"或"不通过"的学生
教学目标		学生能利用视觉分辨物品的3种颜色(1.3)
器材准备		各种颜色的积木
教学要点		**一、找相同颜色游戏** 教师发给每名学生3块不同颜色的积木(可逐渐增加不同颜色积木的数量)。之后组织学生玩找颜色相同积木的游戏,即教师拿某个颜色的积木,学生也从自己的3块积木里找到那个颜色的积木。 **二、垒高积木游戏** 教师发给学生一些不同颜色的积木,然后教师拿出红色的积木,学生也能拿出红色的积木,垒高在一起,变成红色积木高楼。 上述游戏,只强调颜色,不强调形状。
教学形式		集体训练、小组训练或个别训练
活动评价	学生表现	学生参与活动的积极性及学生在活动中能否找到相应颜色的积木。
	教师反思	
	家庭作业	家长制作一张范画,并给孩子一张没有涂色的画。孩子根据范画的颜色提示找到一样颜色的彩笔进行涂色活动。

活动三

活动名称	找形状一样的积木
教学对象	对于感知觉教育评估的视觉模块第10条,评价结果为"部分通过"或"不通过"的学生
教学目标	学生能利用视觉分辨物品的3种形状(1.3)
器材准备	各种形状的积木

教学要点	一、**找相同形状游戏** 教师发给每名学生 3 块不同形状的积木（可逐渐增加不同形状积木的数量）。之后组织学生玩找形状相同积木的游戏，即教师拿某个形状的积木，学生也从自己的 3 块积木里找到那个形状的积木。 二、**垒高积木游戏** 教师发给学生一些不同形状的积木，然后教师拿出三角形的积木，学生也能拿出三角形的积木，垒高在一起，变成三角形积木高楼。 上述游戏，只强调形状，不强调颜色。
教学形式	集体训练、小组训练或个别训练
活动评价	学生表现：学生参与活动的积极性及学生在活动中能否找到相应形状的积木。 教师反思： 家庭作业：家长准备两套形状图卡（圆形、三角形、方形），之后让孩子参照上面的游戏方法玩找相同形状图卡的游戏。

活动四

活动名称	找图小能手
教学对象	对于感知觉教育评估的视觉模块第 11 条，评价结果为"部分通过"或"不通过"的学生
教学目标	学生能利用视觉从背景图中连续 3 次找到样本图（1.3）
器材准备	相同的卡通图卡两套（教师手中一套，学生手中一套）
教学要点	教师任意出示 1 张卡通人物图卡（样本图），学生从成套的图卡中找到与教师所示一样的卡通人物图卡。重洗图卡。教师再次出示图卡，学生找到一样的图卡。 **扩展教学**：教师出示 1 个玩具，学生能从玩具堆中找到与教师所示一样的玩具。
教学形式	集体训练、小组训练或个别训练
活动评价	学生表现：学生参与活动的积极性及学生在活动中能否找到相应的指定图卡或玩具。 教师反思： 家庭作业：家长陪同孩子玩在玩具筐里找指定玩具的游戏。

活动五

活动名称	请你像我这样做
教学对象	对于感知觉教育评估的视觉模块第 12 条，评价结果为"部分通过"或"不通过"的学生
教学目标	学生能按顺序模仿 3 个动作（1.4）
器材准备	无
教学要点	教师连续示范 3 个简单动作，如双上肢前平举、双手叉腰、蹲下。学生按顺序模仿呈现。一开始，学生模仿 1 个动作，然后逐渐增加至 2 个动作、3 个动作。
教学形式	集体训练、小组训练或个别训练
活动评价	学生表现	学生参与活动的积极性以及学生在活动中能否视觉记忆并模仿动作。
	教师反思	
	家庭作业	亲子互动游戏：家长先做 3 个动作，孩子按先后顺序模仿 3 个动作。

活动六

活动名称	少了谁呀？
教学对象	对于感知觉教育评估的视觉模块第 13 条，评价结果为"部分通过"或"不通过"的学生
教学目标	学生能记住小动物玩偶的位置并连续 3 次还原小动物玩偶的位置（1.5）
器材准备	5 种小动物玩偶
教学要点	1. 教师把 5 种小动物玩偶排队摆放，让学生边看边记忆。之后教师打乱小动物玩偶的摆放顺序，让学生根据记忆把小动物玩偶按照刚才的顺序排队摆放。 2. 教师依然按照刚才的顺序把小动物玩偶排队摆放，但是要故意少放一个小动物玩偶，让学生先观察再说出少了哪个小动物玩偶。学生说对后，让其把少了的小动物玩偶放回队列里且要放在它原来的位置。
教学形式	集体训练、小组训练或个别训练
活动评价	学生表现	学生参与活动的积极性以及学生在活动中记忆玩偶的位置和将其放回原位置的能力。
	教师反思	
	家庭作业	还原玩具的位置，玩具从哪里拿的，就放回到哪里去。

活动七

活动名称	这是谁呀？
教学对象	对于感知觉教育评估的视觉模块第14条，评价结果为"部分通过"或"不通过"的学生
教学目标	学生能在视觉提示下利用视觉完形出3个完整的图形（1.6）
器材准备	图卡：被树叶遮住头的小鸟、被大树遮住身子的牛、被荷叶遮住部分身体的小鱼等
教学要点	教师出示一些图卡，学生根据图卡上显示的部分图形想象出完整图形是什么。
教学形式	集体训练、小组训练或个别训练
活动评价	学生表现	学生参与活动的积极性以及学生在活动中能否利用视觉想象猜出图卡上是什么。
	教师反思	
	家庭作业	家长准备一本动物或蔬菜等图画的绘本，用手遮挡动物或蔬菜图画的一部分，让孩子说一说那是什么动物或蔬菜。

活动八

活动名称	给谁呢？
教学对象	对于感知觉教育评估的视觉模块第15条，评价结果为"部分通过"或"不通过"的学生
教学目标	学生能在言语提示下把玩具传给位于指定位置（前、后、左、右等）的同学3次（1.7）
器材准备	球、小椅子
教学要点	1. 教师把小椅子摆放好后，让学生选择自己喜欢的位置坐下，然后让坐在中间的学生说一说他的前后左右分别是谁。 2. 教师把球交给中间位置的学生，学生可以根据教师的指令，例如"把球传给位于你前面的同学"，把球传给指定位置的同学。 中间位置可以让学生轮换坐，以确保每名学生都有练习的机会。
教学形式	集体训练、小组训练或个别训练
活动评价	学生表现	学生参与活动的积极性以及学生在活动中能否依据指令把球传给位于指定位置的同学。
	教师反思	
	家庭作业	能根据家长的言语提示把玩具或衣物等放到指定的位置（内、外、上、下、前、后、左、右）上。

活动名称	给谁呢？
椅子摆放示例	

二、听觉的教学活动设计

（一）听觉环境创设

课标中听觉模块的第 1 条为"能对各种听觉刺激有反应"。部分特殊儿童对不同的听觉刺激反应不同：有的表现为低敏，有的表现为超敏。对于这部分学生，我们需要依据评估的结果，在教学活动中进行听觉教学环境创设，调节他们的不良听觉反应，见表 2-9。

表 2-9　听觉评估与听觉环境创设

序号	听觉刺激	听觉环境创设建议	
		低敏	超敏
1	大声音	给学生提供丰富的声音游戏，如玩打击乐游戏、听喜欢的音乐或声音等，以此来改善学生的低敏反应	在会引起敏感反应的声音环境中让学生佩戴耳机或引导学生在听到不喜欢的刺激声音时捂住耳朵
2	耳语音		
3	高频音		
4	低频音		
5	嘈杂环境音		

（二）听觉训练活动

对于听觉模块条目的评价为"部分通过"或"不通过"的学生，教师可以参考下面给出的活动来开展相应的听觉能力训练。

活动一

活动名称	身边的声音
教学对象	对于感知觉教育评估的听觉模块第 6 条,评价结果为"部分通过"或"不通过"的学生
教学目标	学生能在教学活动中连续 3 次正确指出发声玩具的位置(2.2)
器材准备	发声玩具
教学要点	1. 教师依次把发声玩具放在学生前、后、左、右 1 米的地方,让学生说出或指出发声玩具的位置。 2. 增加游戏难度。学生闭上眼睛,教师依次把发声玩具放在学生前、后、左、右 1 米的地方,让学生说出或指出发声玩具的位置。
教学形式	集体训练、小组训练或个别训练
活动评价	学生表现	学生参与活动的积极性以及学生在活动中定位声音的表现。
	教师反思	
	家庭作业	家长在家中不同的地方叫孩子的名字,孩子能在听到自己的名字后应答并转向家长。

活动二

活动名称	听声音找玩具
教学对象	对于感知觉教育评估的听觉模块第 7 条,评价结果为"部分通过"或"不通过"的学生
教学目标	学生能循着玩具的声音连续 3 次拿到玩具(2.2)
器材准备	发声玩具
教学要点	1. 学生闭上眼睛,教师把发声玩具从学生面前移动到 1.5 米远的地方后让玩具停止发声,学生睁开眼睛并循着刚刚听到的玩具声音找寻发声玩具。 2. 学生闭上眼睛,教师把发声玩具从学生面前移动到 3 米远的地方后让玩具停止发声,学生睁开眼睛并循着刚刚听到的玩具声音找寻发声玩具。 3. 增加难度。学生闭上眼睛,教师把发声玩具移动到学生身后或侧面 3 米远的地方后让玩具停止发声,学生睁开眼睛并循着刚刚听到的玩具声音找寻发声玩具。
教学形式	集体训练、小组训练或个别训练
活动评价	学生表现	学生参与活动的积极性以及学生在活动中追踪声音的表现。
	教师反思	
	家庭作业	参照上面的游戏方法,家长将播放着音乐的手机藏起来,带领孩子玩找手机的游戏。

活动三

活动名称	哪个乐器响了？
教学对象	对于感知觉教育评估的听觉模块第 8 条，评价结果为"部分通过"或"不通过"的学生
教学目标	学生能连续 3 次找到发声的乐器（2.3）
器材准备	锣、鼓、沙锤
教学要点	1. 教师双手各持一件乐器并随机弄响一件乐器 3 次，让学生指出发声乐器是哪个。 2. 让学生闭上眼睛，教师双手各持一件乐器并随机弄响一件乐器 3 次，让学生睁开眼睛，判断发声乐器是哪个。 3. 让其他学生闭上眼睛，一名学生双手各持一件乐器并随机弄响一件乐器 3 次，让大家睁开眼睛，判断发声乐器是哪个。
教学形式	集体训练、小组训练或个别训练
活动评价	学生表现	学生参与活动的积极性以及学生在活动中辨别声音的表现。
	教师反思	
	家庭作业	家长利用家中的矿泉水瓶、铁盆子、纸袋子等物品，参照上面的游戏方法同孩子玩找发声物品的游戏。

活动四

活动名称	听到什么？
教学对象	对于感知觉教育评估的听觉模块第 9 条，评价结果为"部分通过"或"不通过"的学生
教学目标	学生能连续 3 次听出主题音（2.3）
器材准备	混合主题音和背景音的音频 3 个（如嘈杂音中的小鸟叫声、嘈杂音中的下课铃声、嘈杂音中教师说话的声音），小鸟、铃、教师的图卡各 1 张
教学要点	1. 教师分别播放小鸟声、下课铃声、嘈杂音中教师说话的声音，让学生听一听，并引导学生说一说听到了什么声音。 2. 教师播放混合音频，让学生在听到音频后，说出听到了什么。无口语学生在听到音频后从 3 张图卡中指认。
教学形式	集体训练、小组训练或个别训练
活动评价	学生表现	学生参与活动的积极性以及学生在活动中辨别主题声音的表现。
	教师反思	
	家庭作业	在孩子看电视或玩电脑游戏时，家长适时问问孩子听到了哪些声音。

活动五

活动名称		学学动物叫
教学对象		对于感知觉教育评估的听觉模块第 10 条，评价结果为"部分通过"或"不通过"的学生
教学目标		学生能连续 3 次按照正确顺序模仿动物叫声（2.4）
器材准备		猫、狗、鸭子的叫声音频，猫、狗、鸭子、兔子、鸡、羊 6 种动物图卡
教学要点		1. 教师分别播放猫、狗、鸭子的叫声音频，让学生听一听，引导学生说一说听到了什么动物的叫声并让学生尝试着模仿出听到的动物叫声。 2. 教师依次播放 2 种动物的叫声，学生可以按序模仿出动物叫声或按序拿出动物图卡。 3. 教师依次播放 3 种动物的叫声，学生可以按序模仿出动物叫声或依序拿出动物图卡。
教学形式		集体训练、小组训练或个别训练
活动评价	学生表现	学生参与活动的积极性以及学生在活动中记忆声音并再现声音的表现。
	教师反思	
	家庭作业	学学叫卖声，如"卖萝卜、白菜、茄子啦"。

三、触觉的教学活动设计

（一）触觉环境创设

课标中触觉模块的第 1 条为"能对各种触觉刺激有反应"。部分特殊儿童对各种触觉的反应不同：有的表现为低敏，有的表现为超敏。对于这部分学生，我们需要依据评估的结果，在教学活动中进行触觉教学环境创设，调节他们的不良触觉反应，见表 2-10。

表 2-10 触觉评估与触觉环境创设

序号	触觉刺激	触觉环境创设建议	
		低敏	超敏
1	对触摸和挤压的反应	给学生提供大量触觉刺激的活动，如玩沙、玩水、玩泡沫、玩面团、玩彩泥、手指画等。	避免让学生接触产生敏感反应的触觉活动，如排队时让学生站在最后一个、不使用动作辅助等。必须进行触觉刺激活动前，先开展抑制类活动，再进行触觉活动。如先做一些出力气的活动，再进行洗手、玩海洋球等活动。

(二) 触觉训练活动

对于触觉模块条目的评价为"部分通过"或"不通过"的学生，教师可以参考下面给出的活动来开展相应的触觉能力训练。

活动一

活动名称	摸形状一样的积木
教学对象	对于感知觉教育评估的触觉模块第2条，评价结果为"部分通过"或"不通过"的学生
教学目标	学生按照指令从不透明的袋子中拿出指定形状的积木3次（3.2）
器材准备	3种不同形状的积木、1个不透明袋子
教学要点	1. 教师出示圆形、方形、三角形的积木，让学生说一说积木的形状并让学生摸一摸每种形状的积木。 2. 教师出示不透明的袋子并把2种形状的积木放入袋子里，让学生按照指令从袋子里摸出指定形状的积木。 3. 增加活动难度。教师把3种形状的积木放入袋子里，让学生按照指令从袋子里摸出指定形状的积木。
教学形式	集体训练、小组训练或个别训练
活动评价	学生表现：学生参与活动的积极性以及学生在活动中利用触觉辨别形状的表现。 教师反思： 家庭作业：家长准备一套几何形积木，参照上面的方法，带领孩子在家玩找积木游戏。

活动二

活动名称	摸大小不一样的球
教学对象	对于感知觉教育评估的触觉模块第3条，评价结果为"部分通过"或"不通过"的学生
教学目标	学生按照指令从不透明的袋子中拿出指定大小的圆球3次（3.2）
器材准备	大、中、小圆球各1个，1个不透明袋子
教学要点	1. 教师出示大、中、小圆球，让学生说一说哪个球最大、哪个球最小、哪个球不大也不小，并让学生摸一摸3个圆球。 2. 教师出示不透明的袋子，并把最大和最小的球放入袋子里，让学生按照指令从袋子里摸出指定大小的球。 3. 增加活动难度。教师把3个球都放入袋子里，让学生按照指令从袋子里摸出指定大小的球。
教学形式	集体训练、小组训练或个别训练

续表

活动评价	学生表现	学生参与活动的积极性以及学生在活动中利用触觉辨别大小的表现。
	教师反思	
	家庭作业	家长准备3个大小不同的球，参照上面的方法，带领学生在家玩找大、小球的游戏。

活动三

活动名称	摸软硬不一样的球
教学对象	对于感知觉教育评估的触觉模块第4条，评价结果为"部分通过"或"不通过"的学生
教学目标	学生按照指令从不透明的袋子中拿出指定硬度的物品3次（3.2）
器材准备	大小相似的圆石头、橡皮泥球、棉花球各1个，1个不透明的袋子
教学要点	1. 教师出示大小相似的圆石头、橡皮泥球、棉花球，让学生说一说每个物品的名称并摸一摸感受一下哪个物品最硬、哪个物品最软、哪个物品不硬也不软。 2. 教师出示不透明的袋子，并把2个物品放入袋子里，让学生按照指令从袋子里摸出指定硬度的物品。 3. 增加活动难度。教师把3个物品都放入袋子里，让学生按照指令从袋子里摸出指定硬度的物品。
教学形式	个别训练、小组训练、家庭互动
活动评价	学生表现	学生参与活动的积极性以及学生在活动中利用触觉辨别软硬的表现。
	教师反思	
	家庭作业	家长带孩子在家摸一摸不同软硬的物品，例如靠垫、衣服、桌子、水杯等，让孩子感受不同硬度物品的触感。

活动四

活动名称	拿毛巾
教学对象	对于感知觉教育评估的触觉模块第5条，评价结果为"部分通过"或"不通过"的学生
教学目标	学生可以按照指令从不透明的袋子中拿出指定湿度的毛巾3次（3.2）
器材准备	干毛巾、湿毛巾、半干半湿的毛巾各1条，1个眼罩
教学要点	1. 教师出示干毛巾、湿毛巾、半干半湿的毛巾，让学生摸一摸每条毛巾，并告诉学生可以根据毛巾的吸水程度给毛巾命名为干毛巾、湿毛巾、半干半湿的毛巾。 2. 教师帮助学生戴上眼罩，把干毛巾和湿毛巾放在学生面前的桌子上，让学生按照指令从桌上摸到指定的毛巾。 3. 增加活动难度。教师把3条毛巾都放在学生面前的桌子上，让学生按照指令从桌上摸到指定的毛巾。

续表

教学形式		集体训练、小组训练或个别训练
活动评价	学生表现	学生参与活动的积极性以及学生在活动中利用触觉辨别干湿的表现。
	教师反思	
	家庭作业	让孩子帮忙晾湿毛巾、湿衣服或湿袜子等,叠干毛巾、干衣服、干袜子等,体验不同的触觉。

活动五

活动名称		拍拍身体
教学对象		对于感知觉教育评估的触觉模块第 6 条,评价结果为"部分通过"或"不通过"的学生
教学目标		学生可以连续 3 次正确指出自己被触摸的身体部位(3.2)
器材准备		眼罩
教学要点		**一、拍拍身体的游戏** 教师示范拍拍手、拍拍肚子、拍拍头、拍拍肩膀、拍拍腿等动作,学生可以模仿教师的动作,一起玩拍拍身体的游戏。 **二、拍拍对方身体的游戏** 1. 教师示范拍拍对面同学的手、肚子、头、肩膀、腿等动作,学生可以模仿教师的动作,玩拍拍对面同学身体的游戏。 2. 增加活动难度。教师让学生戴上眼罩,然后分别拍拍学生的头、肢体、躯干,让学生说一说自己的哪个身体部位被拍到了。
教学形式		集体训练、小组训练或个别训练
活动评价	学生表现	学生参与活动的积极性以及学生在活动中利用触觉辨别身体部位的表现。
	教师反思	
	家庭作业	家长参照上面的方法,带领孩子在家中玩亲子互动游戏。

活动六

活动名称	找钥匙
教学对象	对于感知觉教育评估的触觉模块第 7 条,评价结果为"部分通过"或"不通过"的学生
教学目标	学生可以连续 3 次摸出刚刚触摸过的钥匙(3.3)
器材准备	3 把形状不一样的钥匙、1 个眼罩

续表

教学要点		1. 先让学生闭着眼睛触摸 1 把钥匙，然后让他从 3 把钥匙中摸出刚刚摸过的那把。 2. 教师帮助学生戴上眼罩并让学生摸 1 把钥匙，然后把学生刚摸过的那把钥匙和另外 1 把钥匙一起放在学生面前的桌子上，让学生从 2 把钥匙中摸出刚刚摸过的那把。 3. 增加活动难度。先让学生摸 1 把钥匙，然后把学生刚摸过的钥匙和另外 2 把钥匙一起放在学生面前的桌子上，让学生从 3 把钥匙中摸出刚刚摸过的那把。
教学形式		集体训练、小组训练或个别训练
活动评价	学生表现	学生参与活动的积极性以及学生在活动中利用触觉记忆和再认的表现。
	教师反思	
	家庭作业	家长参照上面的方法，带领孩子在家玩找玩具、找食物等游戏。

四、味觉的教学活动设计

（一）味觉反应引导

课标中味觉模块的第 1 条为"能对各种味觉刺激有反应"。每个人在一定程度上都有自己喜欢和不喜欢的食物口味。部分特殊儿童对各种味觉刺激的反应超过常态，表现为过分挑食或异食癖。我们需要依据评估的结果，在日常生活和教学活动中，进行正确引导，调节学生的不良味觉反应，见表 2-11。

表 2-11 味觉反应引导

序号	味觉刺激	活动建议
1	喜好的食物（含异食）或味道	可以挑选学生喜好的食物作为强化物。 引导学生适度饮食，预防肥胖。 引导学生不吃异物，保障饮食安全。可以让学生咀嚼一些有硬度、有韧性的食物或提供较细的吸管让学生用力吸黏稠的酸奶等，满足学生的味觉刺激需要。
2	厌恶的食物或味道	引导学生平衡膳食，不挑食。 如果学生对某种食物或味道过度反应，如呕吐等，应避免提供该类食物给学生。

（二）味觉训练活动

对于味觉模块条目的评价为"部分通过"或"不通过"的学生，教师可以参考下面给出的活动来开展相应的味觉能力训练。

活动一

活动名称	哪种味道？
教学对象	对于感知觉教育评估的味觉模块第3条，评价结果为"部分通过"或"不通过"的学生
教学目标	学生从3种口味的液体中尝出指定的液体（4.2）
器材准备	3个一模一样的分装瓶，瓶内分别装有白醋、白糖水、盐水3种液体。3张白醋、白糖水、盐水的卡片（供无口语学生使用）
教学要点	1. 教师随机用棉签蘸少量某种液体让学生尝一尝，并说出是什么味道。 2. 挪动小瓶的位置，让学生从2种或3种液体中尝出是什么味道的液体。 3. 增加难度。让学生从2种或3种液体中尝出指定味道的液体。
教学形式	集体训练、小组训练或个别训练
活动评价	学生表现	学生参与活动的积极性以及学生在活动中利用味觉辨别味道的表现。
	教师反思	
	家庭作业	在孩子吃/喝东西时，家长有意识地提醒孩子品尝味道。

活动二

活动名称	哪种水果？
教学对象	对于感知觉教育评估的味觉模块第4条，评价结果为"部分通过"或"不通过"的学生
教学目标	学生闭着眼睛从3种水果（苹果、桃子、哈密瓜）中找出自己刚刚尝过的水果（4.3）
器材准备	苹果、桃子、哈密瓜各1个，切成一样形状和大小的苹果块、桃子块、哈密瓜块，1个眼罩
教学要点	1. 教师依次出示苹果块、桃子块、哈密瓜块，让学生尝一尝，再分别出示完整的苹果、桃子、哈密瓜，让学生说出或指出刚才品尝的是什么水果的切块。 2. 教师帮助学生戴上眼罩并让学生品尝1种水果切块，然后把学生尝过的那种水果切块和另外1种水果切块放到一起，再次让学生品尝，让学生从2种水果切块中尝出刚刚尝过的那种水果。 3. 增加活动难度。教师先让学生品尝1种水果切块，然后把学生尝过的那种水果切块和另外2种水果切块放到一起，再次让学生品尝，让学生从3种水果切块中尝出刚刚尝过的那种水果。
教学形式	集体训练、小组训练或个别训练

续表			
活动评价	学生表现	学生参与活动的积极性以及学生在活动中味觉记忆和再认的表现。
	教师反思	
	家庭作业	家长与孩子一起回忆不久前吃过哪些食物或水果，分别是什么味道。

五、嗅觉的教学活动设计

（一）嗅觉反应引导

课标中嗅觉模块的第 1 条为"能对各种嗅觉刺激有反应"。每个人在一定程度上都有自己喜欢和不喜欢的气味。部分特殊儿童对某些气味刺激的反应超过常态。我们依据评估的结果，在日常生活和教学活动中，进行正确引导，调节学生的不良嗅觉反应，见表 2-12。

表 2-12　嗅觉反应引导

序号	嗅觉刺激	活动建议
1	喜欢的气味	可以挑选学生喜欢的气味作为强化物。 引导学生正确表达需求，不要干扰他人。如学生喜欢闻某个教师或同学身上的气味，可以使用同样的洗衣液或香水，让学生身上有类似的气味，以满足其需求。 引导学生不闻异味，保障健康、安全。
2	厌恶的气味	引导学生正确表达自己的想法，如闻到某种不喜欢的气味后，可以用语言或动作表达自己的不喜欢。 引导学生遇到不喜欢的气味时可以捂住鼻子。 如果学生对某种气味过度反应，如呕吐等，应避免让学生接触有该类气味的环境或避免提供学生有该类气味的食物或物品等。

（二）嗅觉训练活动

对于嗅觉模块条目的评价为"部分通过"或"不通过"的学生，教师可以参考下面给出的活动来开展相应的嗅觉能力训练。

活动一

活动名称	闻一闻
教学对象	对于感知觉教育评估的嗅觉模块第 3 条，评价结果为"部分通过"或"不通过"的学生
教学目标	学生连续 3 次从 3 个带有气味的液体中闻出有指定气味的液体（5.2）

续表

器材准备	3个一模一样的分装瓶，瓶内分别装有白醋、酒精、香水3种液体
教学要点	1. 教师出示3瓶液体，让学生分别闻一闻。 2. 挪动小瓶的位置，让学生从2个小瓶中闻出有指定气味的小瓶。 3. 挪动小瓶的位置，让学生从3个小瓶中闻出有指定气味的小瓶。 4. 增加难度。让学生分别闻出3个小瓶中装的是什么液体。
教学形式	个别训练、小组训练、家庭互动
活动评价	学生表现	学生参与活动的积极性以及学生在活动中利用嗅觉辨别气味的表现。
	教师反思	
	家庭作业	家长教孩子通过"闻"的方式认识家里有气味的物品，并告诫孩子哪些物品是不能动的。

活动二

活动名称	记一记
教学对象	对于感知觉教育评估的嗅觉模块第4条，评价结果为"部分通过"或"不通过"的学生
教学目标	学生连续3次从3个带有气味的液体中闻出有指定气味的液体（5.3）
器材准备	3个一模一样的分装瓶，瓶内分别装有白醋、酒精、香水3种液体
教学要点	1. 教师出示3瓶液体，让学生分别闻一闻，并记住闻到了什么。 2. 挪动小瓶的位置，让学生通过"闻"的方式找到刚才闻过气味的小瓶。 3. 增加难度。教师出示2或3个小瓶，让学生闻一闻，并记住先闻到了什么气味，后闻到了什么气味。说出或指出先后闻到的气味，或按先后顺序，把先闻到的小瓶摆在前面，后闻到的小瓶摆在后面。
教学形式	集体训练、小组训练或个别训练
活动评价	学生表现	学生参与活动的积极性以及学生在活动中嗅觉记忆和再认的表现。
	教师反思	
	家庭作业	家长带孩子闻一闻变质食物的气味，并让孩子记住那种气味，告诫孩子当闻到食品出现那种味道时就不要吃了。

六、前庭觉与本体觉教学活动设计

对于前庭觉与本体觉模块条目的评价为"部分通过"或"不通过"的学生，教师可以参考下面给出的活动来开展相应的前庭觉与本体觉能力训练。

活动一

活动名称	摆姿势
教学对象	对于感知觉教育评估的前庭觉与本体觉模块第1条，评价结果为"部分通过"或"不通过"的学生
教学目标	学生能连续3次再现刚刚教师带领学生摆的姿势（6.1）
器材准备	眼罩（学生若能配合闭上眼睛，则不用戴眼罩）
教学要点	1. 教师带领学生玩"请你和我一样做"的游戏，教师示范姿势，学生可以边看边模仿教师的姿势。 2. 增加活动难度。学生戴上眼罩，教师将学生摆成某个姿势，5秒后让学生还原站立状态，然后再现刚才的姿势。 3. 姿势举例：正立位，双上肢上举；正立位，双手叉腰；正立位，双上肢前平举等。
教学形式	集体训练、小组训练或个别训练
活动评价	学生表现	学生参与活动的积极性以及学生感知身体各部位位置的表现。
	教师反思	
	家庭作业	家长参照上面的游戏方法，带领孩子玩摆姿势的游戏。

活动二

活动名称	滚球游戏
教学对象	对于感知觉教育评估的前庭觉与本体觉模块第2条，评价结果为"部分能过"或"不通过"的学生
教学目标	学生可以根据目标的远近，调整推球的力度和方向（6.1）
器材准备	球
教学要点	1. 教师依次让学生把球滚到距离自己0.5米、1米、1.5米的目标处。 2. 学生根据目标的远近调整自己推球的力度和方向，练习滚球。
教学形式	集体训练、小组训练或个别训练
活动评价	学生表现	学生参与活动的积极性以及学生使用力度大小和出力方向的表现。
	教师反思	
	家庭作业	让孩子尝试用适当力度关门、关抽屉、拿放物品等。

活动三

活动名称	踩脚印
教学对象	对于感知觉教育评估的前庭觉与本体觉模块第3条，评价结果为"部分通过"或"不通过"的学生
教学目标	学生可以把脚踩在脚印贴纸上（6.2）
器材准备	印有脚印的贴纸
教学要点	1. 教师出示脚印贴纸，并示范如何把脚踩在脚印贴纸上。 2. 教师组织学生练习把脚踩在脚印贴纸上。 3. 教师出示朝向不同的脚印贴纸，组织学生练习把脚踩在不同朝向的脚印贴纸上。
教学形式	集体训练、小组训练或个别训练
活动评价	学生表现	学生参与活动的积极性以及学生在活动中协调肢体位置的表现。
	教师反思	
	家庭作业	跳房子。

活动四

活动名称	单脚站立
教学对象	对于感知觉教育评估的前庭觉与本体觉模块第4条，评价结果为"部分通过"或"不通过"的学生
教学目标	学生可以单脚站立15秒（6.3）
器材准备	小圆凳、半圆平衡球
教学要点	1. 教师组织学生站在小圆凳后面，练习单侧脚踩在小圆凳子上，并维持20秒钟。 2. 教师组织学生站在小圆凳后面，练习用双脚交替踩小凳子，完成10次。 3. 教师组织学生用单侧脚踩在半圆平衡球上，维持20秒钟。 4. 教师组织学生尝试单脚站立5秒钟，根据学生的状况，延长持续的时间。
教学形式	集体训练、小组训练或个别训练
活动评价	学生表现	学生参与活动的积极性以及学生在活动中身体平衡的表现。
	教师反思	
	家庭作业	家长带孩子一起走楼梯。

活动五

活动名称	走平衡木		
教学对象	对于感知觉教育评估的前庭觉与本体觉模块第5条，评价结果为"部分通过"或"不通过"的学生		
教学目标	学生可以走过1米长的晃动的平衡木（6.3）		
器材准备	稳定的平衡木和晃动的平衡木		
教学要点	1. 教师组织学生走过稳定的1米长的平衡木。之后再组织学生走过2米长的平衡木，然后进阶到走3米长的平衡木。 2. 当学生能熟练走过3米长的稳定的平衡木后，教师组织学生走晃动的1米长的平衡木。		
教学形式	集体训练、小组训练或个别训练		
活动评价	学生表现	学生参与活动的积极性以及学生在活动中维持身体平衡的表现。	
	教师反思		
	家庭作业	走马路牙子，单脚站在独脚凳上。	

本章小结：深入理解感知觉的基本概念非常重要，因为这可以帮助训练者们了解感知觉与特殊儿童的哪些行为表现和发展需求是相关的。特殊儿童的感知觉发展存在差异性，那么该如何判断哪些儿童需要进行感知觉训练、进行哪方面的感知觉训练呢？本章第一节介绍了感知觉的发展阶段、感知觉训练的内容和感知觉训练的流程。第二节介绍了由北京市特殊教育研究指导中心编制的《感知觉教育评估表》及其配套使用的《感知觉教育评估标准解析》，该评估表以课标中感知觉训练的内容模块和项目为框架，在原有内容基础上做了进一步细化，这一节是本章的亮点。第三节将北京市特殊教育学校多年来开展特殊儿童感知觉教育训练的经验加以梳理，在教学环境和训练活动的创设方面进行详细说明。

第三章　沟通与交往训练的教育评估与教学设计

　　导读：沟通与交往训练是特殊儿童康复训练中非常重要的内容。怎样科学有效地开展沟通与交往的教学呢？首先，可通过沟通与交往技能的初筛确定需要参加学校沟通与交往训练的学生。其次，可根据北京市特殊教育研究指导中心自主研究编制的《沟通与交往教育评估表》和《沟通与交往教育评估标准解析》对学生的能力进行评估，同时据此制订出合理的目标。最后，可将沟通与交往训练教育活动示例作为参考，设计符合学生目标的教学活动。

第一节　概述

一、沟通与交往的基本概念

（一）沟通

　　沟通是指用来交换讯息、意念、感受、需求与愿望的过程。这个过程包含以下四个要素：（1）讯息的传递者；（2）讯息的接收者；（3）共有的意图；（4）共有的沟通方式。讯息的传递者发送讯息表达沟通的意图，讯息接收者接收讯息并发出回应；共有的意图是双方沟通的动机；共有的沟通方式保证了沟通的有效性。

　　在沟通的过程中，采用言语和非言语方式来实现信息传递是非常重要的。很多沟通是不需要语言的，一个微笑、身体位置的改变、肢体动作，或一个扬眉的表情都可以完成很多讯息的沟通。

　　沟通按功能划分，可以分为工具性沟通和感情性沟通。工具性沟通指讯息传递者将信息、知识、想法、要求传递给讯息接收者。感情性沟通是指交流双方进行情感上的交流互动。

（二）交往

　　心理学将沟通看作交往的组成部分，将交往的结构分为沟通、相互作用、知觉三个方面。沟通是人与人之间的信息交流，包括各自的观念、思想、感情的交流。在交流信息的过程中，参与沟通的双方互为主体，各自都有自己的动机、意图、期望、态度、生活经验等，这就使交往成为了一个非常复杂的过程。交往中的相互作用是指交往者之间的行为动作的交流，它使人们的共同活动能够有效进行。同时，在交往中也发生着人对人的知觉、认识、理解，一般称为人际知觉或社会知觉。概括地说，交往就是沟通、相互作用、知觉这三方面的统一。交往的过程具有信息沟通、调节沟通和情绪沟通三个基本功能。此外，交往还具有形成和发展人际关系、使人们彼此认识和理解以及组织共同活动的功能等。

（三）沟通与交往

沟通与交往是人类社会生活的基本形式。沟通的意图是为了交往，交往的过程必有沟通，沟通与交往是密不可分的。在探讨特殊儿童的沟通与交往能力时，更倾向于将沟通与交往作为一个整体，包括语言沟通和社会交往行为这两个重要方面。因此，特殊儿童的沟通与交往指特殊儿童通过言语和非言语等多种方式，借助各种硬件、软件辅助技术来交流信息、传递和反馈思想与感情的过程。人与人之间的沟通与交往，不仅是出自本能的需要，也是适应社会发展、实现个人进步必不可少的途径。现今社会，具有较强的沟通与交往能力是个人立足于社会并求得发展的重要条件。

在个人发展的过程中，可能因为某些因素，特殊儿童会存在语言发展的迟缓或落后，以及对人际关系的认知困难，在沟通与交往过程中往往不能像其他儿童那样较为顺利地形成良好的沟通与交往能力，进而影响到他们自身的发展与社会价值的实现。从这个层面上看，特殊儿童沟通与交往能力的发展对他们有特别的意义。

二、沟通与交往的训练内容

（一）课标规定

《培智学校义务教育康复训练课程标准（2016年版）》（以下简称"课标"）中关于沟通与交往训练的内容包括言语准备、前沟通技能、非语言沟通和口语沟通四个部分，见图3-1。

（二）沟通与交往训练课标内容与生活语文课标内容的区别

教师在看到沟通与交往训练内容时会把其具体目标与《培智学校义务教育生活语文课程标准》（以下简称"生活语文课标"）中的目标进行比较和区分。首先，沟通与交往的训练目标与生活语文课标中的目标是不同的。前者相对简单、具体，也最为基础；而后者相对复杂，内容涵盖较多，并对听、说、读、写四类不同的语言能力进行了目标设计。其次，教学对象也有所区别。沟通与交往训练所涉及的学生大部分是不能参与集体教学且自身存在较严重的语言障碍或是无口语，而生活语文课标中的内容则面向培智学校常规班级中的学生，他们可以参与集体教学，也具有一定的语言理解、表达、交流的能力，且可以进行听、说、读、写方面的相关训练。最后，沟通与交往训练和生活语文课标这两者在课程标准中的地位也是不同的。沟通与交往训练是培智学校康复训练课程中的一部分，康复课程是一门针对障碍程度较为严重的需要进行康

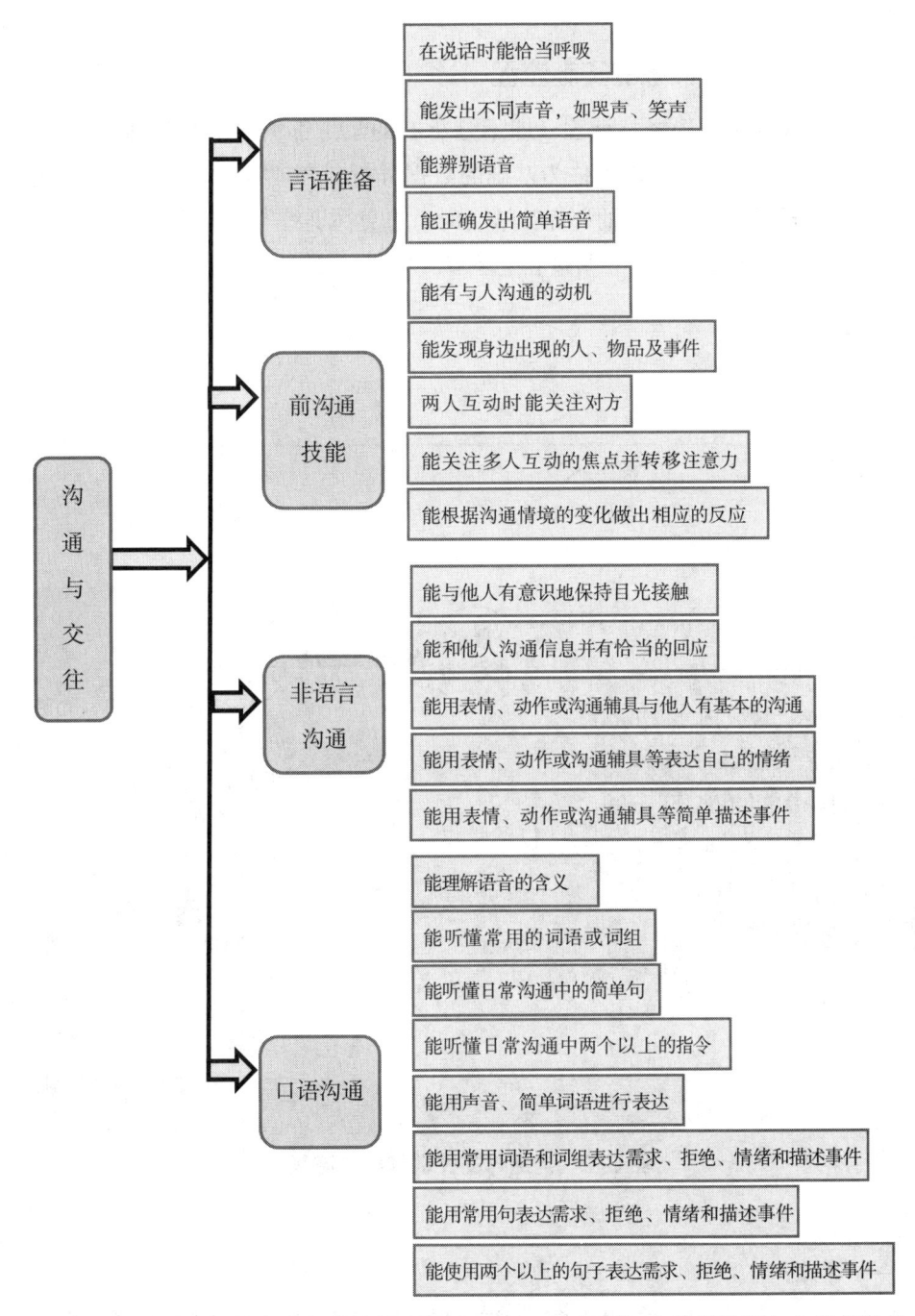

```
沟通与交往
├── 言语准备
│   ├── 在说话时能恰当呼吸
│   ├── 能发出不同声音，如哭声、笑声
│   ├── 能辨别语音
│   └── 能正确发出简单语音
├── 前沟通技能
│   ├── 能有与人沟通的动机
│   ├── 能发现身边出现的人、物品及事件
│   ├── 两人互动时能关注对方
│   ├── 能关注多人互动的焦点并转移注意力
│   └── 能根据沟通情境的变化做出相应的反应
├── 非语言沟通
│   ├── 能与他人有意识地保持目光接触
│   ├── 能和他人沟通信息并有恰当的回应
│   ├── 能用表情、动作或沟通辅具与他人有基本的沟通
│   ├── 能用表情、动作或沟通辅具等表达自己的情绪
│   └── 能用表情、动作或沟通辅具等简单描述事件
└── 口语沟通
    ├── 能理解语音的含义
    ├── 能听懂常用的词语或词组
    ├── 能听懂日常沟通中的简单句
    ├── 能听懂日常沟通中两个以上的指令
    ├── 能用声音、简单词语进行表达
    ├── 能用常用词语和词组表达需求、拒绝、情绪和描述事件
    ├── 能用常用句表达需求、拒绝、情绪和描述事件
    └── 能使用两个以上的句子表达需求、拒绝、情绪和描述事件
```

图 3-1　《培智学校义务教育康复训练课程标准（2016 年版）》中关于沟通与交往训练的内容

复训练的学生而设计的选择性课程。这部分训练内容并不是需要所有学生都必须参与。而生活语文是一般性课程，是所有培智学校学生都需要学习的。基于以上分析，不难看出，沟通与交往训练内容和生活语文课标中的内容有着本质的区别。教师要仔细研读课标，全面了解学生，精准设计训练内容。

三、沟通与交往训练的实施流程

康复训练课程属于选择性课程，即不是所有的学生都需要参与沟通与交往训练，而是根据课标的要求，基于以评估为基础的数据分析，合理运用学校的康复资源来确定对某个学生开展沟通与交往的训练教学。沟通与交往训练实施流程分为初筛，分流，评估，拟订 IEP，实施、检验与调整五个环节，见图 3-2。

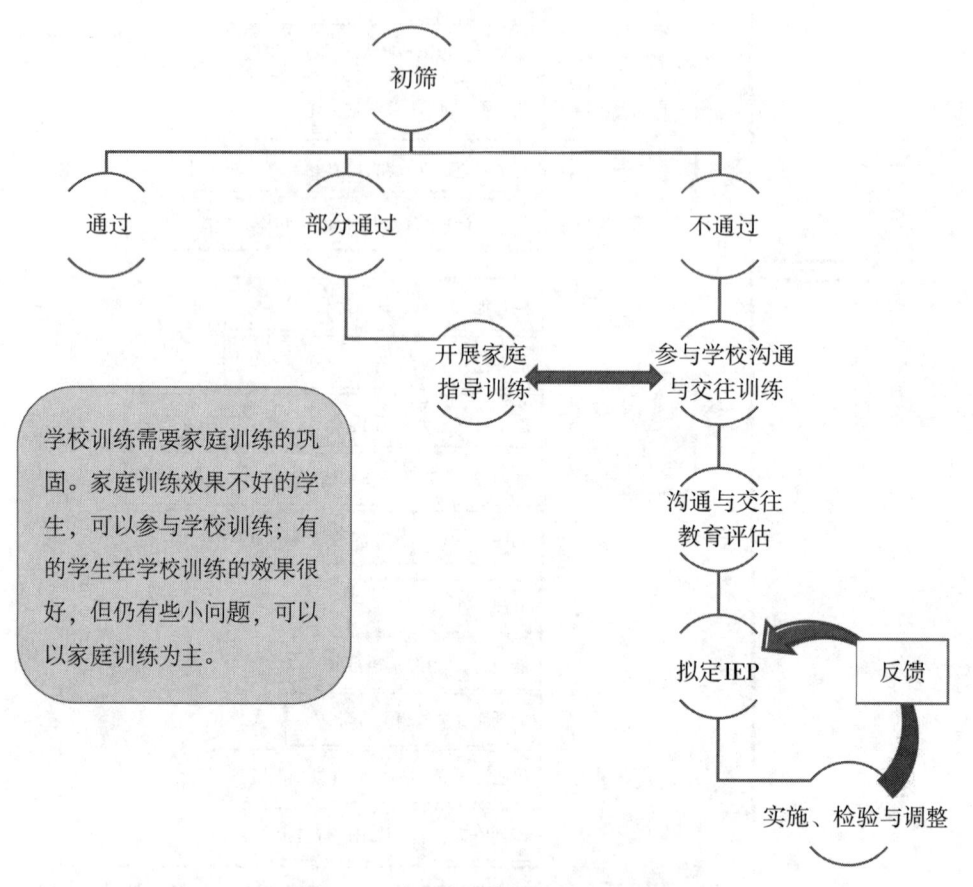

```
                    初筛
         ┌───────────┼───────────┐
        通过      部分通过      不通过
                      │            │
                 开展家庭 ←→ 参与学校沟通
                 指导训练      与交往训练
                                   │
                              沟通与交往
                              教育评估
                                   │
                              拟定 IEP  ←── 反馈
                                   │          ↑
                              实施、检验与调整 ┘
```

学校训练需要家庭训练的巩固。家庭训练效果不好的学生，可以参与学校训练；有的学生在学校训练的效果很好，但仍有些小问题，可以以家庭训练为主。

图 3-2　沟通与交往训练实施流程

（一）初筛

使用北京市特殊教育研究中心自主研究编制的《沟通与交往初筛表》（见表 3-1），对全校学生开展初步筛查（首次筛查面向全校学生，之后只对新生筛查）。《沟通与交往初筛表》共 10 个条目。每个条目都可以通过日常观察、他人报告和现场观察三种方法中的任意一种进行测试。由于测试对象的特殊性和测试条目的功能性，提倡使用日常观察和他人报告的方法进行测试。如果日常观察和他人报告的方法收集的信息不完整，可进行现场（创设一个日常情境）观察，即现场测试。三种测试方法对应的评价的视角也不同。日常观察和他人报告,以行为频率为评价依据。完成情况以通过、部分通过、不通过三种方式记录。"通过"表示该行为出现的频率为80%及以上;"部分通过"表示该行为出现的频率为70~79%;"不通过"表示该行为出现的频率为70%以下。而现场观察以通过率为评价依据。现场测试允许使用辅具和三次以下提示。如果某个条目无法进行判断,则在备注一栏打"×",以区别未测或漏测,并提示评估者注意日后在教育教学及生活的情境中观察学生该方面的表现。初筛结果将作为教育安置的依据。

表3-1 沟通与交往初筛表

学生姓名:_____ 性 别:_____ 年 龄:_____ 班 级:_____
残疾类别:_____ 残疾程度:_____ 测评方法:_____ 测评时间:_____

模块	序号	条目	评价			备注
			通过	部分通过	不通过	
言语准备	1	能正确发出简单语音				
前沟通技能	2	亲子/师生/生生传球(本条目评估重点在"眼神移动")				
非语言沟通	3	能看懂他人的表情或肢体语言来指认生活事件图片				
	4	能用挥手表示再见,用点头表示是、对、要,用摇头表示不要、不是				
	5	能用沟通图片表达事件(本条目只针对无口语学生)				
口语沟通	6	能听懂日常指令要求(听者反应)				
	7	能用"我要×××"表达需求				
	8	能用"我不想×××"表示拒绝				
	9	简单对话				
	10	能看图并用"他/她/他们/她们在×××"这样的完整句子描述生活事件				

我们从测试工具、操作过程和评价标准这三个方面逐一介绍初筛的10个条目的现场测试。

条目1：能正确发出简单语音

测试工具：10张培智一年级生活语文教材图文卡片（卡片的一面是文字，另一面是图画），图片内容是：老师、同学、学校、喝水、房间、鼻子、眼睛、书包、洗手、跑步。

操作过程：教师一一呈现卡片（依据学生的能力选择呈现文字或图画）并问"这是什么？"学生一一对应回答。（对于能力低的学生，仿说也可）

评价标准："通过"，10个词均发音清晰；"部分通过"，1~2个词发音不清晰；"不通过"，3个词以上发音不清晰。

条目2：亲子/师生/生生传球（本条目评估重点在"眼神移动"）

测试工具：软排球。

操作过程：教师拿出球，说"我们来玩传球游戏吧"，并把球传给学生，学生接住球后又把球传给教师，往返3个回合。游戏中主要测评学生的眼神能否跟随球移动。师生间的传球距离视学生能力而定。如果学生的手眼协调能力较弱，教师可采用手握球向上、下、左、右方向移动3个回合测试学生眼神能否随球移动的方法。

评价标准："通过"，往返3个回合，全程眼神随球移动；"部分通过"，往返3个回合，偶尔眼神漂移、不注视球（排除外因的干扰）；"不通过"，小于3个回合，多次眼神漂移或不注视球（排除手眼协调）。

条目3：能看懂他人的表情和肢体语言来指认生活事件图片

测试工具：生活事件图文卡片，如刷牙、喝水、吃饭等。

操作过程：教师每次用肢体语言/表情表示一张图片内容，学生从3张图片中指认。进行3个回合。

评价标准："通过"，正确指认3次；"部分通过"，正确指认2次；"不通过"，正确指认0~1次。

条目4：能用挥手表示再见，用点头表示是、对、要，用摇头表示不要、不是

此条目无现场测试。

条目5：能用沟通图片表达事件（本条目只针对无口语学生）

测试工具：沟通辅具，包含教师提问的图文卡片，如穿鞋、刷牙、喝水、吃饭、洗手、上课等。卡片数量5张以上，依据学生的能力而定。

操作过程：教师每次提一个问题，要求学生用沟通辅具表达。例如，早晨起床做什么？下雨了怎么办？吃饭前应该做什么？进行3个回合。回答合理就可以，不限制答案的数量。

评价标准："通过"，3次正确回答；"部分通过"，正确回答2次；"不通过"，正确回答0~1次。

条目 6：能听懂日常指令要求

测试工具：无。

操作过程：教师发出指令 1，待学生回应；发出指令 2，待学生回应；发出指令 3，待学生回应。指令内容视学生能力和现场情况而定。例如，指令 1 为"请 xxx 起立"，指令 2 为"拍手"，指令 3 为"手放在背后"。

评价标准："通过"，3 次正确回应；"部分通过"，正确回应 2 次；"不通过"，正确回应 0~1 次。

条目 7：能用"我要×××"表达需求

测试工具：学生喜欢的物品或活动，物品和活动因人而异。

操作过程：教师每次呈现一个学生喜爱的物品/活动，并问"你想要什么？"要求学生按**"我要×××"**句型进行对应表达。进行 3 个回合（3 个物品或活动各一回合）。要求句型回答完整，如果学生只用单词回答，教师可以提示 2 次。

评价标准："通过"，3 次句型全部回答正确（含 2 次提示）；"部分通过"，需要 3~4 次的提示，才能说出完整的句型；"不通过"，即便多次提示也不能说出完整的句型。

条目 8：能用"我不要×××"句型表示拒绝

测试工具：无。

操作过程：教师酌情分别呈现学生当前不愿意/无需求的 3 个活动场景，要求学生按**"我不要×××"**句型对应表达。进行 3 个回合（3 个活动各一回合），如果学生只用单词回答，教师可以提示 2 次。

评价标准："通过"，3 次句型全部回答正确（含 2 次提示）；"部分通过"，需要 3~4 次的提示，才能说出完整的句型；"不通过"，即便多次提示也不能说出完整的句型。

条目 9：简单对话

测试工具：无。

操作过程：教师根据现场情境发起 3 个回合的师生对话。如教师问："你的生日是哪一天？"学生回答："12 月 3 日。"教师又问："生日吃蛋糕吗？"学生回答："吃蛋糕。"教师再问："你喜欢什么口味的蛋糕？（或你和谁一起分享蛋糕？）"学生回答合理即可。

评价标准："通过"，3 个回合的对话合理；"部分通过"，2 个回合的对话合理；"不通过"，1 个回合的对话合理或所有回合对话都不合理。

条目 10：能看图并用"他/她/他们/她们在×××"这样的完整句子描述生活事件

测试工具：培智生活语文教材中的 3 幅校园生活图片，如：上课、做操、放学。

操作过程：教师分别出示图片并问"他/她/他们/她们在做什么？"学生用**"他/她/他们/她们在×××"**句型一一对应回答。如果学生只用单词回答，教师可用言语提示。

评价标准："通过"，3 次回答句型全部正确（含 2 次提示）；"部分通过"，需要 3~4 次的提示，才能说出完整的句型；"不通过"，即便多次提示也不能说出完整的句型。

(二) 分流

初筛的结果是学生分流的依据。初筛中，所有条目的完成情况均为"通过"的学生，表示其沟通与交往能力达标，不需要刻意接受沟通与交往训练。初筛中，任意条目完成情况为"部分通过"的学生，需要接受家庭训练。如效果不理想，则需要参加学校的训练。初筛中，任意条目的完成情况为"不通过"的学生，需要接受学校的沟通与交往训练，并且同步接受家庭训练，以巩固康复训练的效果。

(三) 评估

使用北京市特殊教育研究指导中心自主编制的《沟通与交往教育评估表》及其配套的《沟通与交往教育评估标准解析》，对需要参与学校沟通与交往训练的学生进行沟通与交往的教育教育评估（详见本章第二节）。依据学生的个体情况、教师的专业水平和学校资源的匹配情况，需要针对具体问题做专业化评估时，可选择专业的评估量表评估作为补充。

(四) 拟订 IEP

IEP 已在北京市推广应用。特殊教育教师会为每个特殊需要学生拟订 IEP。在讨论和拟订 IEP 的过程中，康复教师也要参与其中，其主要职能是报告学生现有能力的评估情况。一方面确定沟通与交往领域的教育目标、教学内容和训练方式；另一方面，为其他学科的教学提供信息。

(五) 实施、检验与调整

实施 IEP。教学内容以目标为导向持续开展，通过观察学生在自然情境中的沟通与交往表现，检验训练目标的达成情况并适时调整训练方向。在训练—调整—再训练的过程中发展和提升学生的沟通与交往能力。

第二节　沟通与交往训练的教育评估

沟通与交往的教育评估对象，是基于初筛结果而确定的需要在学校进行沟通与交往训练的学生。《沟通与交往教育评估表》既可作为评估工具，其条目也可作为制订目标的依据。

一、沟通与交往教育评估表

沟通与交往训练的教育评估共分为四个模块,分别是言语准备、前沟通技能、非言语沟通和口语沟通。对照课标具体细化为 51 个评估条目,见表 3-2。

表 3-2 沟通与交往教育评估表

学生姓名:_____   性　别:_____   年　龄:_____   班　级:_____
残疾类别:_____   残疾程度:_____   测评方法:_____   测评时间:_____

模块	序号	条目	评价 2	评价 1	评价 0	备注
言语准备	1	能发出"汪,汪,汪""喔~喔~喔~""喵~喵~喵~"的声音(1.1)				
	2	在自然情境下发出笑声(1.2)				
	3	在自然情境下发出哭声(1.2)				
	4	能辨别语音(1.3)				
	5	能正确发出语音(1.4)				
前沟通技能	6	将注意力指向沟通对象(2.1)				
	7	能进行物体移动追视(2.2)				
	8	能关注身边的人(2.2)				
	9	能关注身边的物品(2.2)				
	10	能关注身边的事件(2.2)				
	11	互动时,能关注到对方的动作反应(2.3)				
	12	能参与三人传递软排球的游戏并按照顺序传球(2.4)				
	13	能依据上下学的具体情境做出相应反应(2.5)				
	14	能与同伴分享物品(2.5)				
	15	能与同伴轮流做游戏(2.5)				
	16	能与家长共同参与家务劳动(2.5)				

续表

模块	序号	条目	评价 2	评价 1	评价 0	备注
非言语沟通	17	能与他人有目光接触，不回避（3.1）				
	18	有需求时能注视他人（3.1）				
	19	能对他人的沟通信息给予动作回应（3.2）				
	20	能对"开始""停止"的指令给予行为反应（3.2）				
	21	能对"靠近""远离"的指令给予行为反应（3.2）				
	22	能通过指向某物或拉某人到某处表达需求（3.3）				
	23	能通过推开某物/摆手/摇头等表达拒绝（3.3）				
	24	能用沟通辅具与他人有基本的沟通（供无口语学生使用）（3.3）				
	25	能用动作表达自己的情绪（供无口语学生使用）（3.4）				
	26	能用沟通辅具等表达自己的情绪（3.4）				
	27	能用动作简单描述事件（3.5）				
	28	能用沟通辅具等简单描述事件（供无口语学生使用）（3.5）				
口语沟通	29	能理解声调的含义（4.1）				
	30	能理解音色的含义（4.1）				
	31	能理解语音强弱的含义（4.1）				
	32	能听懂表示公共服务行业名称的词语（4.2）				
	33	能听懂表示常用动作的词语（4.2）				
	34	能听懂表示常用颜色的词组（4.2）				
	35	能听懂常用陈述句（4.3）				
	36	能听懂常用疑问句并回答（4.3）				
	37	能听懂表示先后指令的句子并做出相应反应（4.4）				

续表

模块	序号	条目	评价 2	评价 1	评价 0	备注
	38	呼其名能用声音"到""哎"进行回应（4.5）				
	39	能用"爸爸""妈妈"等简单称谓语进行应景表达（4.5）				
	40	能用"要""我要""想要"等表达需求（4.6）				
	41	能用"不""不要""不想"等表达拒绝（4.6）				
	42	能用"开心""生气""伤心""害怕"等表达四种基本情绪（4.6）				
	43	能用常用词语和词组描述事件（4.6）				
	44	能用"我要+（谓语）+宾语"的句型表达需求（4.7）				
	45	能用"我不（要/想）+（谓语）+宾语"的句型表达拒绝（4.7）				
	46	能用"主语+谓语"的句型表达情绪（4.7）				
	47	能用"谁在×××"的句型描述事件（4.7）				
	48	能使用2个以上句子表达需求（4.8）				
	49	能使用2个以上句子表达拒绝（4.8）				
	50	能使用2个以上句子表达情绪（4.8）				
	51	能使用2个以上句子描述事件（4.8）				

注意事项：

1. 测试方式。每一个条目均可使用自然情境观察和现场测试两种方式进行。依据具体的条目和教师对学生的了解情况决定采用何种测试方式即可。

2. 测试工具。条目中涉及的与教材相关的图片均为培智生活语文教材配套使用的词语卡片，教师根据具体内容从卡片中选取即可。

3. 评价方式：采用"0""1""2"三个等级的方式进行评价。

4. 备注说明。对于评价为"0"的条目，教师可将其具体表现记录在备注一栏，便于日后制订目标及后续训练时进行参考。

5. 在评估标准解析中，会涉及"很少""有时""经常"等不同程度的描述。"很少"代表发生频率在19%及以下；"有时"代表发生频率在20%~49%之间；"经常"代表发生频率在50%及以上。

二、沟通与交往教育评估标准解析

以下分别从目的、要求、器材和评价等方面对每一个评估条目进行解析说明。

（一）言语准备

1. 能发出"汪，汪，汪""喔~喔~喔~""喵~喵~喵~"的声音

目的	考察学生控制呼吸气流的能力（1.1）
要求	观察学生响亮地模仿发出呼气短促的"汪，汪，汪"、平稳的"喔~喔~喔~"和绵长的"喵~喵~喵~"声。
器材	无
评价	0 — 能模仿本条目规定的 1 种声音或 1 种声音也模仿不出来
	1 — 能比较响亮地模仿本条目规定的 2~3 种声音或者响亮地模仿本条目规定的 1~2 种声音（主要观察学生发音时的气流量和气量控制）
	2 — 能响亮地模仿发出本条目规定的 3 种声音
说明	

2. 在自然情境下发出笑声

目的	考察学生在自然情境下发出适宜笑声的能力（1.2）
要求	观察学生在自然情境中发出笑声的状态。
器材	无
评价	0 — 不能发出笑声
	1 — 能发出笑声，但音量不能控制
	2 — 能依据情境发出轻轻的或响亮的笑声
说明	

3. 在自然情境下发出哭声

目的	考察学生在自然情境下发出适宜哭声的能力（1.2）
要求	观察学生自然情境下发出哭声的状态。
器材	无

续表

评价	0	不能发出哭声
	1	能发出哭声,但音量不能控制
	2	能依据情境发出轻轻的或大声的哭声
说明		

4. 能辨别语音

目的	考察学生辨别语音的能力(1.3)
要求	教师每次呈现 3 张图片,并发出一个指令:"请你找出老师/同学/学校/喝水/气球/鼻子/眼睛/书包/洗手/跑步",学生一一对应找出图片。教师共需要呈现 10 张图片。
器材	培智一年级生活语文教材图文卡片 10 张,分别是:老师、同学、学校、喝水、气球、鼻子、眼睛、书包、洗手、跑步
评价	0	能正确找出 6 张及以下的图片
	1	能正确找出 7~9 张图片
	2	能正确找出 10 张图片
说明		

5. 能正确发出语音

目的	考察学生正确发出语音的能力(1.4)
要求	教师逐张呈现图片并问"这是什么?"学生一一对应回答。
器材	培智一年级生活语文教材图文卡片 10 张,分别是:老师、同学、学校、喝水、气球、鼻子、眼睛、书包、洗手、跑步
评价	0	能正确说出 6 张及以下卡片的词汇
	1	能正确说出 7~9 张卡片的词汇
	2	能正确说出 10 张卡片的词汇
说明		

(二)前沟通技能

6. 将注意力指向沟通对象

目的	考察学生愿意与人沟通的能力(2.1)
要求	观察学生被唤其姓名时能否做出恰当反应(抬头看、身体朝向教师、停止活动等),如学生玩游戏/玩具时,唤其名,观其反应。

续表

器材	无	
评价	0	唤其姓名，很少有恰当反应
	1	唤其姓名，有时能有恰当反应
	2	唤其姓名，经常能有恰当反应
说明		

7. 能进行物体移动追视

目的	考察学生的眼神随物体移动的能力（2.2）	
要求	教师双手握软排球，分别从水平、垂直、按照顺时针旋转运动，观察学生的眼神能否追球移动。	
器材	软排球	
评价	0	眼神漂移，不能全程追视球的移动
	1	眼神能追视球的移动方向，偶尔出现眼神漂移
	2	眼神能全程追视球的移动方向
说明		

8. 能关注身边的人

目的	考察学生关注身边人的能力（2.2）	
要求	观察学生听到/看到/感觉到有人靠近时的反应（抬头看、身体转向身边人、招手等），如学生在房间玩游戏/玩具时，有人开门进来（适当的响声），观察学生此时的行为反应。	
器材	无	
评价	0	听到/看到/感觉到有人靠近时，很少能有恰当反应
	1	听到/看到/感觉到有人靠近时，有时能有恰当反应
	2	听到/看到/感觉到有人靠近时，经常能有恰当反应
说明		

9. 能关注身边的物品

目的	考察学生关注身边物体的能力（2.2）
要求	学生能指出书包里/教室窗台上的常用物品。示例1：教师问学生："你书包里有什么？"学生指认相应物品。示例2："我们班教室窗台上有什么？"学生指认相应物品。教师可根据具体的情况创设问题，学生的回答合理即可。
器材	书包里/教室窗台上的常用物品

续表

评价	0	能正确指出 1 件物品或 1 件物品也指不出来
	1	能正确指出 2 件物品
	2	能正确指出 3 件物品
说明		

10. 能关注身边的事件

目的	考察学生关注身边事件的能力（2.2）
要求	教师分别问当日班级里发生的 3 件事，学生一一用语言/眼神/手势等回答，如教师问"今天谁没来上课？""刚才老师表扬了哪位同学？""今天是星期几？""今天天气怎样？"等。无口语学生可以使用沟通辅具回答。
器材	沟通辅具
评价	0	正确描述 1 个事件或 1 个事件也描述不出来
	1	正确描述 2 个事件
	2	正确描述 3 个事件
说明		

11. 互动时，能关注到对方的动作反应

目的	考察学生互动时注意力持续集中在对方身上的能力（2.3）
要求	观察师生互动（握手、拍拍手、碰碰胳膊、碰拳等）时的学生反应，教师先示范，让学生明白指令。 动作 1：教师注视学生，伸出手，对学生说"咱们握握手吧"，学生与教师握手。 动作 2：教师注视学生，伸出一手握拳，对学生说"咱们碰碰拳吧"，学生与教师碰拳。 动作 3：教师注视学生，对学生说"咱们拍拍手吧"，学生伸出手掌，教师迎上与其拍手三个回合（现场教师和/或学生可以伴随拍手动作唱拍手儿歌）。 动作 4：教师微笑表扬学生做得好，并对学生说"咱们碰碰胳膊吧"，待学生先伸胳膊后教师迎上。如果发出指令 5 秒后学生没反应，教师可以先伸胳膊，示意学生伸胳膊迎上。动作 1 和动作 2，教师可以先出手以引导学生互动。动作 3 和动作 4，教师可以用眼神引导学生先出手，如果学生不动，教师再出手引导。不管谁先出手，都不扣分。
器材	无
评价	0	能师生互动做出本条目的 1 个动作或 1 个动作也做不出来
	1	能师生互动做出本条目的 2 个动作
	2	能师生互动做出本条目的全部动作
说明		

12. 能参与三人传递软排球的游戏

目的	考察学生关注多人互动的能力（2.4）
要求	观察师生三人共同做 3 个回合的顺时针传递软排球的游戏时学生的行为表现。
器材	软排球
评价	0　能按照顺时针顺序传递软排球 1 个回合或 1 个回合也做不到 1　能按照顺时针顺序传递软排球 2 个回合 2　能按照顺时针顺序传递软排球 3 个回合
说明	

13. 能依据上下学的具体情境做出相应反应

目的	考察学生依据具体情境恰当反应的能力（2.5）
要求	观察学生上学或放学时跟教师打招呼的恰当行为（上学时说"您好""老师好"或鞠躬表示问好，放学时说"再见""拜拜"或挥手表示再见等）。
器材	无
评价	0　在上下学的情境中很少做出恰当反应 1　在上下学的情境中有时做出恰当反应 2　在上下学的情境中经常做出恰当反应
说明	

14. 能与同伴分享物品

目的	考察学生与他人分享的能力（2.5）
要求	观察学生与同伴分享食品或玩具的行为（依学生个体情况而定）。
器材	无
评价	0　很少与同伴分享食品或玩具 1　有时与同伴分享食品或玩具 2　经常与同伴分享食品或玩具
说明	

15. 能与同伴轮流做游戏

目的	考察学生轮流游戏的能力（2.5）
要求	观察学生与同伴轮流做游戏的行为，如轮流搭积木、轮流丢沙包等。

续表

器材	积木、沙包	
评价	0	很少有轮流行为
	1	有时有轮流行为
	2	经常有轮流行为
说明		

16. 能与家长共同参与家务劳动

目的	考察学生在生活情境中的合作能力（2.5）	
要求	观察学生配合家长做家务的行为，如摆碗筷、择菜、整理床铺等。	
器材	无	
评价	0	很少与家长共同做家务
	1	有时与家长共同做家务
	2	经常与家长共同做家务
说明		

（三）非言语沟通

17. 能与他人有目光接触，不回避

目的	考察学生与他人目光接触的能力（3.1）	
要求	观察学生在自然情境中的表现。智力落后学生能够进行目光接触，不躲闪；自闭症学生通过目光接触、余光看、侧耳听或身体触碰等方式回应均可。	
器材	无	
评价	0	学生很少表现出该行为
	1	学生有时表现出该行为
	2	学生经常表现出该行为
说明		

18. 有需求时能注视他人

目的	考察学生通过目光向他人表达需求的能力（3.1）
要求	观察学生在自然情境中的表现。例如，当看到好玩的玩具时，智力落后学生能够通过目光向他人表达出自己想要玩具的需求；自闭症学生通过目光接触、身体触碰等方式表达需求均可。
器材	无

评价	0	学生很少表现出该行为
	1	学生有时表现出该行为
	2	学生经常表现出该行为
说明		

19. 能对他人的沟通信息给予动作回应

目的	考察学生通过动作回应他人的沟通信息的能力（3.2）
要求	观察学生在自然情境中对他人的沟通信息能否给予动作回应（肢体动作、表情动作）。例如，教师询问"想喝水吗？"学生通过点头的方式表示肯定，通过摇头的方式表示否定。
器材	无
评价	0　学生很少表现出该行为 1　学生有时表现出该行为 2　学生经常表现出该行为
说明	

20. 能对"开始""停止"的指令给予行为反应

目的	考察学生执行时间起止指令的能力（3.2）
要求	观察学生在自然情境中对"开始""停止"指令的行为反应。例如，学生听到"开始"的指令时行走，听到"停止"的指令时站住不动。
器材	歌曲《走和停》
评价	0　学生很少或在大量辅助下可做出该行为 1　学生有时或在少量辅助下可做出该行为 2　学生经常能独立做出该行为
说明	

21. 能对"靠近""远离"的指令给予行为反应

目的	考察学生执行距离移动指令的能力（3.2）
要求	观察学生在自然情境中对"靠近""远离"指令的行为反应。例如，教师和学生保持1米距离，老师说"过来"，学生靠近老师；老师准备用开水壶倒水，对身边的学生说"离开这儿，小心烫伤"，学生可做出远离的反应。

续表

器材	开水壶、杯子	
评价	0	学生很少表现出该行为
	1	学生有时表现出该行为
	2	学生经常表现出该行为
说明		

22. 能通过指向某物或拉某人到某处表达需求

目的	考察学生通过动作表达需求的能力（3.3）	
要求	观察学生在自然沟通情境中通过指向某物或拉人到物品处的方式表达想要某物的行为。例如，教师将学生喜欢的物品放置在学生看得到但够不到的地方，观察学生的反应，看学生能否通过指向物品或拉教师到物品处表达需求。	
器材	学生喜欢的物品	
评价	0	学生很少表现出该行为
	1	学生有时表现出该行为
	2	学生经常表现出该行为
说明		

23. 能通过推开某物/摆手/摇头等表达拒绝

目的	考察学生通过动作表达拒绝的能力（3.3）	
要求	观察学生在自然沟通情境中通过推开某物/摆手/摇头等表达拒绝的行为。例如，教师给予学生与其需求不一致的物品，观察学生的行为反应。	
器材		
评价	0	学生很少表现出该行为
	1	学生有时表现出该行为
	2	学生经常表现出该行为
说明		

24. 能用沟通辅具与他人有基本的沟通（供无口语学生使用）

目的	考察学生通过沟通辅具表达信息来与他人进行沟通的能力（3.3）
要求	观察学生在自然沟通情境中通过沟通辅具表达信息来与他人进行沟通的行为。例如，学生通过使用图片向他人表达需求。当学生想玩大龙球时，可拿出或指出大龙球的图片向他人表达需求。
器材	图片等沟通辅具
评价	0　学生很少表现出该行为 1　学生有时表现出该行为 2　学生经常表现出该行为
说明	

25. 能用动作表达自己的情绪

目的	考察学生通过动作表达自己情绪的能力（3.4）
要求	观察学生在自然沟通情境中通过动作（表情动作/肢体动作）表达自己情绪的行为。例如，学生能用手舞足蹈或者笑脸表达高兴，用跺脚或把头低下或愁眉苦脸等表达难过。
器材	无
评价	0　学生很少表现出该行为 1　学生有时表现出该行为 2　学生经常表现出该行为
说明	

26. 能用沟通辅具等表达自己的情绪（供无口语学生使用）

目的	考察学生通过沟通辅具表达自己情绪的能力（3.4）
要求	观察学生在自然沟通情境中通过沟通辅具表达自己情绪的行为。例如，学生用高兴或不高兴的图片表达情绪。
器材	图片等沟通辅具
评价	0　学生很少表现出该行为 1　学生有时表现出该行为 2　学生经常表现出该行为
说明	

27. 能用动作简单描述事件

目的	考察学生通过动作简单描述事件的能力（3.5）
要求	教师讲故事，观察学生用相应的动作简单描述相应事件。如果学生的停顿时间超过 5 秒，教师可出示静态的动物图片作为提示。
器材	教师自己制作或选择的包含四种动物（小兔子、小乌龟、小鸟、小马）和四个动作（跳、爬、飞、跑）的故事书
评价	0　能用跳、爬、走、跑等其中 1 种动作描述事件或无法用任何 1 种动作描述事件 1　能用跳、爬、走、跑等其中 2~3 种动作描述事件 2　能用跳、爬、走、跑等 4 种动作描述事件
说明	

28. 能用沟通辅具简单描述事件（供无口语学生使用）

目的	考察学生通过沟通辅具简单描述事件的能力（3.5）
要求	教师讲故事，观察学生用表现动作的图片简单描述相应事件。如果学生的停顿时间超过 5 秒，在提到相关的动作时，教师可做出相应的动作进行提示。
器材	教师自己制作或选择的包含四个动作（洗脸、洗手、刷牙、吃饭）的故事书，沟通辅具
评价	0　能用洗脸、洗手、刷牙、吃饭等其中 1 张动作的图片描述事件或无法用任何 1 张图片描述事件 1　能用洗脸、洗手、刷牙、吃饭等其中 2~3 张动作的图片描述事件 2　能用洗脸、洗手、刷牙、吃饭等 4 张动作的图片描述事件
说明	

（四）口语沟通

29. 能理解声调的含义

目的	考察学生理解语音音调的能力（4.1）
要求	1. 教师随机发出"八"或"拔"的语音，学生指出对应图片，也可用语言或非言语动作表达。 2. 教师随机发出"衣"和"椅"的语音，学生指出对应图片，也可用语言或非言语动作表达。 3. 教师随机发出"买"和"卖"的语音，学生指出相应图片，也可用语言或非言语动作表达。
器材	"八"和"拔"的图片各 1 张，为一组 "衣"和"椅"的图片各 1 张，为一组 "买"和"卖"的图片各 1 张，为一组

评价	0	指出或答对 1 组语音，或没有指出或答对 1 组语音
	1	指出或答对 2 组语音
	2	指出或答对 3 组语音
说明		

30. 能理解音色的含义

目的	考察学生辨别语音音色的能力（4.1）
要求	1. 教师随机播放男教师或女教师发出的"上课，起立"的语音，教师提问："这是男老师的声音还是女老师的声音？"学生指出对应图片或说出答案。 2. 教师随机播放男教师或女教师发出的"下课，同学们再见"的语音，教师提问："这是男老师的声音还是女老师的声音？"学生指出对应图片或说出答案。 3. 教师随机播放男教师或女教师发出的"请同学们到操场集合"的语音，教师提问："这是男老师的声音还是女老师的声音？"学生指出对应图片或说出答案。
器材	"上课，起立""下课，同学们再见""请同学们到操场集合"的男、女教师录音各 3 句，男、女教师图片各 1 张

评价	0	指出或答对 1 组语音，或没有指出或答对 1 组语音
	1	指出或答对 2 组语音
	2	指出或答对 3 组语音
说明		

31. 能理解语音强弱的含义

目的	考察学生理解语音强弱的能力（4.1）
要求	教师每次发出一组读音相同但其中一个词含有轻声的语音，并同时出示与语音对应的图文卡片。学生指认图片，进行 3 个回合。 日常中还可观察学生对不同音量大小的同一声音的反应，如对常态点名和严厉点名的反应等。
器材	"文字"和"蚊子"图文卡片各 1 张，为一组 "眼睛"和"眼镜"图文卡片各 1 张，为一组 "东西"与" 东西"图文卡片各 1 张，为一组

评价	0	正确理解 1 组语音或 1 组语音也无法正确理解
	1	正确理解 2 组语音
	2	正确理解 3 组语音
说明		

32. 能听懂表示公共服务行业名称的词语

目的	考察学生理解公共服务行业名称的能力（4.2）
要求	教师准备 3 张图片，请学生一一指出： 1. 教师随机出示 2 张图片并发出"请你指出超市的图片"的指令，学生指出相应图片。 2. 教师随机出示 2 张图片并发出"请你指出公园的图片"的指令，学生指出相应图片。 3. 教师随机出示 2 张图片并发出"请你指出医院的图片"的指令，学生指出相应图片。
器材	"超市""商场""医院"的图片各 1 张
评价	0　正确指出 1 张图片或 1 张图片也无法正确指出 1　正确指出 2 张图片 2　正确指出 3 张图片
说明	

33. 能听懂表示常用动作的词语

目的	考察学生理解表示动作词语的能力（4.2）
要求	教师准备 3 张图片，请学生一一指出： 1. 教师随机出示 2 张图片并发出"请你指出跑步的图片"的指令，学生指出相应图片。 2. 教师随机出示 2 张图片并发出"请你指出洗手的图片"的指令，学生指出相应图片。 3. 教师随机出示 2 张图片并发出"请你指出做操的图片"的指令，学生指出相应图片。
器材	"跑步""洗手""做操"的图片各 1 张
评价	0　正确指出 1 张图片或 1 张图片也无法正确指出 1　正确指出 2 张图片 2　正确指出 3 张图片
说明	

34. 能听懂表示常用颜色的词语

目的	考察学生理解表示颜色词语的能力（4.2）
要求	教师准备 3 张图片，请学生一一指出： 1. 教师随机出示 2 张图片并发出"请你指出红色"的指令，学生指出相应图片。 2. 教师随机出示 2 张图片并发出"请你指出黄色"的指令，学生指出相应图片。 3. 教师随机出示 2 张图片并发出"请你指出蓝色"的指令，学生指出相应图片。
器材	"红色圆形""黄色圆形""蓝色圆形"的图片各 1 张

评价	0	正确指出 1 张图片或 1 张图片也无法正确指出
	1	正确指出 2 张图片
	2	正确指出 3 张图片
说明		

35. 能听懂常用陈述句

目的	考察学生理解陈述句的能力（4.3）	
要求	教师准备 3 张图片，请学生一一指出： 1. 教师随机出示 2 张图片并让学生指出"同学在教室里看书"的图片，学生指出相应图片。 2. 教师随机出示 2 张图片并让学生指出"同学用水杯喝水"的图片，学生指出相应图片。 3. 教师随机出示 2 张图片并让学生指出"同学在跑步"的图片，学生指出相应图片。	
器材	"同学在教室里看书""同学用水杯喝水""同学在跑步"的图片各 1 张	
评价	0	正确理解本条目的 1 个陈述句或 1 个陈述句也无法正确理解
	1	正确理解本条目的 2 个陈述句
	2	正确理解本条目的 3 个陈述句
说明		

36. 能听懂常用疑问句并回答

目的	考察学生理解疑问句的能力（4.3）	
要求	教师分别提问 3 个问题，请学生一一回应。 问题 1：你叫什么名字？ 问题 2：你几岁了？ 问题 3：你喜欢看动画片吗？ 问题可以应景而生，如"你的座位在哪里？""水杯在哪里？"等，学生的回答合理则可。	
器材	无	
评价	0	正确回答 1 个问题或回答都不正确
	1	正确回答 2 个问题
	2	正确回答 3 个问题
说明		

37. 能听懂表示先后指令的句子并做出相应反应

目的	考察学生理解先后指令语句的能力（4.4）
要求	教师发出第一个指令，学生按照指令先后顺序做出动作。教师再发出第二个指令，学生按照指令先后顺序做出动作。教师再发出第三个指令，学生按照指令先后顺序做出动作。 指令1：请你先摸耳朵再摸鼻子 指令2：请你先拍手再拍肩 指令3：请你先点头再摇头
器材	无
评价	0 按照先后顺序正确做出1组指令动作或无法按照先后顺序做出指令动作 1 按照先后顺序正确做出2组指令动作 2 按照先后顺序正确做出3组指令动作
说明	

38. 唤其名能用声音"到""哎"等进行回应

目的	考察学生用声音进行应景表达的能力（4.5）
要求	在自然沟通情境中观察学生用声音进行应景表达。例如，教师上课点名时学生能够回答"到"，平时呼其名能应答"哎"。
器材	无
评价	0 学生很少表现出该语言行为 1 学生有时表现出该语言行为 2 学生经常表现出该语言行为
说明	

39. 能用"爸爸""妈妈"等简单称谓语进行应景表达

目的	考察学生用简单称谓语进行应景表达的能力（4.5）
要求	在自然沟通情境中观察学生用简单称谓语进行应景表达。例如，学生在想提出要求时会先称呼"妈妈""爸爸""老师""阿姨"等。
器材	无
评价	0 学生很少表现出该语言行为 1 学生有时表现出该语言行为 2 学生经常表现出该语言行为
说明	

40. 能用"要""我要""想要"等表达需求

目的	考察学生用常用词语和词组表达需求的能力（4.6）
要求	在自然沟通情境中观察学生用常用词语和词组表达需求。例如，教师可以拿学生喜欢的物品，询问学生："你要吗？"或"你想要吗？"学生用"要""我要"等语句进行表达。
器材	
评价	0　学生很少表现出该语言行为 1　学生有时表现出该语言行为 2　学生经常表现出该语言行为
说明	

41. 能用"不""不要""不想"等表达拒绝

目的	考察学生用常用词语和词组表达拒绝的能力（4.6）
要求	在自然沟通情境中观察学生用常用词语和词组表达拒绝。例如，教师可以拿学生不需要的物品询问学生："你要吗？"或"你想要吗？"或者询问学生参加某项活动的意愿（教师需确定该活动为当下学生不愿意或无需进行的），如"你想跑步吗？""你想上厕所吗？""你想喝水吗？"学生用"不""不要""不想"等语句表达拒绝。
器材	无
评价	0　学生很少表现出该语言行为 1　学生有时表现出该语言行为 2　学生经常表现出该语言行为
说明	

42. 能用"开心""生气""伤心""害怕"等表达四种基本情绪

目的	考察学生用常用词语和词组表达情绪的能力（4.6）
要求	在自然沟通情境中观察学生的表现。例如，教师分别出示情景图片，问学生："图片中小朋友的心情是什么样的？"学生能用正确的基本情绪词汇做出回应。
器材	4张代表基本情绪的情景图片： 图片1：小朋友过生日，收到生日礼物 图片2：小朋友画的画被同学撕坏了 图片3：小朋友因玩具摔坏了流眼泪 图片4：小朋友一个人在家，屋外电闪雷鸣

评价	0	学生能用 1 种基本情绪词汇进行表达或无法进行表达
	1	学生能用 2~3 种基本情绪词汇进行表达
	2	学生能用 4 种基本情绪词汇进行表达
说明		

43. 能用常用词语描述事件

目的	考察学生用常用词语和词组描述事件的能力（4.6）
要求	学生自己阅读洗手（5个步骤）绘本后，再讲给教师听。教师最多可以用肢体动作或图片进行 2 次提示。
器材	教师自己制作的包含常用词语（如淋湿、挤洗手液、揉搓、冲洗、擦干等）的故事书《我会洗手》
评价	0	学生能用 2 个及以下常用词语和词组描述事件
	1	学生能用 3~4 个常用词语和词组描述事件
	2	学生能用 5 个词语和词组描述
说明		

44. 能用"我要+（谓语）+宾语"的句型表达需求

目的	考察学生用常用句表达需求的能力（4.7）
要求	在自然沟通情境中观察学生的表现。例如，学生会用"我要香蕉""我要喝水""我要吃饭""我要看动画片"等常用句表达需求。学生使用完整的句子进行表达，教师最多可以使用 2 次提示。
器材	无
评价	0	学生很少使用完整句表达需求
	1	学生有时使用完整句表达需求
	2	学生经常独立使用完整句表达需求
说明		

45. 能用"我不（要/想）+（谓语）+宾语"的句型表达拒绝

目的	考察学生用常用句表达拒绝的能力（4.7）
要求	在自然沟通情境中观察学生的表现。例如，学生会用"我不睡觉""我不想跑步""我不想出去""我不喜欢吃胡萝卜"等常用句表达拒绝。学生使用完整的句子进行表达，教师最多可以使用 2 次提示。

续表

器材	无	
评价	0	学生很少使用完整句表达拒绝
	1	学生有时使用完整句表达拒绝
	2	学生经常独立使用完整句表达拒绝
说明		

46. 能用"主语+谓语"的句型表达情绪

目的	考察学生用常用句表达情绪的能力（4.7）
要求	在自然沟通情境中观察学生的表现。例如，教师出示"小朋友在路上遇到一只狗"的情景图片，问学生："小朋友的心情怎么样？"学生回答："小朋友害怕。"学生使用完整的句子进行表达，教师最多可以使用2次提示。
器材	"小朋友在路上遇到一只狗"的情景图片
评价	0　学生很少使用完整句表达情绪
	1　学生有时使用完整句表达情绪
	2　学生经常独立使用完整句表达情绪
说明	

47. 能用"谁在×××"的句型描述事件

目的	考察学生用常用句描述事件的能力（4.7）
要求	在自然沟通情境中观察学生的表现。教师出示"小朋友在看书"的情景图片或视频，问学生："小朋友在做什么？"学生用完整句回答。学生使用完整的句子进行描述，教师最多可以使用2次提示。
器材	"小朋友在看书"的情景图片或视频
评价	0　学生很少使用完整句描述事件
	1　学生有时使用完整句描述事件
	2　学生经常独立使用完整句描述事件
说明	

48. 能使用 2 个以上句子表达需求

目的	考察学生用常用句表达需求的能力（4.8）
要求	在自然沟通情境中观察学生的表现。例如，教师准备学生喜欢的袋装或罐装零食，学生想吃却打不开盖子时，会用"老师帮我打开，我想吃××"等两个以上句子表达需求。学生使用完整的句子进行表达，教师最多可以使用 2 次提示。
器材	袋装或罐装零食
评价	0　学生不能使用句子表达需求 1　学生能使用 1 个句子表达需求 2　学生能使用 2 个以上句子表达需求
说明	

49. 能使用 2 个以上句子表达拒绝

目的	考察学生用常用句表达拒绝的能力（4.8）
要求	在自然沟通情境中观察学生的表现。如学生会用"我不饿，我不想吃饭。""我不渴，我不想喝水。""我不舒服，我不想跑步。"等常用句表达拒绝。学生使用完整的句子进行表达，教师最多可以使用 2 次提示。
器材	无
评价	0　学生不能使用句子表达拒绝 1　学生能使用 1 个句子表达拒绝 2　学生能使用 2 个以上句子表达拒绝
说明	

50. 能使用 2 个以上句子表达情绪

目的	考察学生使用 2 个以上句子表达情绪的能力（4.8）
要求	在自然沟通情境中观察学生的表现。例如，教师出示情景图片或视频，问学生："发生了什么，小朋友的心情怎么样？"学生会用"小朋友的玩具摔坏了，小朋友哭了，伤心了。"等两个以上句子表达情绪。学生使用完整的句子进行表达，教师最多可以使用 2 次提示。
器材	"小朋友因玩具摔坏了流眼泪"的情景图片或视频
评价	0　学生不能使用句子表达情绪 1　学生能使用 1 个句子表达情绪 2　学生能使用 2 个以上句子表达情绪
说明	

51. 能使用 2 个以上句子描述事件

目的	考察学生用 2 个以上句子描述事件的能力（4.8）
要求	在自然沟通情境中观察学生的表现。教师出示 2 张图片，问学生："发生了什么？请你用句子说一说。"学生使用完整的句子进行表达，教师最多可以使用 2 次提示。
器材	2 张情景图片：图片 1 为"小朋友摔倒了"，图片 2 为"老师把他扶起来"。图片上的两件事为先后发生。
评价	0　学生不能使用句子描述事件 1　学生能使用 1 个句子描述事件 2　学生能使用 2 个以上句子描述事件
说明	

第三节　沟通与交往的教学活动设计

一、沟通与交往的教学训练活动

（一）沟通与交往教学活动设计的基本原则

1. 以学生为本，实现缺陷补偿与潜能开发

由于身体损伤或发育迟缓等方面的原因，特殊儿童在沟通与交往能力的发展方面存在或多或少的障碍。如果没有沟通与交往的训练，特殊儿童可能会被拒绝或被排斥在社会环境之外。因此，根据特殊儿童的发展需要，通过教学与训练促进特殊儿童沟通与交往能力的发展，帮助他们克服学习困难，积极参与社会生活，获得全面发展。特殊儿童沟通与交往训练有三个方向：一是从根本上消除引起障碍的原因；二是以补偿策略改进沟通功能；三是提高儿童的语言及语用能力，促使其成为更成熟的沟通者。除此之外，通过改变环境来促进提升儿童的沟通能力也是训练时可以考虑的方向。

以人为本的科学发展观，要求特殊教育教师真正关注每一个学生的发展。以往教师们比较多关注的是学生存在的"缺陷"，思考的是如何弥补学生的"缺陷"，并花费了大量时间去补偿"缺陷"。但仅仅关注对特殊需要学生进行"缺陷补偿"是远远不够的，学生身上客观存在的某些生理缺陷是很难补偿的，一味地将时间花在缺陷补偿上，会让学生失去大量培养能力和发展潜能的机会。特殊教育课程改革提出了"在缺陷补偿的同时，加强潜能开发"的新理念，要求教师用发现的眼光去寻找学生身上的"闪光点"，发现学生的特长、兴趣、爱好，加以适当的引导、发展，培养他们以自己的擅长之处去适应社会的能力。教师们要重新审视自己的学生观和教育价值观，用全新、发展的理念去看待学生，树立既看到缺陷又更重视潜能的全人教育观。在沟通与交往训练内容的选择上，坚持缺陷补偿与潜能开发相结合的原则，根据学生的身心发展障碍选择有针对性的训练内容，同时考虑学生的兴趣和需要，着眼于特殊需要学生优势能力的培养，不仅要关注特殊需要学生不能做什么，还要更关注特殊需要学生能够做什么；在课程内容的组织上，既要考虑学生的心理发展，又要兼顾学生的生活实际，促进学生的健康发展。

2. 本位评估，精准制订个别化康复方案

评估对特殊儿童沟通与交往训练有着重要的意义。沟通与交往能力评估是特殊儿童教育评估的重要组成部分，主要判断特殊儿童的沟通与交往能力。沟通与交往能力评估是对特殊儿童开展沟通与交往训练的基础，是特殊儿童发展沟通与交往能力的第一步，对特殊儿童的整体教育和康复有很重要的意义。

沟通与交往的教学计划和训练目标的拟订必须建立在对特殊儿童充分了解的基础上。教师通过对特殊儿童沟通与交往能力的评估，可以了解其沟通与交往能力的现有水平，然后根据评估结果设计教学或训练计划，决定训练的内容，安排教学训练环节。沟通与交往能力评估有助于监控特殊儿童沟通与交往的教学训练过程和教学训练成果，进而建立教育评估制度。课程本位评估是一种与课程紧密结合、为教学提供有效指导、量化与质性相结合、以学生进步为导向的教育评估活动。它是课程实施的重要基础，对学生基线能力的准确把握会直接影响目标确定的准确性。课程本位评估关注学生的差异化需要，随着培智学校教育对象日趋复杂化，课程本位评估也成为培智学校教育发展的必然要求。评估的目的不在于学生间或学生水平与标准化测量间的比较，而在于评估学生是否掌握他们需要的知识与技能。借助课程本位评估，促使教师更加准确地找到学生的教育起点，客观把握学生各项能力的分布状况及相互关系，为精准拟订、实施个别化教育计划提供有效、可信的依据。IEP 是特殊儿童教育和身心全面发展的总体构想，也是对其进行教育教学工作的指南性文件。教育目标是贯穿学生 IEP 的主线，教育进度的规划、教学的实施等都围绕学生教育的长、短期目标展开。每个 IEP 目标的确定及教学中对目标的调整都必然与评估结果密切关联。

3. 因材施教，创设生活化沟通交往情境

因材施教是指对学生既要有基本的共同要求，又要善于发现和注意培养学生的某些特长，适应个别差异去进行教育，使之各尽其才。儿童的语言能力处在不断发展完善的过程中，通过语言环境的熏陶，逐渐学会发音、说话及与人沟通的技能。培智学校学生的语言障碍差异性大，在对学生开展沟通与交往训练时要遵循因材施教的教育理念，为他们提供生活化的语言环境，营造良好的沟通氛围，充分发挥学生的主动性，使沟通交往能力差的学生在训练中敢说、肯讲，激发出学生愿意与人沟通交往的动机。

培智学校学生认识事物以形象思维为主,直观具体的情境对他们来说更利于知识技能的习得。如果没有丰富的生活情景,靠无趣单一的训练很难让学生掌握语言,只有让学生在生活实践中学习语言,才能不断地提高其沟通交往的水平。

生活是语言的源泉。特殊儿童认识事物以形象思维为主,没有丰富的生活情境,不积极参与实践活动,靠无趣单一的训练方法,很难让特殊儿童掌握语言,所以必须考虑采用贴近儿童生活的实践活动来加强语言训练。比如:(1)把日常生活中的所见所闻编成儿歌、绕口令或拟声故事帮助特殊儿童正音。(2)带他们到大自然中去感受生活,丰富表达内容。为了扩大特殊儿童感知事物的范围,教师可以组织一些外出活动,促进学生的各种感官参与,使他们不断产生说话和思维的兴趣,以此提高语言能力,甚至能说出更完整的语句。(3)通过形式多样的语言游戏,提高他们学习语言的兴趣。如组织一些"开商店""看病""送信"的小游戏等。(4)让他们在生活自理、劳动训练中提高语言能力。语言训练有必要扩展到生活中去,训练者应充分利用生活自理、劳动训练的机会对特殊儿童进行说话训练。如在具体的穿衣、叠被、清扫、擦拭等训练中和训练后,要求儿童理解动作感受语言,并充分利用训练内容来扩大儿童说话的范围,从而提高他们的语言发展能力,促使训练有成效并得以巩固。通过这些实践活动,训练者能够让特殊儿童的语言训练不断扩展到课外活动和家庭生活中去,使他们的语言表达能力不断得到提高、巩固和发展。

(二)沟通与交往教学训练活动的要求

1. 以学生的兴趣为训练基础

兴趣是诱发学习的基本动机,有动机的学习才有可能达到想要的学习成效。对特殊需要学生而言,兴趣是一切学习的基础。

2. 以学生的能力水平为基线

教学者在为学生制订教学目标时,要参照学生的基础能力和水平,教学目标要适切、可行,且是经过一段时间的训练可达成的。要以学生为主体,训练内容尽量与生活实际相联系,这样就可以在生活中反复练习。

3. 在自然的生活情境中进行语言的干预

自然情境教学强调在真实的情境中进行沟通与交往的教学。若是无法在真实情境中进行,就需要设置一个类似真实的情境,才能让学生的沟通与交往能力得到自然的泛化。

4. 教学的执行者须是儿童的重要他人

儿童的重要他人包括主要照顾者、父母或学校的教师。因为这些人与儿童的交往较多,由他们执行教学更贴近真实与自然,儿童学会以后更容易使用。

5. 教学时兼顾语言的形式、内容、功能以及语言的学习策略

以前的语言教学主要强调语言的形式，即说话、构音、语畅等方面的教学，近年来更强调沟通的重要性，即如何使用语言。使用语言时，除情境背景外，语言的形式（表情、动作、声音、口语）和语言的内容（意义）也是重要的因素。此外，教学中也要融入语言的学习策略，如教儿童辨识音韵、眼神注视等技能，能全面地提升儿童的沟通与交往能力。

6. 教学目标必须具有功能性

教学者所设计的学习目标要具有功能性。缺少功能性的学习目标，对于学生来说是没有意义的。他们只会记忆，不会使用，具有功能性的教学活动才能让学生表现出真实的能力。

7. 泛化是必要的程序

所有针对特殊需要学生的教学，其最终目标都是要让学生学会将技能泛化。生活中的重要他人要利用日常生活情境，让学生将新学到的沟通与交往技能泛化到日常交往中去，以此来逐步提高学生的沟通交往能力。

（三）沟通与交往训练常用的教学方法

1. 情境教学法

情境教学法是指教师在教学过程中有目的地引入或创设具有一定情绪色彩的、以形象为主体的生动具体的场景，以引起学生一定的情感体验，从而帮助学生理解内容，并使学生的心理机能得到发展的教学方法。情境教学法的核心在于激发学生的情感。

运用情境教学法首先需以"着眼发展"的观点，全面地提出教学任务，而后优选教学方案，根据教学任务、学生需要及教师能力，选择创设情境的途径。创设情境的途径初步归纳为六种。（1）生活展现情境：把学生带入社会，带入大自然，从生活中选取某一典型场景作为学生观察的客体，教师进行描绘，将情境鲜明地展现在学生眼前。（2）实物演示情境：以实物为中心，创设必要背景，构成一个整体，以演示某一特定情境。以实物演示情境时，应考虑到相应的背景，激起学生丰富的联想。（3）图画再现情境：图画是展示形象的主要手段，用图画再现内容，实际上就是把内容形象化。（4）音乐渲染情境：音乐的语言是微妙的，也是强烈的，它以独特的旋律、节奏把听者带到特有的意境中。用音乐渲染情境，并不局限于播放现成的乐曲、歌曲，教师弹奏、轻唱以及学生表演唱、哼唱都是行之有效的办法。关键在于选取的音乐与教学内容的基调、意境以及情境的发展要能够对应、协调。（5）表演体会情境：情境教学中的表演有两种，一是进入角色，二是扮演角色。"进入角色"，即"假如我是……"；扮演角色，则是表演某一角色。由于学生自己进入、扮演角色必然会产生亲切感，所以能够很自然地加深内心体验。以上所述创设情境的五种途径，都是运用了直观手段。

（6）语言描述情境：情境教学十分讲究直观手段与语言描绘的结合。在情境出现时，教师需要伴以语言描绘，这对学生的认知活动能够起一定的导向性作用。语言描绘能够提高感知的效应，情境会更加鲜明，并且带着感情色彩作用于学生的感官。学生因感官的兴奋，主观感受得到强化，从而激起情感，促进自己进入特定的情境之中。

2. 关键反应训练

关键反应训练（Pivotal Response Treatment，PRT）源于应用行为分析理论，最早是针对孤独症儿童的学习训练。关键反应训练也是一种资料本位导向的教学方法，研究者观察、记录与分析学生每次的教学反应，作为决定下次教学重点的依据。教学法以学生为主导，为学生提供多重刺激选择的机会，学生与教学者互相分享学习的主动权与控制权，将已经学会的技能穿插于新技能的教学之中，在情境中得到自然强化，加强学习过程的结构化与习得技能的泛化。

关键反应训练是一种正向的自我赋能与自我管理的教学方法，也是一种整合性的方法。它要求教师在教学的过程中，不限于提高学生的语言能力，同时也引导学生提升与他人的交往能力、动作能力、游戏能力以及认知能力等。

二、沟通与交往的教学训练活动示例

根据沟通与交往能力的教育评估条目，针对不同模块的内容均设计了教育训练活动，供教师参考。

活动一

活动名称	奇妙的声音
教学对象	对于沟通与交往教育评估第 4 条"能辨别语音"，评价结果为"1"或"0"的学生
教学目标	能正确辨别 10 张图片，图片内容为：老师、同学、学校、喝水、气球、鼻子、眼睛、书包、洗手、跑步（1.3）
器材准备	1. 打击乐器（手铃、鼓、锣、沙锤等） 2. 动物头饰、卡片（猫、狗、鸡、鸭、牛、羊等） 3. 动物和乐器声音的音频 4. 培智学校生活语文教材图片：老师、同学、学校、喝水、气球、鼻子、眼睛、书包、洗手、跑步
教学要点	**一、辨别乐器声音** 1. 听乐器声音 （1）教师敲击 1 种乐器，请学生指出相应乐器。 （2）教师分别敲击 2 种乐器，学生指出相应的 2 种乐器。 （3）教师分别敲击 3 种乐器，学生指出相应的 3 种乐器。

续表

	2. 听辨乐器声音 （1）教师在桌面上摆放 2 种乐器，学生站在乐器前，背对乐器听声响。教师敲击乐器后，学生转身并指出听到的相应乐器，让学生敲击乐器进行验证。 （2）教师在桌面上摆放 3 种乐器，学生站在乐器前，背对乐器听声响。教师敲击乐器后，学生转身并指出听到声音的相应乐器，让学生敲击乐器进行验证。 （3）增加乐器种类，提高辨别难度。教师依据学生情况增加摆放乐器的种类。 **二、辨别动物叫声** 1. 看图片，听声音 教师准备猫、狗、鸡、鸭、牛、羊等动物的图片，建立声音与动物间的联系。 （1）教师出示 1 张动物图片并播放相应的动物叫声音频，学生指出动物图片。 （2）教师出示 2 张动物图片并播放相应的动物叫声音频，学生指出动物图片。 （3）教师出示 3 张动物图片并播放相应的动物叫声音频，学生指出动物图片。 2. 听声音，指图片 （1）教师出示 1 种动物图片，同时播放动物的叫声，学生指出相应的动物图片。 （2）教师出示 2 种动物图片，同时播放其中一种动物的叫声，学生指出相应的动物图片。学生指出后，再播放另一种动物的叫声，学生再次指认相应的动物图片。教师可以依据学生能力增减出示的图片数量。 （3）师生互动。教师模仿动物叫声，学生指认动物图片。 （4）游戏活动。教师播放动物叫声，学生听到后找到相应的动物头饰并戴在头上。 **三、辨别词汇** 准备 10 张培智学校生活语文教材中的图片：老师、同学、学校、喝水、气球、鼻子、眼睛、书包、洗手、跑步。 1. 看图片，听词汇 教师出示 1 张图片并说出词汇，请学生指认图片。 2. 听词汇，指图片 教师呈现 2 张图片并依次说出词汇，学生一一指出图片。教师呈现 3 张图片并依次说出词汇，学生一一指出相应图片。教师依据学生情况选择呈现图片的数量，可依次增加难度至 5 张图片。 3. 辨别词汇，指认图片 （1）教师同时出示 2 张图片，并说出其中一张图片的词汇，学生指出相应图片；教师再说出另一张图片的词汇，学生指出相应图片（2 张图片为一组，共分为 5 组，可把 10 张图片灵活分组调整）。 说明：一组有 2 张图片，学生都指认正确后再进行下一组训练。若其中一张图片未通过，需把未通过的图片依次安排在下一组训练中（10 张图片都要进行辨别指认，并 100% 通过）。 （2）教师同时出示 3 张图片，并说出其中一张图片的词汇，学生指出相应图片；教师再说出第二张图片的词汇，学生指出相应图片；教师再说出第三张图片的词汇，学生指出相应的图片（3 张图片为一组，可灵活分组调整）。 说明：一组 3 张图片，学生都指认正确后再进行下一组训练。如果其中一张图片未通过，需把未通过的图片依次安排在下一组训练中。如果其中两张图片未通过，本组图片需重新开展训练直至完全通过（10 张图片都要进行辨别指认，并 100% 通过）。教师依据学生情况选择同时出示图片的数量，可依次增加难度至同时出示 5 张图片。
教学形式	个别训练、小组训练、家庭互动

活动评价	学生表现	1. 知识与技能： 2. 过程与方法： 3. 情感与态度：
	教师反思	
	家庭作业	

活动二

活动名称	看图说词
教学对象	对于沟通与交往教育评估第 5 条"能正确发出语音"，评价结果为"1"或"0"的学生
教学目标	能正确发出 10 个词汇：老师、同学、学校、喝水、气球、鼻子、眼睛、书包、洗手、跑步（1.4）
器材准备	培智学校生活语文教材图片：老师、同学、学校、喝水、气球、鼻子、眼睛、书包、洗手、跑步
教学要点	一、热身活动 教师出示 1 张图片并说出相应的词汇，学生指认图片（10 张图片一一呈现）。 二、看图说词 1. 教师出示 1 张图片，学生说出词汇（任意 1 张图片的词汇学生都要正确说出）。 2. 教师依次出示 2 张图片，学生依次说出词汇。（2 张图片为一组，共分为 5 组，可把 10 张图片灵活分组调整）。 说明：一组 2 张图片，学生都正确说出后再进行下一组训练。若其中一个图片未通过，需把未通过的图片依次安排在下一组训练中（10 个词汇学生要 100%通过）。 3. 教师依次出示 3 张图片，学生依次说出词汇（3 张图片为一组，可把 10 张图片灵活分组调整）。 说明：一组 3 张图片，学生都正确说出后再进行下一组训练。如果其中一张图片未通过，需把未通过的图片依次安排在下一组训练中。如果其中两张图片未通过，本组图片需重新开展训练直至完全通过（10 个词汇学生要 100%通过）。教师依据学生情况选择出示图片的数量，可依次增加难度至 5 张图片。 三、师生互动，看图说词 1. 每组同时呈现 2 张图片，教师说出其中一个词汇，学生指出相应图片；教师再说出另一个词汇，学生指出相应图片（教师示范 1~2 次，学生熟悉互动方法）。 2. 每组同时呈现 3 张图片，学生说出其中一个词汇，教师指出相应图片；学生再说出第二个词汇，教师指出相应图片；学生再说出第三个词汇，教师指出相应的图片。 说明：教师依据学生情况选择呈现图片的数量，可依次增加难度至 5 张图片。

续表

教学形式		个别训练、小组训练、家庭互动
活动评价	学生表现	1. 知识与技能： 2. 过程与方法： 3. 情感与态度：
	教师反思	
	家庭作业	

活动三

活动名称	点名
教学对象	对于沟通与交往教育评估第 6 条"将注意力指向沟通对象"，评价结果为"1"或"0"的学生
教学目标	能在唤其名字（看到照片）时做出恰当反应（2.1）
器材准备	班级出勤表（学生照片、教师照片）
教学要点	一、点名答到 1. 教师点名，学生抬头看教师。 2. 教师点名，学生起立站好。 3. 教师点名，学生举手。 4. 教师点名，学生起立答"到"。 （依据学生能力选取点名答到的方式） 二、出勤表点名 1. 学生表 （1）看出勤表，找到自己的照片（或名字）。 （2）看出勤表，找到 1 名同学的照片（或名字），依据学生能力可增加同学照片的数量。 （3）看出勤表，找到未到校同学的照片（或名字）。 2. 教师表 （1）看出勤表，找到上课教师的照片（或名字）。 （2）看出勤表，找到未上课教师的照片（或名字）。 3. 出勤表点名 内容：今天来了（　　）名同学，（　　）来了，（　　）没来。（可制作成沟通板，图片和文字都可） （1）教师示范填充出勤表（教师引导学生理解沟通板内容）。 （2）学生填充出勤表内容（有口语的学生可填充图片或文字后进行口语表达，无口语学生可运用图片或文字进行填充）。

续表

		（3）情境练习：出勤表点名（针对无口语学生，教师可辅助支持；或同伴间配合：有口语的学生说内容，无口语的学生放相应图片）。
教学形式		个别训练、小组训练、家庭互动
活动评价	学生表现	1. 知识与技能： 2. 过程与方法： 3. 情感与态度：
	教师反思	
	家庭作业	与家长一起做点名答"到"的活动。

活动四

活动名称	二人传球
教学对象	对于沟通与交往教育评估第7条"能进行物体移动追视"，评价结果为"1"或"0"的学生
教学目标	眼神能随球的移动方向而移动（2.2）
器材准备	软排球
教学要点	一、看球 1. 师生面对面坐，教师双手握软排球，按照顺时针方向上、右、下、左移动软排球，要求学生眼神跟随球的方向移动，进行3个回合。 2. 师生面对面坐，教师双手握软排球，随机移动软排球，要求学生眼神跟随球的方向移动，3个回合。 二、递球 1. 师生面对面坐。 2. 教师示范双手握住软排球，并提示学生注意握软排球的动作。 3. 教师将球递给学生，指导学生双手握球（不要直接把球放在学生手中，重点在学生要正确接球/握球）。 4. 学生将球递给教师。师生各递一次，完成1个回合。 5. 练习。连续完成近距离递球3个回合。 三、传球 1. 师生面对面坐，距离间隔1米。教师双手握软排球并提示学生注视球，教师向学生抛软排球，学生双手接球（引导学生了解接球的技能，师生距离依据学生情况可做调整，依据学生能力练习n次）。 2. 师生面对面坐，距离间隔1米。教师指导学生双手握软排球，提示学生注视教师，并将球抛给教师（引导学生了解抛球的技能，师生距离依据学生情况可做调整，依据学生能力练习n次）。

续表

		3. 师生互动做抛接球游戏。师生面对面坐，依据学生情况调整距离，教师抛球学生接球，学生抛球教师接球。抛接球活动依据学生情况可做 3~5 次。 4. 生生互动做抛接球游戏。生生面对面坐，依据学生情况调整距离，学生 A 抛球学生 B 接球，学生 B 抛球学生 A 接球。抛接球活动依据学生情况可做 3~5 次。 **四、扩展教学** 多人滚球（集体游戏）。其中一人负责将球任意滚向四面八方。待球停止滚动后，同伴才能去捡球。捡到球者胜。大家轮流担任滚球者。
教学形式		个别训练、小组训练、家庭互动
活动评价	学生表现	1. 知识与技能： 2. 过程与方法： 3. 情感与态度：
	教师反思	
	家庭作业	与家长一起做传球游戏和滚球游戏。

活动五

活动名称	每日播报
教学对象	对于沟通与交往教育评估第 10 条"能关注身边的事件"，评价结果为"1"或"0"的学生
教学目标	能关注每日天气和课程（2.2）
器材准备	沟通板（每日播报相关内容）
教学要点	互动游戏——每日播报 **内容：今天是（　　）年（　　）月（　）日，星期（　　）。今天天气（　　）。今天有（　　）课。**（以上内容可制作成沟通板，图片和文字均可） 1. 教师按照播报顺序把内容填充完整，并带领学生一起做（教师引导学生理解播报内容）。 2. 学生填充播报内容（有口语的学生可填充图片或文字后进行表达，无口语学生可运用图片或文字进行填充）。 3. 情境练习：小小播报员。按照播报顺序介绍情况（针对无口语学生，教师可辅助支持；或同伴间配合：有口语的学生说内容，无口语学生放相应图片）。

续表

教学形式		个别训练、小组训练、家庭互动
活动评价	学生表现	1. 知识与技能： 2. 过程与方法： 3. 情感与态度：
	教师反思	
	家庭作业	与家长一起动手制作沟通板：**今天是（　　　）年（　　　）月（　　　）日，星期（　　　）。** 每天练习沟通板内容。

活动六

活动名称	请你跟我这样做
教学对象	对于沟通与交往教育评估第11条"互动时，能关注到对方的动作反应"，评价结果为"1"或"0"的学生
教学目标	互动时，能关注到对方的动作反应（2.3）
器材准备	儿歌《小手拍拍》
教学要点	一、音乐游戏——小手拍拍 1. 听音乐做动作 教师带领学生做拍手和伸右手食指的动作。 2. 听指令做动作 （1）教师示范动作，用手指指一指自己的眼睛，学生关注教师的动作后模仿做动作。 （2）教师示范动作，用手指指一指自己的鼻子，学生关注教师的动作后模仿做动作。 （3）教师示范动作，用手指指一指自己的嘴巴，学生关注教师的动作后模仿做动作。 （4）教师示范动作，用手指指一指自己的耳朵，学生关注教师的动作后模仿做动作。 3. 手指游戏 教师边发指令边做动作，学生关注教师的动作并模仿做动作。 （1）教师对学生说"指一指自己的眼睛"，师生分别做出用手指指眼睛的动作。 （2）教师对学生说"指一指自己的鼻子"，师生分别做出用手指指鼻子的动作。 （3）教师对学生说"指一指自己的嘴巴"，师生分别做出用手指指嘴巴的动作。 （4）教师对学生说"指一指自己的耳朵"，师生分别做出用手指指耳朵的动作。 （5）音乐游戏——小手拍拍。师生面对面坐，一起听音乐《小手拍拍》儿歌，师生共同完成儿歌中的指令动作。 二、互动游戏 观察师生互动3个动作（握手、拍拍手、碰碰胳膊、碰拳等）时学生的反应。 1. 教师示范 教师注视学生，伸出手，对学生说"咱们握握手吧"，学生与教师握手。若发出指令5秒后学生没反应，教师可示意或辅助学生伸出手与自己做握手动作（教师先示范动作，让学生明白指令）。

续表

<table>
<tr><td colspan="2"></td><td>2. 互动游戏
（1）教师注视学生，伸出一手握拳，对学生说"咱们碰碰拳吧"，学生与教师碰拳。
（2）教师注视学生，对学生说"咱们拍拍手吧"，学生伸出手掌，教师迎上与其拍手3个回合（现场教师/学生可以一边拍手一边唱拍手儿歌）。
（3）教师注视学生，对学生说"咱们碰碰胳膊吧"，待学生先伸胳膊教师迎上。若5秒后学生没反应，教师先伸胳膊，示意学生伸胳膊迎上。
说明：动作（1）教师可以先做动作以引导学生互动。动作（2）和动作（3），教师可以用眼神引导学生先做动作，如果学生不动，教师再做动作进行引导。</td></tr>
<tr><td colspan="2">教学形式</td><td>个别训练、小组训练、家庭互动</td></tr>
<tr><td rowspan="3">活动评价</td><td>学生表现</td><td>1. 知识与技能：
2. 过程与方法：
3. 情感与态度：</td></tr>
<tr><td>教师反思</td><td></td></tr>
<tr><td>家庭作业</td><td>与家长一起做音乐游戏——小手拍拍。</td></tr>
</table>

活动七

<table>
<tr><td>活动名称</td><td>三人传球</td></tr>
<tr><td>教学对象</td><td>对于沟通与交往教育评估第12条"能参与三人传递软排球的游戏并按照顺序传球"，评价结果为"1"或"0"的学生</td></tr>
<tr><td>教学目标</td><td>能参与三人传递软排球的游戏并按照顺序传球（2.4）</td></tr>
<tr><td>器材准备</td><td>软排球</td></tr>
<tr><td>教学要点</td><td>一、热身活动
1. 师生面对面坐，双手握球相互传软排球。
2. 师生三人排排坐，做从左往右传软排球的活动3次（教师可依据学生情况调整传球次数和增加参与的学生数量）。
3. 生生三人排排坐，做从左往右传软排球的活动3次。
二、三人传球
1. 师生三人围坐成三角形，教师依据学生情况调整距离。教师双手握软排球向学生A传球，学生A接球后再把球传给学生B，学生B接球后再把球传给教师。进行3个回合。
2. 三名学生围坐成三角形，教师依据学生情况调整距离。学生A双手握软排球向学生B传球，学生B接住球后再把球传给学生C，学生C接住球后再把球传给学生A。进行3个回合。</td></tr>
<tr><td>教学形式</td><td>个别训练、小组训练、家庭互动</td></tr>
</table>

续表

活动评价	学生表现	1. 知识与技能： 2. 过程与方法： 3. 情感与态度：
	教师反思	
	家庭作业	

活动八

活动名称	轮流搭积木
教学对象	对于沟通与交往教育评估第 15 条"能与同伴轮流做游戏"，评价结果为"1"或"0"学生
教学目标	能与同伴轮流做搭积木的游戏（2.5）
器材准备	长约 5 厘米、宽约 4 厘米大小的积木，依据学生情况准备积木数量，最多 10 块
教学要点	一、示范搭积木 两人轮流搭积木的视频示范或真人示范（师生或生生轮流搭积木）。 二、师生搭积木 师生面对面坐，轮流搭 1 块积木，进行 2 个回合。之后逐步增加至 3、4、5 个回合。第一次和第二次搭积木时可由教师先搭一块，学生再搭一块，目的是让学生了解轮流搭积木的方式。之后可随机由学生先搭第一块或教师先搭第一块积木。 三、生生搭积木 一个学生为训练对象，另一个学生为引导者，两者都具备轮流搭积木的技能。 两人面对面坐，轮流搭 1 块积木，进行 2 个回合。之后逐步增加至 3、4、5 个回合。第一次和第二次搭积木时可由引导者先搭一块，训练对象再搭一块。可随机由一人先搭第一块积木。继后，逐步由两人轮流增加至三人或四人轮流。 教师可在一旁适时用语言或动作示意学生轮流搭积木的顺序，该顺序可由教师随机调整。
教学形式	个别训练、小组训练、家庭互动
活动评价	学生表现	1. 知识与技能： 2. 过程与方法： 3. 情感与态度：
	教师反思	
	家庭作业	与家长一起搭积木。

活动九

活动名称	找宝藏
教学对象	对于沟通与交往教育评估第 18 条"有需求时能注视他人",评价结果为"1"或"0"的学生
教学目标	能通过眼神接触向他人表达需求(3.1)
器材准备	几个好看的宝藏盒,零食(薯片、海苔等),玩具(小汽车等)
教学要点	一、介绍寻宝游戏规则 讲解寻宝规则:教师将零食或玩具藏在宝藏盒里,请同学们寻找。零食找到后可以直接享用,玩具找到后可以玩 10 秒钟;如果找不到,可以通过看向教师进行询问。 二、开展寻宝游戏 1. 教师找一名学生进行示范。请学生寻找薯片,当学生找不到时通过眼神向教师询问,教师协助找到薯片,并奖励给他,同时说"某某用眼睛看老师寻求帮助",以此来表扬该学生。 2. 教师组织学生逐一寻找不同宝藏,并引导找不到的学生通过眼神对视进行询问。如果学生做出正确反应则及时给予表扬。如果学生没反应或者做出错误反应,则请已掌握该技能的学生进行示范,直到那个学生掌握该技能。 三、扩展教学 1. 引导学生表达需求时能够主动有意识地进行眼神注视。 2. 可引导学生进行同伴间的眼神注视获取帮助。
教学形式	个别训练、小组训练、家庭互动
活动评价	学生表现	1. 知识与技能: 2. 过程与方法: 3. 情感与态度:
	教师反思	
	家庭作业	家长有意识地引导学生在表达需求时要进行眼神注视。

活动十

活动名称	"有"和"没有"
教学对象	对于沟通与交往教育评估第 19 条"能对他人的沟通信息给予动作回应",评价结果为"1"或"0"的学生
教学目标	能通过点头的动作表示"有",通过摇头或摆手的动作表示"没有"(3.2)

续表

器材准备	四个箱子（两个透明、两个不透明）和水果模型
教学要点	一、学习"有"和"没有" 1. 教师出示两个透明的箱子，吸引学生的兴趣。 2. 教师引导学生观察箱子的不同：一个箱子里有水果，一个箱子里没有水果。 3. 教师展示有水果的箱子，通过指向水果进行示范，如边说边点头表示"有"，说明"有水果"。引导学生用点头的动作表示"有"。 4. 教师展示没有水果的箱子，指向箱子内部，边说边摇头或摆手表示"没有"，说明"没有水果"。引导学生用摇头或摆手表示"没有"。 5. 教师出示有水果的箱子请学生作答。如果学生用点头的方式正确表达，则进行肯定表扬。如果学生表达错误，教师则示范提示学生，直到学生能独立做出正确表达。 6. 教师出示没有水果的箱子请学生作答。如果学生用摇头或摆手的方式正确表达，则进行肯定表扬。如果学生表达错误，教师则示范提示学生，直到学生能独立做出正确表达。 二、同伴游戏 请两名学生开展互动游戏。一名学生模仿教师拿箱子，箱子内放水果或者不放水果，请另一名学生用动作表达"有"或"没有"。同伴之间也可互换角色进行该游戏。 三、扩展教学 1. 教师也可用两个不透明的箱子，让学生通过触摸的方式感知"有"和"没有"。引导学生用点头表达"有"，用摇头或摆手表达"没有"。 2. 教师可反复进行此游戏，更换不同的物品放在箱中，从而引导学生熟练地用动作表示"有"和"没有"
教学形式	个别训练、小组训练、家庭互动
活动评价	学生表现	1. 知识与技能： 2. 过程与方法： 3. 情感与态度：
	教师反思	
	家庭作业	1. 在家长的辅助下用动作表示"有"和"没有"。 2. 同家长互动进行"有"和"没有"的游戏。

活动十一

活动名称	走和停
教学对象	对于沟通与交往教育评估第20条"能对'开始''停止'的指令给予行为反应"，评价结果为"1"或"0"的学生

续表

教学目标	能有执行时间起止指令的能力，听到"开始"时行走，听到"停止"时站住不动（3.2）
器材准备	音乐《开始和停止》
教学要点	**一、听音乐做反应** 1. 教师播放音乐并进行规则讲解和行为示范：音乐响起时，行走；音乐停止时，原地停下来不动。 2. 教师播放音乐，引导学生走动，对需要辅助的学生进行肢体辅助，并进行规则讲解：音乐响，可以走。 3. 当音乐停止时，教师引导学生停下，对需辅助的学生进行肢体辅助，并进行规则讲解：音乐停，站住不动。 4. 教师引导学生进行完整游戏。当学生能够自主做出"音乐响时行走，音乐停时站住不动"的行为反应时，该活动结束。 教师也可教导学生做出"音乐响时拍腿，音乐停时停止"的行为反应。 **二、口令与音乐结合** 1. 教师播放音乐，音乐响起的同时教师说"开始"，学生开始行走。 2. 音乐停的同时教师说"停止"，学生站住不动。 练习数次依学生能力而定。 **三、听口令做反应** 不播放音乐。教师说"开始"，学生开始行走；教师说"停止"，学生站住不动。 当学生能够自主做出听到"开始"时行走，听到"停止"时站住不动的行为反应时，该活动结束。 **四、扩展教学** 教师可引导学生玩"木头人"的游戏。听到"开始"的口令时学生可以随意活动，听到"停止"的口令时学生扮演木头人，不能说话也不能活动。
教学形式	个别训练、小组训练、家庭互动
活动评价	学生表现	1. 知识与技能： 2. 过程与方法： 3. 情感与态度：
	教师反思	
	家庭作业	亲子互动："木头人"游戏。

活动十二

活动名称	心情晴雨图
教学对象	对于沟通与交往教育评估第 26 条"能用沟通辅具等表达自己的情绪",评价结果为"1"或"0"的学生
教学目标	能使用开心、生气、伤心和害怕的表情符号图片表达情绪(3.4)
器材准备	表达开心、生气、伤心和害怕四种情绪的表情符号图片,相关课件
教学要点	一、表达"开心" 教师出示"开心"的情绪符号,先带领学生认识"开心"的表情符号特征,然后进行课件演示:小朋友品尝美食,很开心,出现"开心"的表情符号。接着开展游戏:小熊想吃饼干了,给小熊吃饼干,然后给小熊贴一个"开心"的表情符号。教师问学生:"你想吃饼干(强化物)吗?"学生吃到饼干,很开心,问学生心情怎么样?学生出示"开心"的表情符号。 二、表达"生气" 教师出示"生气"的情绪符号,先带领学生认识"生气"的表情符号特征,然后进行课件演示:小朋友的玩具被弟弟摔坏了,小朋友很生气,出现"生气"的表情符号。接着开展游戏:妈妈看到孩子把花盆打翻了,给妈妈贴一个"生气"的表情符号。教师问:"妈妈怎么了?"学生出示"生气"的表情符号。 三、表达"伤心" 教师出示"伤心"的情绪符号,先带领学生认识"伤心"的表情符号特征,然后展示课件:小朋友摔倒了,小朋友很伤心,出现"伤心"的表情符号。接着开展游戏:小兔子的生日蛋糕掉地上了,给小兔子贴一个"伤心"的表情符号。教师问:"小兔子怎么了?"学生出示"伤心"的表情符号。 四、表达"害怕" 教师出示"害怕"的情绪符号,先带领学生认识"害怕"的表情符号特征,然后展示课件:雷雨天气电闪雷鸣,小朋友一个人在家,很害怕,出现"害怕"的表情符号。接着开展游戏:小朋友在路上碰到一条蛇,给小朋友贴一个"害怕"的表情符号。教师问:"小朋友是什么感受?"学生出示"害怕"的表情符号。 五、扩展教学 学生能够根据人物的表情判断人物的心情后,可以增加体验活动。如开展品尝活动,让学生从满足的角度感受开心和伤心,品尝到喜欢的食物是开心的,没有品尝到食物会伤心等。
教学形式	个别训练、小组训练、家庭互动
活动评价	学生表现: 1. 知识与技能: 2. 过程与方法: 3. 情感与态度:
	教师反思
	家庭作业: 1. 在家长的辅助下指认不同的情绪符号图片。 2. 同家长共读绘本故事,表达故事中人物的心情。

活动十三

活动名称	不一样的"走"	
教学对象	对于沟通与交往教育评估第27条"能用动作简单描述事件",评价结果为"1"或"0"的学生	
教学目标	能通过动作简单描述事件:跳、爬、飞、跑等(3.5)	
器材准备	不同动物(小兔子、小乌龟、小鸟、小马等)玩具及头饰	
教学要点	一、动物找朋友 1. 教师拿出小兔子的头饰,问"小兔子走路是什么样子的呢?"来引导学生边说"跳"边做"跳"的动作。然后依次拿出乌龟、小鸟、小马的头饰,引导学生边说"爬""飞""跑"边做"爬""飞"(两手两侧伸展快步走)"跑"的动作。 2. 请每一个学生选择一个动物头饰并戴在头上。 3. 教师发出指令"小兔子去找小乌龟做朋友啦""小鸟去找小马做朋友啦"。戴小兔子头饰的学生边说"跳"跳到戴小乌龟头饰的学生身旁;戴小鸟头饰的学生边说"飞"边飞到戴小马饰的学生身旁。 4. 小动物回家(各自回到原来的位置)。 5. 朋友回访。戴小乌龟头饰的学生边说"爬"边爬到戴小兔子头饰的学生身旁;戴小马头饰学生边说"跑"边跑到戴小鸟头饰的学生身旁。 6. 教师变换学生的头饰,指导学生扮作不同动物角色,进行动作学习。如果学生能够正确做出动作,教师进行肯定和表扬。如果学生未能做出正确动作,教师则进行辅助和示范引导,直到学生做出正确的动作。 二、故事表演 1. 教师给学生讲故事,一边讲一边用动作进行演示。故事如下: 有一天森林里举行一个音乐会,很多小动物都来参加。小兔子蹦蹦跳跳地来了,小乌龟慢悠悠地爬来了,小鸟欢快地飞来了,小马也高兴地跑来了。他们聚在一起唱歌跳舞,玩得很开心。 2. 教师采用旁白来讲述故事,学生一一表演。教师可根据学生的能力出示头饰用作提示。	
教学形式	个别训练、小组训练、家庭互动	
活动评价	学生表现	1. 知识与技能: 2. 过程与方法: 3. 情感与态度:
	教师反思	
	家庭作业	1. 在家长的辅助下做出不同动作。 2. 同家长一起进行情景表演,用不同的动作代表不同的动物。

活动十四

活动名称		谁在做什么？
教学对象		对于沟通与交往能力教育评估第28条"能用沟通辅具等简单描述事件"，评价结果为"1"或"0"的学生
教学目标		能通过用图片构句的方式简单描述事件：××（人物）喝水、吃饭、睡觉、扫地、跑步（3.5）
器材准备		不同人物（妈妈、爸爸、爷爷、奶奶、哥哥、妹妹、同学等）、不同动作（喝水、吃饭、睡觉、扫地、跑步等）的图片
教学要点		一、图片构句描述事件：××（人物）喝水 1. 教师播放班级某同学喝水的视频，引导学生观看。然后问"视频里的同学在做什么呢？"来引导学生回应。 2. 教师取出"喝水"的图片，一边说"喝水"一边将图片粘贴在黑板上，指导学生使用"喝水"的图片。 3. 教师接着问"视频里是谁在喝水呢？"然后取出喝水的同学的图片，一边说"××"一边将图片粘贴在黑板上，放置于"喝水"图片的前面，同时指导学生进行构句"××喝水"。 4. 教师再次播放视频。请学生独立构句进行描述。如果学生做出正确反应，教师则进行肯定和表扬。如果学生无反应或者做出错误反应，教师则进行示范提示，直到学生能独立做出正确反应。 5. 图片构句描述事件"××（人物）跑步"的教学步骤同上。 二、扩展教学 1. 教师可播放不同学生喝水的视频，引导学生更换喝水的人物图片，进行构句"××喝水"完成表达。 2. 教师变换不同人物及活动，引导学生进行构句"××吃饭/跑步/睡觉/扫地"等完成表达。 3. 对于识字的学生，可将图片换为文字。 4. 学生能够熟练讲述人物的简单活动后，可适当扩大句子成分，加入场地等内容，例如：爸爸在家睡觉，我在学校学习等。
教学形式		个别训练、小组训练、家庭互动
活动评价	学生表现	1. 知识与技能： 2. 过程与方法： 3. 情感与态度：
	教师反思	
	家庭作业	1. 在家长的辅助下指认不同的图片。 2. 同家长进行互动，家长做出情景图片中的动作，孩子用图片构句表达。

活动十五

活动名称	区辨图片
教学对象	对于沟通与交往能力教育评估第 33 条"能听懂表示常用动作的词语",评价结果为"1"或"0"的学生
教学目标	能区辨常见的动词卡片,如跑步、洗手、做操(4.2)
器材准备	不同动作(跑步、洗手、做操等)的图片
教学要点	一、区辨图片"跑步" 1. 教师出示"跑步"的图片,引导学生观看。然后问"图片里的小朋友在做什么呢?"来引导学生做出回应。教师对学生的正确反应给予肯定。如果学生无反应或做出错误反应,教师可以进行示范提示"跑步"。 2. 教师示范做出"跑步"的动作,同时说"跑步"。教师引导学生模仿"跑步"的动作,并且说"跑步"。教师要对学生的正确反应给予肯定。如果学生无反应或做出错误反应,教师可进行示范提示。 3. 教师出示"跑步"的图片,请学生做出跑步的动作。教师要对学生的正确反应给予肯定。如果学生无反应或做出错误反应,教师可进行示范提示。 4. 教师呈现"跑步"和"洗手"这两张图片,请学生指出"跑步"的图片。如果学生做出正确反应,教师进行肯定和表扬。如果学生无反应或做出错误反应,教师则进行示范提示,直到学生能独立做出正确反应。 5. 教师呈现"跑步""做操"和"洗手"三张图片,请学生指出"跑步"的图片。如果学生做出正确反应,教师进行肯定和表扬。如果学生无反应或做出错误反应,教师则进行示范提示,直到学生能独立做出正确反应。 6. 区辨图片"洗手""做操"的教学步骤同上。 二、扩展教学 1. 教师可在给学生讲绘本故事的时候展开教学,让学生指出故事里的人物动作。 2. 看动作猜卡片。教师可做出动作,请学生选出该动作的图片。
教学形式	个别训练、小组训练、家庭互动
活动评价	学生表现	1. 知识与技能: 2. 过程与方法: 3. 情感与态度:
	教师反思	
	家庭作业	1. 在家长的辅助下模仿图片中的动作。 2. 家庭成员可围坐在一起,进行抽卡片做动作或指认图片的游戏。

活动十六

活动名称		次序指令
教学对象		对于沟通与交往教育评估第 37 条"能听懂表示先后指令的句子并做出相应反应",评价结果为"1"或"0"的学生
教学目标		能完成日常生活中的先后动作指令:先拿餐垫,再铺平;先拿纸巾,再擦嘴;先收餐具,再擦桌子(4.4)
器材准备		餐垫、纸巾、餐盒、勺子等餐具
教学要点		一、认一认 教师出示餐垫、纸巾、餐盒、勺子等餐具,请学生分别指认。若学生能正确指认,教师则给予肯定。如果学生无反应或做出错误反应,教师则进行示范提示,直到学生能够正确指认。 二、做一做 1. 先拿餐垫,再铺平 (1) 教师边说"拿餐垫"边示范做出动作,然后引导学生模仿"拿餐垫"的动作。教师要对学生的正确反应给予肯定。如果学生无反应或做出错误反应,教师可进行辅助,直到学生能够独立做出正确反应。 (2) 教师边说"铺平"边示范做出动作,然后引导学生模仿动作。教师要对学生的正确反应给予肯定。如果学生无反应或做出错误反应,教师可进行辅助,直到学生能够独立做出正确反应。 (3) 教师边说"先拿餐垫,再铺平"边示范做出动作,然后引导学生模仿动作。教师要对学生的正确反应给予肯定。如果学生无反应或做出错误反应,教师可进行辅助,直到学生能够独立做出正确反应。 2. "先拿纸巾,再擦嘴""先收餐具,再擦桌子"的教学步骤同上。 三、扩展教学 教师可在午餐时间进行情境教学。
教学形式		个别训练、小组训练、家庭互动
活动评价	学生表现	1. 知识与技能: 2. 过程与方法: 3. 情感与态度:
	教师反思	
	家庭作业	在家可进行餐前碗筷准备及餐后清洁整理活动,在日常活动中练习相关指令。

活动十七

活动名称		回应
教学对象		对于沟通与交往教育评估第38条"唤其名能用'到''哎'进行回应",评价结果为"1"或"0"的学生
教学目标		唤其名能用"到""哎"进行回应(4.5)
器材准备		学生喜欢的物品
教学要点		**一、点名答"到"** 教师利用课前点名的环节引导学生学习此技能。教师叫学生名字,示范说"到"以引导学生听到自己的名字说"到",并对学生的正确回应给予肯定。如果学生无回应或做出错误回应,教师可进行提示,直到学生能够独立做出正确回应。 **二、听名回应"哎"** 1. 近距离(面对面)叫名回应"哎" 教师利用学生的偏好物帮助学生学习这一技能。教师叫学生的名字,示范引导学生回答"哎",并在同一时间拿出学生喜欢的物品。教师要对学生的正确回应给予肯定,并及时把物品给学生(如果是吃的东西,允许学生吃掉;如果是玩的东西,在学生玩10秒后收回)。如果学生无回应或做出错误回应,教师可进行提示,直到学生能够独立做出正确回应。 2. 没有物品奖励的情况下叫名回应"哎" 教师叫学生的名字,示范引导学生回应"哎",并和学生一起做游戏。教师对学生的正确回应给予肯定,并及时与学生进行互动游戏。如果学生无回应或做出错误回应,教师可进行提示,直到学生能够独立做出正确回应。 **三、扩展教学** 1. 增加距离的情况下叫名回应"哎"。当学生面对教师的唤名有回应时,可以开始训练学生能对教师在一定距离外叫自己的名字有回应。距离可从0.5米开始。当学生的正确回应率保持在80%及以上时,教师可以慢慢增加距离。如果随着距离的增加,学生的正确回应率降低,则适当减少距离。 2. 尽量避免在每次叫名后都给孩子任务去完成,这样会让孩子觉得听到名字如果应答了就必须要去做事情,从而引起孩子的逃避行为。
教学形式		个别训练、小组训练、家庭互动
活动评价	学生表现	1. 知识与技能: 2. 过程与方法: 3. 情感与态度:
	教师反思	
	家庭作业	在家可进行亲子互动,家长叫孩子名字,得到孩子应答后,可以让孩子做喜欢的游戏或呈现孩子喜欢的物品。

活动十八

活动名称	我要……
教学对象	对于沟通与交往教育评估第 44 条"能用'我要+（谓语）+宾语'的句型表达需求"，评价结果为"1"或"0"的学生
教学目标	能用"我要+（谓语）+宾语"的句型表达需求（4.7）
器材准备	一个用来装玩具的不透明纸盒，吹泡泡玩具、闪光球、陀螺等学生喜欢的各种玩具
教学要点	一、命名玩具 1. 教师出示装好玩具的纸盒，唱自编的儿歌《游戏纸盒》："我的盒里有什么，有什么，有什么；我的盒里有什么，快来看看呀。"吸引学生的注意力。 2. 教师逐一出示玩具，并以多种好玩的方式玩玩具。学生关注玩具（例如陀螺）后，教师引导学生对玩具进行命名"陀螺"。教师要对学生的正确反应给予肯定。若学生无反应或做出错误反应，教师可进行辅助，直到学生能够独立做出正确反应。 二、表达需求 当学生有想要某一玩具（例如陀螺）的意愿时，教师示范说出"我要（玩）陀螺"，引导学生表达需求。教师要对学生的正确反应给予肯定。若学生无反应或做出错误反应，教师可进行辅助，直到学生能够独立做出正确反应。 三、扩展教学 教师可依据学生的喜好变换玩具。
教学形式	个别训练、小组训练、家庭互动
活动评价	学生表现： 1. 知识与技能： 2. 过程与方法： 3. 情感与态度： 教师反思： 家庭作业：在家可根据孩子当下的愿望练习需求表达：比如"我要/想喝水""我要/想吃苹果""我要/想看电视"等。

本章小结：沟通与交往技能关系到学生能否很好地参与课业学习和活动，关系到学生的情绪行为状态，也关系到学生生活自理和适应社会目标的实现。本章围绕课标中沟通与交往部分进行展开。第一节着重介绍沟通与交往的基

本概念及康复训练的流程。第二节是本章的重点,着重介绍了北京市特殊教育研究指导中心课题组自主研究编制的《沟通与交往教育评估表》及其配套的《沟通与交往教育评估标准解析》。《沟通与交往教育评估表》涵盖沟通与交往部分中的言语准备、前沟通技能、非言语沟通和口语沟通四个模块,共计 51 个相关的教育评估条目。《沟通与交往教育评估标准解析》从目的、要求、器材、评价和说明五个维度对每个评估条目进行了具体解释。第三节提供了 18 个涵盖沟通与交往四个模块内容的活动示例,以供教师参考。

第四章　情绪与行为训练的教育评估与教学设计

　　导读：特殊儿童的情绪与行为发展对特殊儿童适应生活，进而提高生活质量至关重要。在培智学校多重障碍学生逐渐增多、孤独症学生数量不断增长的背景下，需要接受情绪与行为训练的特殊儿童的数量可想而知。基于此，我们必须知道：特殊儿童的情绪与行为训练包括什么？哪些特殊儿童需要接受情绪与行为训练？情绪与行为训练的实施流程是怎样的？使用什么工具可以科学且有效地评估特殊儿童的情绪与行为基点？如何基于特殊儿童情绪与行为的基点开展教育训练？只有明晰了以上问题的答案，才能高效利用康复资源，实现对特殊儿童的精准康复。

第一节　概述

　　情绪是有机体反映客观事物与主体需要之间关系的态度体验。而行为指的是有机体在各种内外部刺激影响下产生的反应，包括内在生理和心理变化。情绪与行为是密不可分的，行为往往由情绪引发，情绪也总是伴随着相应的面部表情和身体姿态。

　　情绪在人类的生命中扮演着重要角色，其中最为显著的是它影响人们看待这个世界的方式、解读所存在的现象，并依据这些态度及解读而产生行动。情绪存在于生活中的各个方面，从成语中就可以深刻地感受到，如喜极而泣、喜不自胜、眉飞色舞、如释重负、感激涕零、坐立不安、张口结舌、张皇失措、忧心忡忡等。基本情绪是先天的，复杂情绪则是与后天学习及任职发展交互影响而逐渐生成的。2016年，国家颁布了《培智学校义务教育康复训练课程标准》，康复训练课程主要用于特殊教育学校学生社会情绪能力的训练、良好行为习惯的养成和问题行为的矫正，促使学生更好地开展其他课程的学习，为将来融入社会奠定良好的基础。

一、情绪与行为训练的内容

　　《培智学校义务教育康复训练课程标准（2016年版）》（以下简称"课标"）中明确了培智学校康复训练课程中的情绪与行为训练包括情绪识别、情绪表达、情绪理解、情绪调节、行为管理五个模块，见图4-1。

```
情绪与行为训练 ─┬─ 情绪识别 ─┬─ 能从面部表情、言语、动作等识别高兴或不高兴的情绪
                │             └─ 能从面部表情、言语、动作等识别其他简单的情绪
                │
                ├─ 情绪表达 ─┬─ 能以面部表情、言语、动作等适当表达自己的情绪
                │             └─ 能在不同情境下适当表达自己的情绪
                │
                ├─ 情绪理解 ─┬─ 能辨别不同情境并理解自己的情绪
                │             └─ 能辨别不同情境并理解他人的情绪
                │
                ├─ 情绪调节 ─┬─ 能用安全、不干扰他人的方式调控自己的情绪
                │             └─ 能用寻求帮助的方式调节自己的情绪
                │
                └─ 行为管理 ─┬─ 能用适当行为获取他人注意
                              ├─ 能用适当行为选择喜欢的物品或活动
                              ├─ 能用适当行为逃避不喜欢的物品或活动
                              └─ 能用适当行为获取感官刺激
```

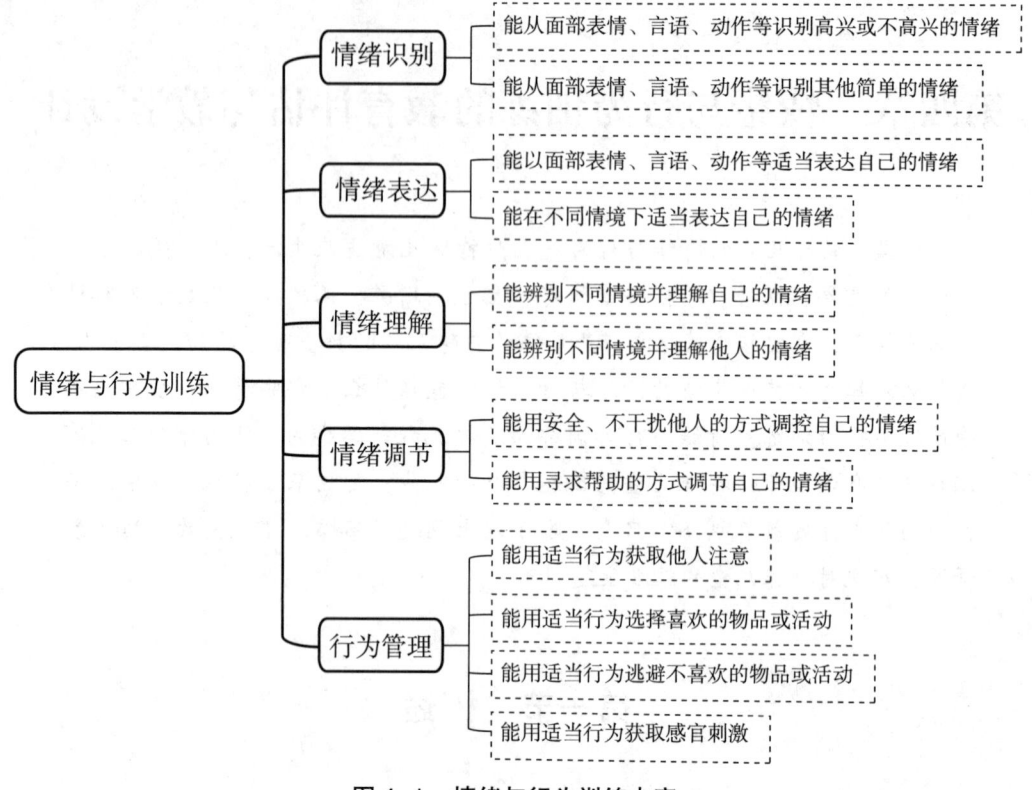

图 4-1　情绪与行为训练内容

二、情绪与行为训练的实施流程

情绪与行为训练属于康复训练课程中的内容，因康复训练课程为选择性课程，所以并非所有学生都需要进行情绪与行为训练，而是需要基于评估进一步确定，如果经过评估后学生在情绪与行为方面存在问题，则该生为情绪与行为训练的对象。情绪与行为训练实施流程为初筛、分流、评估、拟订 IEP、实施、检验与反馈五个主要环节，见图 4-2。

（一）初筛

《情绪与行为初筛表》的编制依据课标中情绪行为训练的具体内容，经过北京师范大学特殊教育领域专家和培智学校一线教师的不断推敲，秉持"可筛""简化"等原则，沿用课标中对情绪与行为模块的划分，对课标中原有条目进行组合、简化。经过不断修订、试测、再修订，最终形成了《情绪与行为初筛表》，见表 4-1。

评估者（一般是熟悉学生的教师）使用《情绪与行为初筛表》对学生进行筛查（首次筛查面向全校学生，往后只需对新生进行筛查），用"通过""部分通过""不通过"来评价学生在每一个初筛条目的表现。如果某个条目无法判定评价结果，则在备注一栏打"×"，以区别未测或漏测，并提示评估者日后在教育教学及生活情境中注意观察学生该方面的表现。

```
                    ┌─────┐
                    │ 初筛 │
                    └─────┘
           ┌───────────┼───────────┐
        ┌─────┐    ┌──────┐    ┌─────┐
        │ 通过│    │部分通过│    │不通过│
        └─────┘    └──────┘    └─────┘
                       │           │
                  ┌────────┐  ┌────────┐
                  │开展家庭 │↔│参与学校情绪│
                  │指导训练 │  │与行为训练 │
                  └────────┘  └────────┘
                                  │
                              ┌───────┐
                              │情绪与行为│
                              │教育评估 │
                              └───────┘
                                  │
                              ┌───────┐    ┌────┐
                              │拟定IEP │←──│反馈 │
                              └───────┘    └────┘
                                  │           ↑
                              ┌──────────┐
                              │实施、检验与调整│
                              └──────────┘
```

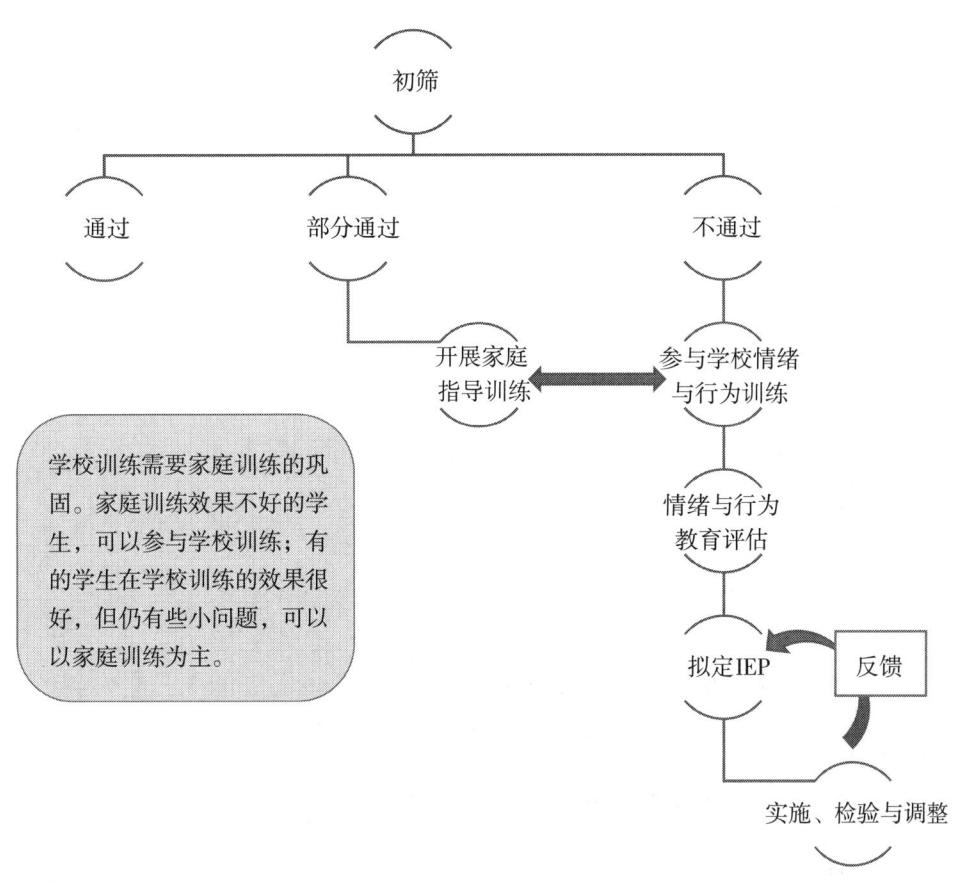

> 学校训练需要家庭训练的巩固。家庭训练效果不好的学生，可以参与学校训练；有的学生在学校训练的效果很好，但仍有些小问题，可以以家庭训练为主。

图 4-2　情绪与行为训练实施流程图

《情绪与行为训练初筛表》共 9 个测试条目。所有条目均可采用日常观察、他人报告和现场观察三种方式中的任意一种进行评价。三种评价方式对应的评价视角不同，但均通过观察来获取相应数据。此外，基于测试对象的特殊性和测试条目的功能性，情绪识别模块和情绪理解模块的条目提倡使用现场测试的方式进行评价，其他模块的条目建议使用日常观察和他人报告的方式进行评价。

如果评估者采用日常观察和他人报告的方式进行评价，则以行为的频率为评价依据。"通过"代表该行为出现的频率为 80% 及以上，"部分通过"代表该行为出现的频率为 70%~79%，"不通过"代表该行为出现的频率为 70% 以下。

如果评估者采用现场观察的方式进行评价，则以通过率为评价依据。现场观察允许使用辅具和三次以下的提示。如果某个条目无法判定评价结果，则在备注一栏打"×"，以区别未测或漏测，并提示评估者日后在教育教学及生活情境中注意观察学生该方面的表现。

表 4-1 情绪与行为初筛表

学生姓名：_____ 性　别：_____ 年　龄：_____ 班　级：_____
残疾类别：_____ 残疾程度：_____ 测评方法：_____ 测评时间：_____

模块	序号	条目	评价 通过	评价 部分通过	评价 不通过	备注
情绪识别	1	学生能从面部表情、言语、动作等识别喜、怒、哀、惧4种基本情绪				
情绪表达	2	学生能以面部表情、语言、动作恰当地表达自己的情绪				
情绪理解	3	学生能理解自己在不同情境下的4种基本情绪				
情绪理解	4	学生能理解他人在不同情境下的4种基本情绪				
情绪调节	5	当学生情绪激动时，能够不伤害自己和他人，不出现大声喊叫或大哭大笑等影响他人的行为				
情绪调节	6	当学生出现生气、伤心等负面情绪时，能够通过寻求帮助来使自己平复下来				
行为管理	7	能用适当行为获取他人注意、选择喜欢的物品或活动				
行为管理	8	能用适当行为逃避不喜欢的物品或活动				
行为管理	9	能用适当行为获取感官刺激				

我们从测试工具、操作过程和评价标准三个方面逐一介绍情绪与行为训练初筛表中3个可采用现场观察进行评估的条目如何进行评估。

条目1：学生能从面部表情、言语、动作等识别喜、怒、哀、惧4种基本情绪

测试工具：代表高兴、生气、伤心、害怕4种情绪的图片。

操作过程：教师拿出代表4种不同情绪的图片，随机发出指令"请指出/拿出代表某个情绪的图片"（对每种情绪图片至少发出一次指令），学生指出/拿出对应的图片。

评价标准："通过"，学生能指出/拿出代表4种不同情绪的图片；"部分通过"，学生能指出/拿出代表 3 种不同情绪的图片;"不通过",学生能指出/拿出代表 2 种及以下的情绪图片。

条目 3:学生能理解自己在不同情境下的 4 种基本情绪

测试工具:学生本人在真实生活情境中表现出高兴、生气、伤心、害怕 4 种情绪的图片各 1 张。

操作过程:教师出示一张图片(如教师出示代表高兴情绪的图片),并提问"为什么图片中你很高兴?"学生回答"因为……所以我很高兴"(学生有可能只说出了原因,并没有使用"因为……所以……"的句式,评价结果也视为"通过")。

评价标准:"通过",学生能够理解 4 种自己在真实情境中的情绪;"部分通过",学生能够理解 3 种自己在真实情境中的情绪;"不通过",学生能够理解 2 种及以下自己在真实情境中的情绪。

条目 4:学生能理解他人在不同情境下的 4 种基本情绪

测试工具:他人(同班同学)在不同生活情境中表现出高兴、生气、伤心、害怕 4 种情绪的图片各 1 张。

操作过程:教师出示一张图片(如教师呈现代表生气情绪的图片),并提问"为什么图片中他/她很生气?"学生回答"因为……所以他/她很生气"(学生有可能只说出了原因,没有使用"因为……所以……"的句式,评价结果也视为"通过")。

评价标准:"通过",学生能够理解 4 种他人在真实情境中的情绪;"部分通过",学生能够理解 3 种他人在真实情境中的情绪;"不通过",学生能够理解 2 种及以下他人在真实情境中的情绪。

需要注意的是,在条目 9 中,如果学生平时并未表现出明显的获取感官刺激的行为,该条目评价结果为"通过"。

(二)分流

分流,即教育安置的形式。初筛结果将作为分流的依据。初筛中,如果学生所有条目的评价结果均为"通过",表示该生不需要额外开展情绪与行为训练;如果学生某一条目的评价结果为"部分通过",则需要接受家庭训练,如果家庭训练效果不佳,需参与学校的情绪与行为训练;如果学生某一条目评价结果为"不通过",则需要在校参与情绪与行为训练,同时适当开展家庭训练,通过家校合力,巩固训练效果。

(三)评估

在校参与情绪与行为训练的学生需要进一步接受教育评估。评估者应该是熟悉学生的教师,且能够熟练使用北京市特殊教育研究指导中心自主编制的《情绪与行为教育评估表》及其配套的《情绪与行为教育评估标准解析》对在校参与情绪与行为训练的学生进行教育评估(详见本章第二节)。依据学生的自身情况、教师的专业水平和学校资源的匹配等,在针对具体问题做更细致、精确的专业化评估时,可选择其他专业评估工具作为补充，如阿肯巴克儿童行为量表[①]、儿童行为评估系统[②]等。评估结果将作为拟订 IEP 的依据。

（四）拟订 IEP

全国各地已全面推广和使用 IEP，秉持着关注每一位学生的理念，单独为每名学生选择学习目标和任务。通过上述评估，可明确学生在情绪与行为模块具体需要哪些训练。基于评估的结果，结合学生自身情况、发展需求等可确定学生在情绪与行为方面的 IEP 目标，进一步明确学生的学年目标、学期目标、短期目标。

（五）实施、检验与反馈

依据 IEP 内容实施 IEP。教师可参照北京市特殊教育研究指导中心设计的情绪与行为教育训练活动示例对学生进行情绪与行为训练。在教育训练过程中依据 IEP 目标中的短期目标、学期目标、学年目标对学生进行检验，检验结果可作为反馈，帮助教师进一步调整学生的 IEP 目标。该过程动态进行，直至学生达成相应的 IEP 目标。

第二节　情绪与行为的教育评估

一、情绪与行为教育评估表

《情绪与行为教育评估表》的编制依据课标中情绪与行为训练的具体内容，经过北京师范大学特殊教育领域专家和培智学校一线教师的多次研讨，沿用课标中对情绪与行为模块的划分，细化课标中的每一个条目，并提供评价标准，确保找准学生在情绪与行为方面的基点。同时，在对评估表具体编制的过程中考虑了目前培智学校生源特点：孤独症谱系障碍学生占比不断上升。有些条目专为他们而设（条目后面注明 ASD）。

《情绪与行为教育评估表》包括五个模块，共 52 个条目。其中，情绪识别模块 16 个条目、情绪表达模块 12 个条目、情绪理解模块 8 个条目、情绪调节模块 8 个条目、行为管理模块 8 个条目，见表 4-2。

[①] 阿肯巴克儿童行为量表（Achenbach Child Behavior Checklist，CBCL）是由美国精神医学家阿肯巴克等人于 1983 年编制的他评量表。分父母评定和教师评定两种，用于评定儿童的社会能力和行为问题。

[②] 儿童行为评估系统（Behavior Assessment System for Children，BASC）是指评价儿童人格和行为状况的系列工具。由美国心理学家 W. M. 雷诺兹和凯弗斯于 1992 年编制。

表4-2 情绪与行为教育评估表

学生姓名：_____ 性　　别：_____ 年　　龄：_____ 班　　级：_____
残疾类别：_____ 残疾程度：_____ 测评方法：_____ 测评时间：_____

模块	序号	条目	评价 2	评价 1	评价 0	备注
情绪识别	1	能从面部表情、言语、动作识别高兴的情绪（1.1）				
	2	能从面部表情识别真人高兴的情绪（ASD）(1.1)				
	3	能从面部表情识别卡通人物高兴的情绪（ASD）(1.1)				
	4	能从面部表情识别真人情境中高兴的情绪（ASD）(1.1)				
	5	能从面部表情、言语、动作识别生气的情绪（1.1）				
	6	能从面部表情识别真人生气的情绪（ASD）(1.1)				
	7	能从面部表情识别卡通人物生气的情绪（ASD）(1.1)				
	8	能从面部表情识别真人情境中生气的情绪（ASD）(1.1)				
	9	能从面部表情、言语、动作识别伤心的情绪（1.2）				
	10	能从面部表情识别真人伤心的情绪（ASD）(1.2)				
	11	能从面部表情识别卡通人物伤心的情绪（ASD）(1.2)				
	12	能从面部表情识别真人情境中伤心的情绪（ASD）(1.2)				
	13	能从面部表情、言语、动作识别害怕的情绪（1.2）				
	14	能从面部表情识别真人害怕的情绪（ASD）(1.2)				
	15	能从面部表情识别卡通人物害怕的情绪（ASD）(1.2)				
	16	能从面部表情识别真人情境中害怕的情绪（ASD）(1.2)				
情绪表达	17	能以面部表情、言语、动作适当表达自己高兴的情绪（2.1）				
	18	能以面部表情、言语、动作适当表达自己生气的情绪（2.1）				
	19	能以面部表情、言语、动作适当表达自己伤心的情绪（2.1）				

续表

模块	序号	条目	评价 2	评价 1	评价 0	备注
	20	能以面部表情、言语、动作适当表达自己害怕的情绪				
	21	能以面部表情适当表达自己高兴的情绪（ASD）(2.1)				
	22	能以面部表情适当表达自己生气的情绪（ASD）(2.1)				
	23	能以面部表情适当表达自己伤心的情绪（ASD）(2.1)				
	24	能以面部表情适当表达自己害怕的情绪（ASD）(2.1)				
	25	能在不同情境下适当表达自己高兴的情绪（2.2）				
	26	能在不同情境下适当表达自己生气的情绪（2.2）				
	27	能在不同情境下适当表达自己伤心的情绪（2.2）				
	28	能在不同情境下适当表达自己害怕的情绪（2.2）				
情绪理解	29	能理解3种不同的真实情境下，学生自己的高兴情绪图片（3.1）				
	30	能理解3种不同的真实情境下，学生自己的生气情绪图片（3.1）				
	31	能理解3种不同的真实情境下，学生自己的伤心情绪图片（3.1）				
	32	能理解3种不同的真实情境下，学生自己的害怕情绪图片（3.1）				
	33	能理解4种不同人群（小女孩、小男孩、成年女性、成年男性）真实情境下的开心情绪图片（3.2）				
	34	能理解4种不同人群（小女孩、小男孩、成年女性、成年男性）真实情境下的生气情绪图片（3.2）				
	35	能理解4种不同人群（小女孩、小男孩、成年女性、成年男性）真实情境下的伤心情绪图片（3.2）				
	36	能理解4种不同人群（小女孩、小男孩、成年女性、成年男性）真实情境下的害怕情绪图片（3.2）				

续表

模块	序号	条目	评价 2	评价 1	评价 0	备注
情绪调节	37	能用适当的行为方式调控自己高兴的情绪（4.1）				
	38	能用适当的行为方式调控自己生气的情绪（4.1）				
	39	能用适当的行为方式调控自己伤心的情绪（4.1）				
	40	能用适当的行为方式调控自己害怕的情绪（4.1）				
	41	能用适当的行为方式向他人分享自己高兴的情绪（4.2）				
	42	能用适当的行为方式寻求帮助以调节自己生气的情绪（4.2）				
	43	能用适当的行为方式寻求帮助以调节自己伤心的情绪（4.2）				
	44	能用适当的行为方式寻求帮助以调节自己害怕的情绪（4.2）				
行为管理	45	能用适当的面部表情或肢体动作获取他人注意（5.1）				
	46	能用适当的言语/沟通辅具获取他人注意（5.1）				
	47	能用适当的面部表情或肢体动作选择喜欢的物品或活动（5.2）				
	48	能用适当的言语/沟通辅具选择喜欢的物品或活动（5.2）				
	49	能用适当的肢体动作逃避不喜欢的物品或活动（5.3）				
	50	能用适当的言语逃避不喜欢的物品或活动（5.3）				
	51	能用适当的面部表情或眼神逃避不喜欢的物品或活动（5.3）				
	52	能在适当的情境下用适当行为获取感官刺激（5.4）				

二、情绪与行为教育评估标准解析

为确保教师更顺利地使用《情绪与行为教育评估表》对学生进行评估，我们对《情绪与行为教育评估表》的每一个条目进行了进一步的解析。《情绪与行为教育评估标准解析》和《情绪与行为教育评估表》一一对应。每一个条目的解析包括目的、要求、器材、评价、说明及反馈意见六个部分。

（一）情绪识别

1. 能从面部表情、言语、动作识别高兴的情绪

目的	考察学生识别高兴情绪的能力（1.1）
要求	教师让学生观看第一段呈现高兴情绪的儿童真人视频（包括高兴的面部表情、言语和动作），学生观看完视频后，教师拿出代表高兴、生气、伤心、害怕4种情绪的儿童真人表情图片，发出指令"你觉得哪张图片和视频中学生的情绪一样，请把图片拿给老师"，学生将代表高兴情绪的图片给教师。教师分别播放第二段和第三段呈现高兴情绪的视频，每段视频播放完后，打乱4张图片的顺序，询问相同的问题（对学生非常熟悉的教师，可进行日常观察）。
器材	代表高兴情绪的3段儿童真人视频（包括高兴的面部表情、言语和动作），代表高兴、生气、伤心、害怕4种情绪的儿童真人表情图片，平板电脑/手机/电脑

评价	现场观察	0	学生最多1次能将代表高兴情绪的图片拿给教师
		1	学生2次能将代表高兴情绪的图片拿给教师
		2	学生3次均能将代表高兴情绪的图片拿给教师
	日常观察	0	学生在很少情况下可以识别高兴的情绪
		1	学生有时可以识别高兴的情绪
		2	学生经常可以识别高兴的情绪

说明	如果评价为"1"或"0"分，请补充描述性的情况作为评价的理由，同时为训练提供详细的信息。

2. 能从面部表情识别真人高兴的情绪（ASD）

目的	考察ASD学生通过面部表情识别真人高兴情绪的能力（1.1）
要求	教师拿出代表高兴、生气、伤心、害怕4种情绪的儿童真人表情图片，向学生发出指令"请你把代表高兴情绪的图片给老师"，学生将代表高兴情绪的图片给教师。教师在学生看不见的地方打乱图片顺序，再次提问，共进行3次。
器材	代表高兴、生气、伤心、害怕4种情绪的儿童真人表情图片

评价	0	学生最多1次能将代表高兴情绪的图片拿给教师
	1	学生2次能将代表高兴情绪的图片拿给教师
	2	学生3次均能将代表高兴情绪的图片拿给教师

说明	如果评价为"1"或"0"分，请补充描述性的情况作为评价的理由。

3. 能从面部表情识别卡通人物高兴的情绪（ASD）

目的	考察 ASD 学生通过面部表情识别卡通人物高兴情绪的能力（1.1）
要求	教师拿出代表高兴、生气、伤心、害怕 4 种情绪的卡通人物表情图片，向学生发出指令"请你把代表高兴情绪的图片给老师"，学生将代表高兴情绪的图片给教师。教师在学生看不见的地方打乱图片顺序，再次提问，共进行 3 次。
器材	代表高兴、生气、伤心、害怕 4 种情绪的卡通人物表情图片
评价	0　学生最多 1 次能将代表高兴情绪的图片拿给教师 1　学生 2 次能将代表高兴情绪的图片拿给教师 2　学生 3 次均能将代表高兴情绪的图片拿给教师
说明	如果评价为"1"或"0"分，请补充描述性的情况作为评价的理由。

4. 能从面部表情识别真人情境中高兴的情绪（ASD）

目的	考察 ASD 学生通过面部表情识别真人情境中高兴情绪的能力（1.1）
要求	教师拿出代表高兴、生气、伤心、害怕 4 种情绪的儿童真人情境中的表情图片，向学生发出指令"请你把代表高兴情绪的图片给老师"，学生将代表高兴情绪的图片给教师。教师在学生看不见的地方打乱图片顺序，再次提问，共进行 3 次。
器材	代表高兴、生气、伤心、害怕 4 种情绪的儿童真人情境中的表情图片
评价	0　学生最多 1 次能将代表高兴情绪的图片拿给教师 1　学生 2 次能将代表高兴情绪的图片拿给教师 2　学生 3 次均能将代表高兴情绪的图片拿给教师
说明	如果评价为"1"或"0"分，请补充描述性的情况作为评价的理由。

5. 能从面部表情、言语、动作识别生气的情绪

目的	考察学生识别生气情绪的能力（1.1）
要求	教师让学生观看第一段呈现生气情绪的儿童真人视频（包括生气的面部表情、言语和动作），学生观看完视频后，教师拿出代表高兴、生气、伤心、害怕 4 种情绪的儿童真人表情图片，发出指令"你觉得哪张图片和视频中学生的情绪一样，请把图片拿给老师"，学生将代表生气情绪的图片给教师。教师分别播放第二段和第三段呈现生气情绪的视频，每段视频播放完后，打乱 4 张图片的顺序，询问相同的问题（对学生非常熟悉的教师可进行日常观察）。
器材	代表生气情绪的 3 段儿童真人视频（包括生气的面部表情、言语和动作），代表高兴、生气、伤心、害怕 4 种情绪的儿童真人表情图片，手机/电脑/平板电脑

评价	现场观察	0	学生最多1次能将代表生气情绪的图片拿给教师
		1	学生2次能将代表生气情绪的图片拿给教师
		2	学生3次均能将代表生气情绪的图片拿给教师
	日常观察	0	学生在很少情况下可以识别生气的情绪
		1	学生有时可以识别生气的情绪
		2	学生经常可以识别生气的情绪
说明	如果评价为"1"或"0"分,请补充描述性的情况作为评价的理由。		
反馈意见			

6. 能从面部表情识别真人生气的情绪(ASD)

目的	考察ASD学生通过面部表情识别真人生气情绪的能力(1.1)	
要求	教师拿出代表高兴、生气、伤心、害怕4种情绪的儿童真人表情图片,向学生发出指令"请你把代表生气情绪的图片给老师",学生将代表生气情绪的图片给教师。教师在学生看不见的地方打乱图片顺序,再次提问,共进行3次。	
器材	代表高兴、生气、伤心、害怕4种情绪的儿童真人表情图片	
评价	0	学生最多1次能将代表生气情绪的图片拿给教师
	1	学生2次能将代表生气情绪的图片拿给教师
	2	学生3次均能将代表生气情绪的图片拿给教师
说明	如果评价为"1"或"0"分,请补充描述性的情况作为评价的理由。	

7. 能从面部表情识别卡通人物生气的情绪(ASD)

目的	考察ASD学生通过面部表情识别卡通人物生气情绪的能力(1.1)	
要求	教师拿出代表高兴、生气、伤心、害怕4种情绪的卡通人物表情图片,向学生发出指令"请你把代表生气情绪的图片给老师",学生将代表生气情绪的图片给教师。教师在学生看不见的地方打乱图片顺序,再次提问,共进行3次。	
器材	代表高兴、生气、伤心、害怕4种情绪的卡通人物表情图片	
评价	0	学生最多1次能将代表生气情绪的图片拿给教师
	1	学生2次能将代表生气情绪的图片拿给教师
	2	学生3次均能将代表生气情绪的图片拿给教师
说明	如果评价为"1"或"0"分,请补充描述性的情况作为评价的理由。	

8. 能从面部表情识别真人情境中生气的情绪（ASD）

目的	考察 ASD 学生通过面部表情识别真人情境中生气情绪的能力（1.1）
要求	教师拿出代表高兴、生气、伤心、害怕 4 种情绪的儿童真人情境中的表情图片，向学生发出指令"请你把代表生气情绪的图片给老师"，学生将代表生气情绪的图片给教师。教师在学生看不见的地方打乱图片顺序，再次提问，共进行 3 次。
器材	代表高兴、生气、伤心、害怕 4 种情绪的儿童真人情境中的表情图片
评价	0　学生最多 1 次能将代表生气情绪的图片拿给教师
	1　学生 2 次能将代表生气情绪的图片拿给教师
	2　学生 3 次均能将代表生气情绪的图片拿给教师
说明	如果评价为"1"或"0"分，请补充描述性的情况作为评价的理由。

9. 能从面部表情、言语、动作识别伤心的情绪

目的	考察学生识别伤心情绪的能力（1.2）
要求	教师让学生观看第一段呈现伤心情绪的儿童真人视频（包括伤心的面部表情、言语和动作），学生观看完视频后，教师拿出代表高兴、生气、伤心、害怕 4 种情绪的儿童真人表情图片，发出指令"你觉得哪张图片和视频中学生的情绪一样，请把图片拿给老师"，学生将代表伤心情绪的图片给教师。教师分别播放第二段和第三段呈现伤心情绪的视频，每段视频播放完后，打乱 4 张图片的顺序，询问相同的问题（对学生非常熟悉的教师，可进行日常观察）。
器材	代表伤心情绪的 3 段儿童真人视频（包括伤心的面部表情、言语和动作），代表高兴、生气、伤心、害怕 4 种情绪的儿童真人表情图片，手机/电脑/平板电脑
评价	现场观察　0　学生最多 1 次能将代表伤心情绪的图片拿给教师
	1　学生 2 次能将代表伤心情绪的图片拿给教师
	2　学生 3 次均能将代表伤心情绪的图片拿给教师
	日常观察　0　学生在很少情况下可以识别伤心的情绪
	1　学生有时可以识别伤心的情绪
	2　学生经常可以识别伤心的情绪
说明	如果评价为"1"或"0"分，请补充描述性的情况作为评价的理由。

10. 能从面部表情识别真人伤心的情绪（ASD）

目的	考察 ASD 学生通过面部表情识别真人伤心情绪的能力（1.2）
要求	教师拿出代表高兴、生气、伤心、害怕 4 种情绪的儿童真人表情图片，向学生发出指令"请你把代表伤心情绪的图片给老师"，学生将代表伤心情绪的图片给教师。教师在学生看不见的地方打乱图片顺序，再次提问，共进行 3 次。

器材	代表高兴、生气、伤心、害怕 4 种情绪的儿童真人表情图片	
评价	0	学生最多 1 次能将代表伤心情绪的图片拿给教师
	1	学生 2 次能将代表伤心情绪的图片拿给教师
	2	学生 3 次均能将代表伤心情绪的图片拿给教师
说明	如果评价为"1"或"0"分，请补充描述性的情况作为评价的理由。	

11. 能从面部表情识别卡通人物伤心的情绪（ASD）

目的	考察 ASD 学生通过面部表情识别卡通人物伤心情绪的能力（1.2）	
要求	教师拿出代表高兴、生气、伤心、害怕 4 种情绪的卡通人物表情图片，向学生发出指令"请你把代表伤心情绪的图片给老师"，学生将代表伤心情绪的图片给教师。教师在学生看不见的地方打乱图片顺序，再次提问，共进行 3 次。	
器材	代表高兴、生气、伤心、害怕 4 种情绪的卡通人物表情图片	
评价	0	学生最多 1 次能将代表伤心情绪的图片拿给教师
	1	学生 2 次能将代表伤心情绪的图片拿给教师
	2	学生 3 次均能将代表伤心情绪的图片拿给教师
说明	如果评价为"1"或"0"分，请补充描述性的情况作为评价的理由。	

12. 能从面部表情识别真人情境中伤心的情绪（ASD）

目的	考察 ASD 学生通过面部表情识别真人情境中伤心情绪的能力（1.2）	
要求	教师拿出代表高兴、生气、伤心、害怕 4 种情绪的儿童真人情境中的表情图片，向学生发出指令"请你把代表伤心情绪的图片给老师"，学生将代表伤心情绪的图片给教师。教师在学生看不见的地方打乱图片顺序，再次提问，共进行 3 次。	
器材	代表高兴、生气、伤心、害怕 4 种情绪的儿童真人情境中的表情图片	
评价	0	学生最多 1 次能将代表伤心情绪的图片拿给教师
	1	学生 2 次能将代表伤心情绪的图片拿给教师
	2	学生 3 次均能将代表伤心情绪的图片拿给教师
说明	如果评价为"1"或"0"分，请补充描述性的情况作为评价的理由。	

13. 能从面部表情、言语、动作识别害怕的情绪

目的	考察学生识别害怕情绪的能力（1.2）
要求	教师让学生观看第一段呈现害怕情绪的儿童真人视频（包括害怕的面部表情、言语和动作），学生观看完视频后，教师拿出代表高兴、生气、伤心、害怕4种情绪的儿童真人表情图片，发出指令"你觉得哪张图片和视频中学生的情绪一样，请把图片拿给老师"，学生将代表害怕情绪的图片给教师。教师分别播放第二段和第三段呈现害怕情绪的视频，每段视频播放完后，打乱4张图片的顺序，询问相同的问题（对学生非常熟悉的教师，可进行日常观察）。
器材	代表害怕情绪的3段儿童真人视频（包括害怕的面部表情、言语和动作），代表高兴、生气、伤心、害怕4种情绪的儿童真人表情图片，平板电脑/手机/电脑
评价	现场观察	0	学生最多1次能将代表害怕情绪的图片拿给教师
		1	学生2次能将代表害怕情绪的图片拿给教师
		2	学生3次均能将代表害怕情绪的图片拿给教师
	日常观察	0	学生在很少情况下可以识别害怕的情绪
		1	学生有时可以识别害怕的情绪
		2	学生经常可以识别害怕的情绪
说明	如果评价为"1"或"0"分，请补充描述性的情况作为评价的理由。

14. 能从面部表情识别真人害怕的情绪（ASD）

目的	考察ASD学生通过面部表情识别真人害怕情绪的能力（1.2）
要求	教师拿出代表高兴、生气、伤心、害怕4种情绪的儿童真人表情图片，向学生发出指令"请你把代表害怕情绪的图片给老师"，学生将代表害怕情绪的图片给教师。教师在学生看不见的地方打乱图片顺序，再次提问，共进行3次。
器材	代表高兴、生气、伤心、害怕4种情绪的儿童真人表情图片
评价	0	学生最多1次能将代表害怕情绪的图片拿给教师
	1	学生2次能将代表害怕情绪的图片拿给教师
	2	学生3次均能将代表害怕情绪的图片拿给教师
说明	如果评价为"1"或"0"分，请补充描述性的情况作为评价的理由。

15. 能从面部表情识别卡通人物害怕的情绪（ASD）

目的	考察ASD学生通过面部表情识别卡通人物害怕情绪的能力（1.2）
要求	教师拿出代表高兴、生气、伤心、害怕4种情绪的卡通人物表情图片，向学生发出指令"请你把代表害怕情绪的图片给老师"，学生将代表害怕情绪的图片给教师。教师在学生看不见的地方打乱图片顺序，再次提问，共进行3次。
器材	代表高兴、生气、伤心、害怕4种情绪的卡通人物表情图片

评价	0	学生最多1次能将代表害怕情绪的图片拿给教师
	1	学生2次能将代表害怕情绪的图片拿给教师
	2	学生3次均能将代表害怕情绪的图片拿给教师
说明		如果评价为"1"或"0"分,请补充描述性的情况作为评价的理由。

16. 能从面部表情识别真人情境中害怕的情绪(ASD)

目的	考察ASD学生通过面部表情识别真人情境中害怕情绪的能力(1.2)
要求	教师拿出代表高兴、生气、伤心、害怕4种情绪的儿童真人情境中的表情图片,向学生发出指令"请你把代表害怕情绪的图片给老师",学生将代表害怕情绪的图片给教师。教师在学生看不见的地方打乱图片顺序,再次提问,共进行3次。
器材	代表高兴、生气、伤心、害怕4种情绪的儿童真人情境中的表情图片

评价	0	学生最多1次能将代表害怕情绪的图片拿给教师
	1	学生2次能将代表害怕情绪的图片拿给教师
	2	学生3次均能将代表害怕情绪的图片拿给教师
说明		如果评价为"1"或"0"分,请补充描述性的情况作为评价的理由。

(二)情绪表达

17. 能以面部表情、言语、动作适当表达自己高兴的情绪

目的	考察学生适当表达高兴情绪的能力(2.1)
要求	日常观察行为频率。例如:教师在自然情境中给学生一个强化物,看学生的情绪表达。
器材	强化物(可以是实物,也可以是一首学生喜欢的歌曲,或自由活动、参与活动的机会等社会性强化活动)

评价	0	学生很少或从未表达开心的情绪
	1	学生有时能表达开心的情绪
	2	学生经常能表达开心的情绪
说明		请补充描述性情况作为评价的理由,例如通过哪种方式表达。

18. 能以面部表情、言语、动作适当表达自己生气的情绪

目的	考察学生适当表达生气情绪的能力(2.1)
要求	日常观察行为频率。例如:当出现令学生生气的情境时(同学之间发生摩擦时、刻板行为受到限制时等),看学生的情绪表达。

续表

器材	无	
评价	0	学生很少或从未表达生气的情绪
	1	学生有时能表达生气的情绪
	2	学生经常能表达生气的情绪
说明	请补充描述性情况作为评价的理由，例如通过哪种方式表达。	

19. 能以面部表情、言语、动作适当表达自己伤心的情绪

目的	考察学生适当表达伤心情绪的能力（2.1）	
要求	日常观察行为频率。例如：当出现令学生感到伤心的情境时（养了很久的小动物丢失、被家长批评等），看学生的情绪表达。	
器材	学生伤心场景的照片	
评价	0	学生很少或从未表达伤心的情绪
	1	学生有时能表达伤心的情绪
	2	学生经常能表达伤心的情绪
说明	请补充描述性情况作为评价的理由，例如通过哪种方式表达。	

20. 能以面部表情、言语、动作适当表达自己害怕的情绪

目的	考察学生适当表达害怕情绪的能力（2.1）	
要求	日常观察行为频率。例如：当学生身处于令他感到害怕的情境或出现令他害怕的事物时（高的楼层、黑天、暴雨、打雷、巨响、害怕的动物等），看学生的情绪表达。	
器材	学生害怕场景的照片	
评价	0	学生很少或从未表达害怕的情绪
	1	学生有时能表达害怕的情绪
	2	学生经常能表达害怕的情绪
说明	请补充描述性情况作为评价的理由，例如通过哪种方式表达。	

21. 能以面部表情适当表达自己高兴的情绪（ASD）

目的	考察 ASD 学生通过面部表情适当表达高兴情绪的能力（2.1）
要求	日常观察行为频率。例如：学生吃到想吃的食物、参与喜欢的活动、得到想要的物品时的高兴情绪（浅浅的笑、嘴角上扬等面部表情）。

续表

器材	无	
评价	0	学生很少或从未表露出高兴的面部表情
	1	学生有时能表露出高兴的面部表情
	2	学生经常能表露出高兴的面部表情
说明	请补充描述性情况作为评价的理由，例如通过哪种方式表达。	

22. 能以面部表情适当表达自己生气的情绪（ASD）

目的	考察 ASD 学生通过面部表情适当表达生气情绪的能力（2.1）	
要求	日常观察行为频率。例如：学生没有得到足够的休息放松时间、没有吃到喜欢的食物、没能参与喜欢的活动时的生气情绪（噘嘴、瞪眼等面部表情）。	
器材	无	
评价	0	学生很少或从未表露出生气的面部表情
	1	学生有时能表露出生气的面部表情
	2	学生经常能表露出生气的面部表情
说明	请补充描述性情况作为评价的理由，例如通过哪种方式表达。	

23. 能以面部表情适当表达自己伤心的情绪（ASD）

目的	考察 ASD 学生通过面部表情适当表达伤心情绪的能力（2.1）	
要求	日常观察行为频率。例如：当学生处在离开父母、没有得到奖励等情境时伤心的情绪（皱眉、哭脸等面部表情）。	
器材	无	
评价	0	学生很少或从未表露出伤心的面部表情
	1	学生有时能表露出伤心的面部表情
	2	学生经常能表露出伤心的面部表情
说明	请补充描述性情况作为评价的理由，例如通过哪种方式表达。	

24. 能以面部表情适当表达自己害怕的情绪（ASD）

目的	考察 ASD 学生通过面部表情适当表达害怕情绪的能力（2.1）
要求	日常观察行为频率。例如：当遇到突然出现巨大的声响、同学发生激烈冲突、球朝他飞过来等情况时，学生出现瞪大眼睛、半张着嘴发出嘶哑的惊叫、两眼发直等害怕情绪的面部表情。

续表

器材	无	
评价	0	学生很少或从未表露出害怕的面部表情
	1	学生有时能表露出害怕的面部表情
	2	学生经常能表露出害怕的面部表情
说明	请补充描述性情况作为评价的理由,例如通过哪种方式表达。	

25. 能在不同情境下适当表达自己开心的情绪

目的	考察学生在不同情境下表达开心情绪的能力(2.2)	
要求	日常观察行为频率。例如:吃到喜欢的食物,学生会说"真好吃啊,我喜欢!"或露出笑容,或适当手舞足蹈等。	
器材	无	
评价	0	学生很少或从未表达开心的情绪
	1	学生有时能表达开心的情绪
	2	学生经常能表达开心的情绪
说明	请补充描述性情况作为评价的理由,例如通过哪种方式表达。	

26. 能在不同情境下适当表达自己生气的情绪

目的	考察学生在不同情境下表达生气情绪的能力(2.2)	
要求	日常观察行为频率。例如:当学生请求玩玩具时,教师说"现在不是游戏时间,不可以",学生或撇撇嘴巴,或不停地喘气,或鼻子出气发出"哼"的声音等。	
器材	无	
评价	0	学生很少或从未表达生气的情绪
	1	学生有时能表达生气的情绪
	2	学生经常能表达生气的情绪
说明	请补充描述性情况作为评价的理由,例如通过哪种方式表达。	

27. 能在不同情境下适当表达自己伤心的情绪

目的	考察学生在不同情境下表达伤心情绪的能力(2.2)

续表

要求	日常观察行为频率。例如：当喜爱的玩具摔坏了，学生会说"我的玩具摔坏了，我好伤心啊！"或轻声哭泣，或默默盯着玩具等。	
器材	无	
评价	0	学生很少或从未表露伤心的情绪
	1	学生有时能表露伤心的情绪
	2	学生经常能表露伤心的情绪
说明	请补充描述性情况作为评价的理由，例如通过哪种方式表达。	

28. 能在不同情境下适当表达自己害怕的情绪

目的	考察学生在不同情境下表达害怕情绪的能力（2.2）	
要求	在自然情境中观察。例如：当学生处于安静的教室中，突然出现巨大的响声，学生瞪大眼睛、身体躲避，或发出尖叫，或说"我怕"等。	
器材	无	
评价	0	学生很少或从未表露害怕的情绪
	1	学生有时能表露害怕的情绪
	2	学生经常能表露害怕的情绪
说明	请补充描述性情况作为评价的理由，例如通过哪种方式表达。	

（三）情绪理解

29. 能理解3种不同的真实情境下，学生自己的高兴情绪图片

目的	考察真实情境下学生理解自己高兴情绪的能力（3.1）	
要求	教师搜集在3种不同的真实情境下，3张学生自己的高兴情绪照片（如与同学玩游戏时高兴的笑、玩玩具时高兴的笑、收到礼物时高兴的笑等）。教师询问学生："为什么图片中的你很开心？"学生回答出合理原因即可。	
器材	3张不同真实情境下学生自己的高兴情绪照片	
评价	0	3张图片中，学生能理解1张图片或全不理解
	1	3张图片中，学生能理解2张图片
	2	3张图片学生均能理解
说明	教师也可以在真实情境下观察学生能否理解自己的高兴情绪。	

30. 能理解3种不同的真实情境下，学生自己的生气情绪图片

目的	考察真实情境下学生理解自己生气情绪的能力（3.1）
要求	教师搜集在3种不同的真实情境下，3张学生自己的生气情绪照片（如被同学抢走了玩具、睡觉时被叫醒、同学打了自己等）。教师询问学生："为什么图片中的你很生气？"学生回答出合理原因即可。
器材	3张不同真实情境下学生自己的生气情绪照片
评价	0　3张图片中，学生能理解1张图片或全不理解 1　3张图片中，学生能理解2张图片 2　3张图片学生均能理解
说明	教师也可以在真实情境下观察学生能否理解自己的生气情绪。

31. 能理解3种不同的真实情境下，学生自己的伤心情绪图片

目的	考察真实情境下学生理解自己伤心情绪的能力（3.1）
要求	教师搜集在3种不同的真实情境下，3张学生自己的伤心情绪照片（如吃水果时水果掉地上了、摔倒了等）。教师询问学生："为什么图片中的你很伤心？"学生回答出合理原因即可。
器材	3张不同真实情境下学生的伤心情绪照片
评价	0　3张图片中，学生能理解1张图片或全不理解 1　3张图片中，学生能理解2张图片 2　3张图片学生均能理解
说明	教师也可以在真实情境下观察学生能否理解自己的伤心情绪。

32. 能理解3种不同的真实情境下，学生自己的害怕情绪图片

目的	考察真实情境下学生理解自己害怕情绪的能力（3.1）
要求	教师搜集在3种不同的真实情境下，3张学生自己的害怕情绪照片（如看到了蜘蛛、一个人在黑暗中、同学举起拳头要打他等）。教师询问学生："为什么图片中的你很害怕？"学生回答出合理原因即可。
器材	3张不同真实情境下学生的害怕情绪照片
评价	0　3张图片中，学生能理解1张图片或全不理解 1　3张图片中，学生能理解2张图片 2　3张图片学生均能理解
说明	教师也可以在真实情境下观察学生能否理解自己的害怕情绪。

33. 能理解4种不同人群（小女孩、小男孩、成年女性、成年男性）真实情境下的高兴情绪图片

目的	考察真实情境下学生理解他人高兴情绪的能力（3.2）
要求	教师搜集4种不同人群在真实情境下的高兴情绪图片（如小女孩在玩滑滑梯、小男孩在吃蛋糕、成年女性穿上了新衣服、成年男性受到了领导的表扬等）。教师询问学生："为什么图片中的他/她很开心？"学生回答出合理原因即可。
器材	4张不同人群真实情境下开心的图片
评价	0　4张图片中，学生能理解1张图片或全不理解 1　4张图片中，学生能理解2~3张图片 2　4张图片学生均能理解
说明	教师也可以在真实情境下观察学生能否理解他人的情绪。

34. 能理解4种不同人群（小女孩、小男孩、成年女性、成年男性）真实情境下的生气情绪图片

目的	考察真实情境下学生理解他人生气情绪的能力（3.2）
要求	教师搜集4种不同人群在真实情境下的生气情绪图片（如小女孩的玩具被别人抢走了、小男孩走路时被其他小男孩挡住了、成年女性家的窗户被足球踢坏了、成年男性被篮球砸到了背部等）。教师询问学生："为什么图片中的他/她很生气？"学生回答出合理原因即可。
器材	4张不同人群真实情境下生气的图片
评价	0　4张图片中，学生能理解1张图片或全不理解 1　4张图片中，学生能理解2~3张图片 2　4张图片学生均能理解
说明	教师也可以在真实情境下观察学生能否理解他人的生气情绪。

35. 能理解4种不同人群（小女孩、小男孩、成年女性、成年男性）真实情境下的伤心情绪图片

目的	考察真实情境下学生理解他人伤心情绪的能力（3.2）
要求	教师搜集4种不同人群在真实情境下的伤心情绪图片（如小女孩摔倒了、小男孩的冰激凌掉到了地上、成年女性受到了其他人的指责、成年男性的亲人去世了等）。教师询问学生："为什么图片中的他/她很伤心？"学生回答出合理原因即可。
器材	4张不同人群真实情境下伤心的图片

续表

评价	0	4张图片中，学生能理解1张图片或全不理解
	1	4张图片中，学生能理解2~3张图片
	2	4张图片学生均能理解
说明	教师也可以在真实情境下观察学生能否理解他人的伤心情绪。		

36. 能理解4种不同人群（小女孩、小男孩、成年女性、成年男性）真实情境下的害怕情绪图片

目的	考察真实情境下学生理解他人害怕情绪的能力（3.2）		
要求	教师搜集4种不同人群在真实情境下的害怕情绪图片（如小女孩看见了蛇、小男孩爸爸抬手要打他、成年女性被坏人尾随、成年男性开车闯了红灯等）。教师询问学生："为什么图片中的他/她很害怕？"学生回答出合理原因即可。		
器材	4张不同人群真实情境下害怕的图片		
评价	0	4张图片中，学生能理解1张图片或全不理解
	1	4张图片中，学生能理解2~3张图片
	2	4张图片学生均能理解
说明	教师也可以在真实情境下观察学生能否理解他人的害怕情绪。		

（四）情绪调节

37. 能用适当的行为方式调控自己高兴的情绪

目的	考察学生用适当的行为方式调控自己高兴情绪的能力（4.1）		
要求	在集体环境中，遇到让自己很高兴的情境时（如课堂上看到自己特别喜欢的动画片），学生能用安全、不干扰他人的方式（如深呼吸、轻捂嘴巴等）调控自己高兴的情绪。		
器材	无		
评价	0	学生很少或从未用适当的行为方式调控自己高兴的情绪
	1	学生有时可以用适当的行为方式调控自己高兴的情绪
	2	学生经常可以用适当的行为方式调控自己高兴的情绪
说明	如果评价为"1"或"0"分，请补充描述性的情况作为评价的理由。		

38. 能用适当的行为方式调控自己生气的情绪

目的	考察学生用适当的行为方式调控自己生气情绪的能力（4.1）
要求	在集体环境中，遇到让自己很生气的情境时（如课间活动时别的同学抢走了自己最喜欢的玩具），学生能用安全、不干扰他人的方式（如深呼吸、玩别的喜欢的玩具等）调控自己生气的情绪。
器材	无
评价	0　学生很少或从未用适当的行为方式调控自己生气的情绪 1　学生有时可以用适当的行为方式调控自己生气的情绪 2　学生经常可以用适当的行为方式调控自己生气的情绪
说明	如果评价为"1"或"0"分，请补充描述性的情况作为评价的理由。

39. 能用适当的行为方式调控自己伤心的情绪

目的	考察学生用适当的行为方式调控自己伤心情绪的能力（4.1）
要求	在集体环境中，遇到让自己很伤心的情境时（如课间活动时发现自己最喜欢的玩具坏了），学生能用安全、不干扰他人的方式（如自己哭一小会儿、玩别的喜欢的玩具等）调控自己伤心的情绪。
器材	无
评价	0　学生很少或从未用适当的行为方式调控自己伤心的情绪 1　学生有时可以用适当的行为方式调控自己伤心的情绪 2　学生经常可以用适当的行为方式调控自己伤心的情绪
说明	如果评价为"1"或"0"分，请补充描述性的情况作为评价的理由。

40. 能用适当的行为方式调控自己害怕的情绪

目的	考察学生用适当的行为方式调控自己害怕情绪的能力（4.1）
要求	在集体环境中，遇到让自己很害怕的情境时（如上课时听到了自己特别害怕的声音），学生能用安全、不干扰他人的方式（如深呼吸、轻捂耳朵等）调控自己害怕的情绪。
器材	无
评价	0　学生很少或从未用适当的行为方式调控自己害怕的情绪 1　学生有时可以用适当的行为方式调控自己害怕的情绪 2　学生经常可以用适当的行为方式调控自己害怕的情绪
说明	如果评价为"1"或"0"分，请补充描述性的情况作为评价的理由。

41. 能用适当的行为方式向他人分享自己高兴的情绪

目的	考察学生用适当的行为方式向他人分享自己高兴情绪的能力（4.2）
要求	在集体环境中，出现高兴情绪时（如课间帮助教师整理教具，被教师表扬），学生能用适当的行为方式（如告诉同学"老师夸我"等）向他人分享自己高兴的情绪。
器材	无
评价	0　学生很少或从未用适当的行为方式向他人分享自己高兴的情绪 1　学生有时可以用适当的行为方式向他人分享自己高兴的情绪 2　学生经常可以用适当的行为方式向他人分享自己高兴的情绪
说明	如果评价为"1"或"0"分，请补充描述性的情况作为评价的理由。

42. 能用适当的行为方式寻求帮助以调节自己生气的情绪

目的	考察学生用适当的行为方式寻求帮助以调节自己生气情绪的能力（4.2）
要求	在集体环境中，出现生气的情绪时（如课间活动时别的同学拿走了自己最喜欢的图画书），学生能用适当的行为方式（如手指被拿走的书，哭着向教师说"书……我的"）寻求帮助以调节自己生气的情绪。
器材	无
评价	0　学生很少或从未用适当的行为方式寻求帮助以调节自己生气的情绪 1　学生有时可以用适当的行为方式寻求帮助以调节自己生气的情绪 2　学生经常可以用适当的行为方式寻求帮助以调节自己生气的情绪
说明	如果评价为"1"或"0"分，请补充描述性的情况作为评价的理由。

43. 能用适当的行为方式寻求帮助以调节自己伤心的情绪

目的	考察学生用适当的行为方式寻求帮助以调节自己伤心情绪的能力（4.2）
要求	在集体环境中，出现伤心的情绪时（如课间发现自己最喜欢的玩具坏了），学生能用适当的行为方式（如拉着教师走向玩具，手指玩具哭着说"坏了"）寻求帮助以调节自己伤心的情绪。
器材	无
评价	0　学生很少或从未用适当的行为方式寻求帮助以调节自己伤心的情绪 1　学生有时可以用适当的行为方式寻求帮助以调节自己伤心的情绪 2　学生经常可以用适当的行为方式寻求帮助以调节自己伤心的情绪
说明	如果评价为"1"或"0"分，请补充描述性的情况作为评价的理由。

44. 能用适当的行为方式寻求帮助以调节自己害怕的情绪

目的	考察学生用适当的行为方式寻求帮助以调节自己害怕情绪的能力（4.2）
要求	在集体环境中，出现害怕的情绪时（如课堂上看到害怕的动物照片），学生能用适当的行为方式（如手指向教师，说"怕"；拉一拉教师的衣服；请求拿走等）寻求帮助以调节自己害怕的情绪。
器材	无
评价	0　学生很少或从未用适当的行为方式寻求帮助以调节自己害怕的情绪 1　学生有时可以用适当的行为方式寻求帮助以调节自己害怕的情绪 2　学生经常可以用适当的行为方式寻求帮助以调节自己害怕的情绪
说明	如果评价为"1"或"0"分，请补充描述性的情况作为评价的理由。

（五）行为管理

45. 能用适当的面部表情或肢体动作获取他人注意

目的	考察学生用适当的面部表情或肢体动作获取他人注意的能力（5.1）
要求	在自然情境中观察。例如：眼神接触，举手示意，轻摇对方身体，手指向或拉着他人的手至想要共同分享的事物。
器材	无
评价	0　学生很少或从未用适当的面部表情或肢体动作获取他人注意 1　学生有时能用适当的面部表情或肢体动作获取他人注意 2　学生经常能用适当的面部表情或肢体动作获取他人注意
说明	当学生获取他人注意的行为过多时，记为1分。如果评价为"1"或"0"分，请补充描述性情况作为评价的理由。

46. 能用适当的言语/沟通辅具获取他人注意

目的	考察学生使用适当言语/沟通辅具获取他人注意的能力（5.1）
要求	在自然情境中观察。例如：在玩玩具或填写任务单遇到困难时，教师正在指导他人，学生会对教师说"老师，请您帮我……""老师，您看……""老师，您听……""老师，您陪我……"等言语来获取教师的注意。无口语学生可以用沟通辅具来获取教师的注意。
器材	无
评价	0　学生很少或从未用言语/沟通辅具获取他人注意 1　学生有时能用言语/沟通辅具获取他人注意 2　学生经常能用言语/沟通辅具获取他人注意

续表

说明	当学生获取他人注意的行为过多时，记为 1 分；使用不适当的行为（自伤、推桌子等）获取他人注意时，记为 0 分。如果评价为"0"或"1"分，请补充描述性情况作为评价的理由。

47. 能用适当的面部表情或肢体动作选择喜欢的物品或活动

目的	考察学生用适当的面部表情或肢体动作选择喜欢的物品或活动的能力（5.2）
要求	在自然情境中观察。例如：在兑换奖励物时学生会通过微笑、点头、摇头、摆手、手指向或拉着他人的手等面部表情或肢体动作选择喜欢的物品。
器材	无
评价	0　学生很少或从未用面部表情或肢体动作选择喜欢的物品或活动 1　学生有时能用面部表情或肢体动作选择喜欢的物品或活动 2　学生经常能用面部表情或肢体动作选择喜欢的物品或活动
说明	

48. 能用适当的言语/沟通辅具选择喜欢的物品或活动

目的	考察学生用适当的言语/沟通辅具选择喜欢的物品或活动的能力（5.2）
要求	在自然情境中观察。例如：在兑换奖励物时学生会用口语表达"我要……"，或使用沟通板、图片等沟通辅具选择喜欢的物品。
器材	无
评价	0　学生很少或从未使用适当的言语/沟通辅具选择喜欢的物品或活动 1　学生有时能用适当的言语/沟通辅具选择喜欢的物品或活动 2　学生经常能用适当的言语/沟通辅具选择喜欢的物品或活动
说明	

49. 能用适当的肢体动作来逃避自己不喜欢的物品或活动

目的	考察学生用适当的肢体动作逃避不喜欢的物品或活动的能力（5.3）
要求	当学生遇到自己不喜欢的物品（如不喜欢吃的水果、不喜欢的画笔等）或不喜欢的活动（如跳绳、写字等）时，能够用适当的肢体动作（摆手、摇头、推搡等）来逃避自己不喜欢的物品或活动。
器材	无

续表

评价	0	学生很少或从未用适当的肢体动作来逃避不喜欢的物品或活动
	1	学生有时能用适当的肢体动作来逃避不喜欢的物品或活动
	2	学生经常能用适当的肢体动作来逃避不喜欢的物品或活动
说明		

50. 能用适当的言语来逃避自己不喜欢的物品或活动

目的	考察学生用适当的言语逃避不喜欢的物品或活动的能力（5.3）
要求	当学生遇到自己不喜欢的物品（如不喜欢吃的水果、不喜欢的画笔等）或不喜欢的活动（如跳绳、写字等）时，能够用适当的言语（如"我不要……""我不想……"等）来逃避自己不喜欢的物品或活动。
器材	无

评价	0	学生很少或从未用适当的言语来逃避不喜欢的物品或活动
	1	学生有时能用适当的言语来逃避不喜欢的物品或活动
	2	学生经常能用适当的言语来逃避不喜欢的物品或活动
说明		

51. 能用适当的面部表情或眼神逃避不喜欢的物品或活动

目的	考察学生用适当的面部表情或眼神逃避不喜欢的物品或活动的能力（5.3）
要求	当学生遇到自己不喜欢的物品（如不喜欢吃的水果、不喜欢的画笔等）或不喜欢的活动（如跳绳、写字等）时，能够用适当的面部表情或眼神（如皱眉、撇嘴等）来逃避自己不喜欢的物品或活动。
器材	无

评价	0	学生很少或从未用适当的表情或眼神来逃避不喜欢的物品或活动
	1	学生有时能用适当的表情或眼神来逃避不喜欢的物品或活动
	2	学生经常能用适当的表情或眼神来逃避不喜欢的物品或活动
说明		

52. 能在适当的情境下用适当行为获取感官刺激

目的	考察学生在适当的情境下用适当行为获取感官刺激的能力（5.4）
要求	学生能够在适当的情境下（如私密空间、不妨碍教学活动的情况下），以适当的行为（不破坏教学教具、不伤害自己或他人的身体）获取感官刺激。
器材	无
评价	0 学生很少或从未在适当的情境下用适当行为来获取感官刺激 1 学生有时能在适当的情境下用适当行为来获取感官刺激 2 学生经常能在适当的情境下用适当行为来获取感官刺激（学生并未出现明显的获取感官刺激的行为）
说明	

三、教育评估标准解析使用说明

评估对象：情绪与行为教育评估的对象是情绪与行为初筛某一条目评价为"不通过"的学生。

评估方式：原则上对每一条目均可采用日常观察和现场观察两种方式进行评价，但实际实施评估时需要依据具体的条目和教师对学生的了解情况决定采用何种方式。在每一条目评估解析的"要求"中，笔者根据教育教学经验等提供了例子，方便评估者进一步理解和实施评估，但例子并不能穷尽所有，所以评估者在实际进行评估时也需在理解评估解析的基础上灵活变通。

评估器材：评估每一条目时，如需要相应的器材，教师可结合实际情况灵活变通。例如，评估第17条所需器材为"强化物"，评估者则可依据实际情况准备学生的强化物。

评价标准：评价涉及"很少""有时""经常"等不同程度的描述时，"很少"代表发生频率在19%及以下，"有时"代表发生频率在20%～49%之间，"经常"代表发生频率在50%及以上。

评价记录：评估结果可记录在《情绪与行为教育评估表》评价一栏。对于某一条目的表现，评估者可将其记录在备注一栏，便于为学生拟订IEP目标及后续训练提供参考。

第三节　情绪与行为的教学活动设计

一、情绪与行为的教学训练理念

（一）基于课标，落实课标

情绪与行为教学训练内容基于评估者采用《情绪与行为教育评估表》及其配套的《情绪与行为教育评估标准解析》对学生进行的评估结果。《情绪与行为教育评估标准解析》对《情绪与行为教育评估表》每一个条目进行一一对应解析，《情绪与行为教育评估表》是基于课标中的每一个条目细化研制而成，确保了情绪与行为教学训练活动的设计同样是基于课标。也正因为这样，才进一步确保了情绪与行为教学训练活动落实了课标。

（二）基于评估，精准康复

通过初筛、分流可以确定哪些学生需要接受情绪与行为训练，进一步使用《情绪与行为教育评估表》及其配套的《情绪与行为教育评估标准解析》可实现精确评估，明确学生具体需要怎样的情绪与行为训练，进而拟订并实施 IEP 目标，实现对学生的精准康复。精准康复体现在两个方面：一方面是精准康复人群，即哪些学生需要情绪与行为训练；另一方面是精准康复内容，即学生需要怎样的情绪与行为训练。

（三）积极支持，提升能力

改变学生的不良行为关键在于发展他们的良好行为，提高他们的整体行为能力。情绪与行为训练强调通过促进学生良好行为的养成来达到改善学生行为问题的目的，提高他们整体的生活适应能力，重视环境对于诱发以及维持学生问题行为的作用，采取改变环境中的不良因素以及开展良好情绪与行为训练相结合的方式，减少学生不良行为的出现，主要通过调整学校环境、教学内容与教学方法等，减少诱发及维持学生问题行为的环境因素，增加学生有效参与课堂学习、同伴交往、学校生活的机会，同时通过开展良好情绪与行为训练等方式提高学生适应生活的整体行为能力水平，从而有效预防不良行为的发生。着眼于提高学生解决问题以及适应生活的行为能力，通过训练学生以合理、恰当的行为表达内在的想法、满足特殊的需求，达到改变问题行为的目的。

（四）动机操作，功能导向

教育训练活动强调每个特殊需要学生都具有向好的愿望，并重视学生自我发展的动力，强调采取示范、鼓励、表扬等积极的干预措施，引导学生表现并保持良好行为，对自己的行为更负责任。教育训练活动设计以功能为导向，强调某项技能的练习能够泛化在不同的自然生活情境中。通过科学、合理、有效的康复训练，实现缺陷补偿和潜能开发，提升学生生活质量。

二、情绪与行为的教学训练活动

（一）情绪与行为的教学训练活动设计

情绪与行为的教学训练活动设计秉持"活动来源于实践"的原则，由培智学校一线教师在专家的指导下撰写。活动设计基于四个方面的考虑。其一，在活动设计过程中，一线教师不断学习情绪与行为训练的相关理论知识，结合教育教学经历撰写教育活动，旨在进一步提升活动的科学性。其二，为确保活动的可参考性，在撰写教育活动示例时，综合考虑了情绪与行为训练的重点内容，即积极情绪和消极情绪训练。其三，每一个活动设计都强调使用教育策略（如回合式教学、社会故事法等），力求教学与训练的有效性。其四，设计活动时，考虑到不同层次学生的训练需要，尽可能体现活动的层次性。

（二）情绪与行为的教学训练活动示例

情绪与行为的教学训练活动示例涵盖情绪识别、情绪表达、情绪理解、情绪调节和行为管理五个模块，共23个活动示例，每个活动包括活动名称、活动对象、教学目标、器材、教学要点、教学形式及活动评价。

活动一

活动名称	识别真人高兴的表情图片
教学对象	对于情绪与行为教育评估第2条，评价结果为"1"或"0"的学生
教学目标	学生连续3次将真人高兴的表情图片给教师（1.1）
器材	代表高兴、生气、害怕、伤心情绪的儿童和成人的真人表情图片，面具（缺少眉毛、眼睛、嘴巴），喜、怒、哀、惧4种表情的嘴巴、眉毛、眼睛的模型
教学要点	一、认识真人高兴时的面部表情特征 1. 听老师说 （1）吸引学生注意，呈现儿童真人高兴的表情图片。 （2）指着图片，描述高兴时的面部特征：眉毛弯弯的、眼睛微眯、嘴角上扬。

续表

2. 我会贴
(1) 引导学生思考高兴时的面部表情。
(2) 出示面具，介绍"我会贴"活动（找高兴时眉毛、嘴巴、眼睛的样子，贴在面具的相应位置）。
(3) 引导学生分别挑选高兴时眉毛、嘴巴、眼睛的相应模型，并贴在面具的相应位置。
可逐步开展活动，例如，第一次活动中面具只缺少嘴巴，第二次活动中面具缺少嘴巴、眉毛，第三次活动中面具缺少嘴巴、眉毛和眼睛。
当学生连续在3次活动中都能正确选择高兴表情的嘴巴、眉毛和眼睛的模型并贴在面具的相应位置时，可进行下一步教学。

二、接受性命名儿童真人高兴的表情图片
1. 吸引学生注意，出示3张儿童真人不同情绪的图片（包括高兴表情），发出指令："指一指，哪个人是高兴的？"
2. 等待学生反应，给学生3秒（或5秒）时间做出反应。
(1) 学生反应正确。学生指出代表"高兴"的图片，教师就可提供强化，包括描述性反馈（如"指对啦"）和社会性表扬（如"你真棒"）。休息停顿2秒，进行下一个回合。
(2) 学生反应错误/无反应。教师说"不对哦"或不给予反馈，进行错误纠正；教师吸引学生注意，出示3张不同情绪的儿童真人表情图片（包括高兴表情），发出指令："指一指，哪个人是高兴的？"教师需要依据对学生的了解，选择一种辅助（**手势提示**，用手指向代表"高兴"的图片，这个人是高兴的；**语言提示**，"请跟老师指一指，这个人是高兴的"；**肢体辅助**，教师拿着学生的手指向代表高兴的图片，说"这个人是高兴的"），让学生跟随教师指向代表"高兴"的图片；教师再次发出指令："指一指，哪个人是高兴的？"学生指向代表"高兴"的图片。教师发出指令"摸摸你的鼻子"，学生摸自己的鼻子；然后教师再次发出指令："指一指，哪个人是高兴的？"学生指向代表"高兴"的图片，教师提供强化，包括描述性反馈（如"指对啦"）和社会性表扬（如"你真棒"）。休息停顿2秒，进行下一个回合。
当学生连续在3个回合中反应正确，即3次都指出代表"高兴"的图片时，则可进行下一步教学。

三、表达性命名儿童真人高兴的表情图片（有口语的学生）
1. 吸引学生注意，出示儿童真人高兴的表情图片。
2. 发出指令："这是什么表情？"
3. 等待学生反应，给学生3秒（或5秒）时间做出反应。
(1) 学生反应正确。学生回答"高兴"（或"快乐""开心""愉快"等），教师提供强化，包括描述性反馈（如"答对啦"）和社会性表扬（如"你真棒"）。休息停顿2秒，进行下一个回合。
(2) 学生反应错误/无反应。教师说"不对哦"或不给予反馈，进行错误纠正。教师吸引学生注意，出示儿童真人高兴的表情图片，发出指令："这是什么表情？"教师直接辅助学生，提供语言提示"高兴"，学生跟随教师说"高兴"；教师再次发出指令："这是什么表情？"学生说"高兴"；教师发出指令"摸摸你的耳朵"，然后学生摸自己的耳朵；教师再次发出指令："这是什么表情？"学生说"高兴"，教师提供强化，包括描述性反馈（如"答对啦"）和社会性表扬（如"你真棒"）。休息停顿2秒，进行下一个回合。

续表

		当学生连续在3个回合中反应正确,即3次都正确说出"高兴"(或"快乐""开心""愉快"等)时,则可进行下一步教学。 **四、识别成人真人高兴的表情图片** 1. 吸引学生注意,出示成人真人高兴的表情图片。 2. 发出指令:"指一指,这个人的表情是什么?"或"这是什么表情?" 3. 配对活动。出示3张成人真人不同情绪的表情图片(包括高兴表情),教师手持儿童高兴的表情图片,发出指令"请将表情一样的图片给我"。 **五、识别真人高兴的表情图片** 教师出示代表高兴、生气、害怕、伤心情绪的儿童和成人真人表情图片若干张(至少分别包含2张代表高兴的儿童和成人真人表情图片),小组以开火车的形式,从所有图片中找出代表"高兴"的表情图片,并将图片给教师。 当学生连续在3次活动中将代表"高兴"的表情图片给教师时,可结束教学。
教学形式		个别训练、小组训练、家庭互动
活动评价	学生表现	1. 知识与技能: 2. 过程与方法: 3. 情感与态度:
	教师反思	
	家庭作业	1. "我说你做"活动,模仿高兴的表情。 2. 认一认家人的表情(其中一人表露出高兴的表情)。

活动二

活动名称	识别卡通人物高兴的表情图片
教学对象	对于情绪与行为教育评估第3条,评价结果为"1"或"0"的学生
教学目标	学生连续3次将卡通人物高兴的表情图片贴在"楼梯"上(1.1)
器材	代表高兴、生气、害怕、伤心情绪的卡通表情图片,卡纸,彩泥,学生喜欢的卡通动画人物高兴、生气、害怕、伤心的表情图片
教学要点	**一、认识卡通人物高兴时的面部表情特征** 1. 听老师说 (1)吸引学生注意,出示卡通人物高兴的表情图片。 (2)指着图片,描述高兴表情的面部特征:眉毛弯弯的、眼睛微眯、嘴角上扬。

	2. 我会捏 （1）出示卡通人物高兴的表情图片，引导学生观察。 （2）介绍"我会捏"活动（在卡纸上用彩泥捏出高兴的表情）。 （3）分发材料，组织学生捏高兴的表情。 可逐步开展活动，如第一次活动中学生只需要捏嘴巴，第二次活动中学生需要捏眉毛和嘴巴，第三次活动中学生需要捏眉毛、嘴巴和眼睛。 当学生在活动中可独立正确捏出高兴的表情时，可进行下一步教学。 **二、接受性命名卡通人物高兴的表情图片** 1. 吸引学生注意，出示3张卡通人物不同情绪的图片（包括高兴表情），发出指令："指一指，哪张图片代表高兴？" 2. 等待学生反应。给学生3秒（或5秒）时间做出反应。 （1）学生反应正确。学生指出代表"高兴"的图片，教师提供强化，包括描述性反馈（如"指对啦"）和社会性表扬（如"你真棒"）。休息停顿2秒，进行下一个回合。 （2）学生反应错误/无反应。教师说"不对哦"或不给予反馈，进行错误纠正。教师吸引学生注意，出示3张卡通人物不同情绪的表情图片（包括高兴表情），发出指令："指一指，哪张图片代表高兴？"教师依据对学生的了解，选择一种辅助（**手势提示**，用手指向代表"高兴"的图片，这张图片代表高兴；**语言提示**，"请跟老师指一指，这张图片代表高兴"；**肢体辅助**，教师拿着学生的手指向代表"高兴"的图片，说"这张图片代表高兴"），学生跟随教师指向代表"高兴"的图片；教师再次发出指令："指一指，哪张图片代表高兴？"学生指向代表"高兴"的图片；教师发出指令"摸摸你的鼻子"，学生摸自己的鼻子；然后教师再次发出指令："指一指，哪张图片代表高兴？"学生指向代表"高兴"的图片，教师提供强化，包括描述性反馈（如"指对啦"）和社会性表扬（如"你真棒"）。休息停顿2秒，进行下一个回合。 当学生连续在3个回合中反应正确，即3次都指出代表"高兴"的图片时，则可进行下一步教学。 **三、表达性命名卡通人物高兴的表情图片（有口语的学生）** 1. 吸引学生注意，呈现代表高兴的卡通表情图片。 2. 发出指令："这是什么表情？" 3. 等待学生反应。给学生3秒（或5秒）时间做出反应。 （1）学生反应正确。学生回答"高兴"（或"快乐""开心""愉快"等），教师提供强化，包括描述性反馈（如"答对啦"）和社会性表扬（如"你真棒"）。休息停顿2秒，进行下一个回合。 （2）学生反应错误/无反应。教师说"不对哦"或不给予反馈，进行错误纠正。教师吸引学生注意，出示代表"高兴"的表情图片，发出指令："这是什么表情？"教师直接辅助学生，提供语言提示"高兴"。学生跟随教师说"高兴"；教师再次发出指令："这是什么表情？"学生说"高兴"；教师发出指令"摸摸你的耳朵"，学生摸自己的耳朵；然后教师再次发出指令："这是什么表情？"学生说"高兴"，教师提供强化，包括描述性反馈（如"答对啦"）和社会性表扬（如"你真棒"）。休息停顿2秒，进行下一个回合。 当学生连续在3个回合中反应正确，即3次都正确说出"高兴"（或"快乐""开心""愉快"等）时，则可进行下一步教学。

续表

		四、识别卡通人物高兴的表情图片 1. 吸引学生注意，出示卡通人物高兴的表情图片。 2. 发出指令："指一指，它的表情是什么？""它是什么表情？" 3. 配对活动。出示 3 张卡通人物表情图片（包括高兴表情），教师手持代表"高兴"的表情图片，发出指令"请将表情一样的图片给我"。 **五、识别卡通人物高兴的表情图片** 教师出示代表高兴、生气、害怕、伤心情绪的卡通表情图片若干张（至少包含 2 张代表高兴表情的图片），以及学生喜欢的卡通人物高兴、生气、害怕、伤心的表情图片若干张（至少包含 2 张代表"高兴"的表情图片），小组排队轮流找代表"高兴"的表情图片，依次由低到高贴在"楼梯"的每一个台阶上（楼梯可画在黑板上）。 当学生连续在 3 次活动中将高兴的卡通表情图片或高兴的卡通人物表情图片贴在"楼梯"上时，可结束教学。
教学形式		个别训练、小组训练、家庭互动
活动评价	学生表现	1. 知识与技能： 2. 过程与方法： 3. 情感与态度：
	教师反思	
	家庭作业	选择孩子最喜欢的卡通人物的各种表情图片（包括高兴表情），让孩子找一找哪张图片代表"高兴"。

活动三

活动名称	识别真人情境中高兴的表情图片
教学对象	对于情绪与行为教育评估第 4 条，评价结果为"1"或"0"的学生
教学目标	学生连续 3 次将高兴的表情图片贴在表演高兴情绪的人员身上（1.1）
器材	代表高兴、生气、害怕、伤心情绪的学生本人、同伴和成人的情境性图片，代表高兴、生气、害怕、伤心情绪的卡通表情图片。
教学要点	**一、区辨真人情境中高兴的表情图片** 1. 区辨情境中自己高兴的表情图片 （1）教师出示学生本人 2 种情绪（含高兴情绪）的情境性图片各 1 张，分别描述图片中的情境，例如，"图片中的这个人是你，你在看喜欢的动画片"和"图片中的这个人是你，你的玩具车坏了"。

续表

| | (2) 教师提问："指一指，哪张图片你是高兴的?"然后直接指向学生"高兴"的图片，学生是否指向"高兴"的图片均可；教师再次提问："指一指，哪张图片你是高兴的?"学生指向"高兴"的图片；教师发出指令"摸摸你的鼻子"，学生摸自己的鼻子；教师再次提问："指一指，哪张图片你是高兴的?"学生指向"高兴"的图片，此时教师可以强化学生（如"指对啦，你真棒!"）。该回合结束后，停顿2秒，进入下一个回合。
(3) 教师出示学生本人3种情绪（含高兴情绪）的情境性图片各1张，分别描述图片中的情境。例如，"图片中的这个人是你，你在看喜欢的动画片""图片中的这个人是你，你的玩具车坏了""图片中的这个人是你，你看到了害怕的动物图片"。
(4) 教师提问："指一指，哪张图片你是高兴的?"然后直接指向学生"高兴"的图片，学生是否指向"高兴"的图片均可；教师再次提问："指一指，哪张图片你是高兴的?"学生指向"高兴"的图片；教师发出指令"摸摸你的鼻子"，学生摸自己的鼻子；教师再次提问："指一指，哪张图片你是高兴的?"学生指向"高兴"的图片，此时教师可以强化学生（如"指对啦，你真棒!"）。该回合结束后，停顿2秒，进入下一个回合。
2. 区辨情境中同伴高兴的表情图片
(1) 教师呈现同伴2种情绪（含高兴情绪）的情境性图片各1张，分别描述图片中的情境，例如，"图片中的这个人是×××，他（她）在玩喜欢的游戏""图片中的这个人是×××，他（她）的玩具车坏了"。
(2) 教师提问："指一指，哪张图片他（她）是高兴的?"然后直接指向同伴"高兴"的图片，学生是否指向"高兴"的图片均可；教师再次提问："指一指，哪张图片他（她）是高兴的?"学生指向"高兴"的图片；教师发出指令"摸摸你的耳朵"，学生摸自己的耳朵；教师再次提问："指一指，哪张图片他（她）是高兴的?"学生指向"高兴"的图片，此时教师可以强化学生（如"指对啦，你真聪明!"）。该回合结束后，停顿2秒，进入下一个回合。
(3) 教师出示同伴3种情绪（含高兴情绪）的情境性图片各1张，分别描述图片中的情境。例如，"图片中的这个人是×××，他（她）在玩喜欢的游戏""图片中的这个人是×××，他（她）的玩具车坏了""图片中的这个人是×××，他（她）听到了令人害怕的声音"。
(4) 教师提问："指一指，哪张图片他（她）是高兴的?"然后直接指向同伴"高兴"的图片，学生是否指向"高兴"的图片均可；教师再次提问："指一指，哪张图片他（她）是高兴的?"学生指向"高兴"的图片；教师发出指令"摸摸你的耳朵"，学生摸自己的耳朵；教师再次提问："指一指，哪张图片他（她）是高兴的?"学生指向"高兴"的图片，此时，教师可以强化学生（如"指对啦，你真聪明!"）。该回合结束后，停顿2秒，进入下一个回合。
3. 区辨情境中成人高兴的表情图片
(1) 教师出示成人2种情绪（含高兴情绪）的情境性图片各1张，分别描述图片中的情境，例如，"图片中的人在过生日""图片中的人丢东西了"。
(2) 教师提问："指一指，哪个人是高兴的?"，然后直接指向成人"高兴"的图片，学生是否指向"高兴"的图片均可；教师再次提问："指一指，哪个人是高兴的?"学生指向"高兴"的图片；教师发出指令"摸摸你的头"，学生摸自己的头；教师再次提问："指一指，哪个人是高兴的?"学生指向"高兴"的图片，此时教师可以强化学生（如"指对啦，顶呱呱!"）。该回合结束后，停顿2秒，进入下一个回合。 |

续表

| | (3) 教师出示成人3种情绪（含高兴情绪）的情境性图片各1张，分别描述图片中的情境。例如，"图片中的人在过生日""图片中的人丢东西了""图片中的人遇到了火灾"。
(4) 教师提问："指一指，哪个人是高兴的？"然后直接指向成人"高兴"的图片，学生是否指向"高兴"的图片均可；教师再次提问："指一指，哪个人是高兴的？"学生指向"高兴"的图片；教师发出指令"摸摸你的头"，学生摸自己的头；教师再次提问："指一指，哪个人是高兴的？"学生指向"高兴"的图片，此时教师可以强化学生（如"指对啦，顶呱呱！"）。该回合结束后，停顿2秒，进入下一个回合。
在教学生"区辨情境中自己高兴的表情"和"区辨情境中同伴高兴的表情"时可采用个别训练的形式，教学生"区辨情境中成人高兴的表情"时可采用小组训练的形式。
二、匹配真人情境中高兴的表情图片
1. 匹配情境中自己高兴的表情图片
(1) 教师出示1张学生本人高兴的情境性图片和2张卡通表情图片（含高兴表情），描述代表"高兴"的情境性图片中的情境，例如，"图片中的这个人是你，你在看喜欢的动画片"。
(2) 教师提问"从这2张图片中（卡通表情图片），指出你的心情。"然后直接指向"高兴"的卡通表情图片，学生是否指向"高兴"的卡通表情图片均可；教师再次提问："从这2张图片中（卡通表情图片），指出你的心情。"学生指向"高兴"的卡通表情图片；教师发出指令"摸摸你的鼻子"，学生摸自己的鼻子；教师再次提问："从这2张图片中（卡通表情图片），指出你的心情。"学生指向"高兴"的卡通表情图片，此时教师可以强化学生（如"指对啦，你真棒！"）。该回合结束后，停顿2秒，进入下一个回合。
2. 匹配情境中同伴高兴的表情图片
(1) 教师出示1张同伴高兴的情境性图片和2张卡通表情图片（含高兴表情），描述代表"高兴"的情境性图片中的情境，例如，"图片中的这个人是×××，他（她）在看喜欢的动画片"。
(2) 教师提问："从这2张图片中（卡通表情图片），指出他（她）的心情。"然后直接指向"高兴"的卡通表情图片，学生是否指向"高兴"的卡通表情图片均可；教师再次提问："从这2张图片中（卡通表情图片），指出他（她）的心情。"学生指向"高兴"的卡通表情图片；教师发出指令"摸摸你的耳朵"，学生摸自己的耳朵；教师再次提问："从这2张图片中（卡通表情图片），指出他（她）的心情。"学生指向"高兴"的卡通表情图片，此时教师可以强化学生（如"指对啦，你真聪明！"）。该回合结束后，停顿2秒，进入下一个回合。
3. 匹配情境中成人高兴的表情图片
(1) 教师出示1张成人高兴的情境性图片和2张卡通表情图片（含高兴表情），描述代表"高兴"的情境性图片中的情境，例如，"图片中的人在过生日"。
(2) 教师提问："从这2张图片中（卡通表情图片），指出这个人的心情。"然后直接指向"高兴"的卡通表情图片，学生是否指向"高兴"的卡通表情图片均可；教师再次提问："从这2张图片中（卡通表情图片），指出这个人的心情。"学生指向"高兴"的卡通表情图片；教师发出指令"摸摸你的头"，学生摸自己的头；教师再次提问"从这2张图片中（卡通表情图片），指出这个人的心情，"学生指向"高兴"的卡通表情图片，此时教师可以强化学生（如"指对啦，顶呱呱！"）。该回合结束后，停顿2秒，进入下一个回合。 |

续表

		在教学生"匹配情境中自己高兴的表情"和"匹配情境中同伴高兴的表情"时可采用个别训练的形式,教学生"匹配情境中成人高兴的表情"时可采用小组训练的形式。 三、识别真人情境中高兴的表情图片 1. 一个人表演高兴时的情境,教师可用旁白描述情境,然后定格画面。 2. 请学生将代表"高兴"的表情图片贴在表演人员的身上(小组成员可轮流参与)。当学生连续在3次活动中将代表"高兴"的表情图片贴在表演人员身上时,可结束教学。
	教学形式	个别训练、小组训练、家庭互动
活动评价	学生表现	1. 知识与技能: 2. 过程与方法: 3. 情感与态度:
	教师反思	
	家庭作业	1. 亲子互动时,当家长表现出高兴的情绪,询问孩子是否能识别高兴时的情境。 2. 阅读绘本时,看到书中主人公表现出高兴的情绪,询问孩子是否能识别高兴时的情境。

活动四

活动名称	识别真人伤心的表情图片
教学对象	对于情绪与行为教育评估第10条,评价结果为"1"或"0"的学生
教学目标	学生连续3次将真人伤心的表情图片给教师(1.2)
器材	代表高兴、生气、害怕、伤心情绪的儿童和成人真人表情图片,面具(缺少眉毛、眼睛、嘴巴),喜、怒、哀、惧4种表情的眉毛、眼睛、嘴巴的模型
教学要点	一、认识真人伤心的面部表情特征 1. 听老师说 (1) 吸引学生注意,出示儿童真人伤心的表情图片。 (2) 指着图片,描述伤心表情的面部特征:眉毛向内皱,眼睛可能会流泪,嘴角下拉,下巴上推且中心鼓起来。 2. 我会贴 (1) 引导学生思考伤心的面部表情。 (2) 出示面具,介绍"我会贴"活动(找出伤心时眉毛、眼睛、嘴巴的样子,贴在面具的相应位置)。 (3) 引导学生分别选出伤心时眉毛、眼睛、嘴巴的相应模型,并贴在面具的相应位置。可逐步开展活动,如第一次活动中面具只缺少眉毛,第二次活动中面具缺少嘴巴、眉毛,第三次活动中面具缺少眉毛、眼睛和嘴巴。

续表

	当学生在连续3次活动中，都能正确选择伤心的嘴巴、眉毛和眼睛的模型并贴在面具相应位置时，可进行下一步的教学。 **二、接受性命名儿童真人伤心的表情图片** 1. 吸引学生注意，出示3张儿童真人不同情绪的图片（包括伤心表情），发出指令："指一指，哪个人是伤心的？" 2. 等待学生反应。给学生3秒（或5秒）时间做出反应。 （1）学生反应正确。学生指出"伤心"的图片，教师就可提供强化，包括描述性反馈（如"指对啦"）和社会性表扬（如"你真棒"）。休息停顿2秒，进行下一个回合。 （2）学生反应错误/无反应。教师说"不对哦"或不给予反馈，进行错误纠正。教师吸引学生注意，出示3张儿童真人不同情绪的图片（包括伤心表情），发出指令："指一指，哪个人是伤心的？"教师需要依据对学生的了解，选择一种辅助（**手势提示**，用手指向代表"伤心"的图片，这个人是伤心的；**语言提示**，"请跟老师指一指，这个人是伤心的"；**肢体辅助**，教师拿着学生的手指向代表"伤心"的图片，说"这个人是伤心的"），让学生跟随教师指向代表"伤心"图片；教师再次发出指令："指一指，哪个人是伤心的？"学生指向代表"伤心"的图片；教师发出指令"摸摸你的鼻子"，学生摸自己的鼻子；然后教师再次发出指令："指一指，哪个人是伤心的？"学生指向代表"伤心"的图片，此时教师可以提供强化，包括描述性反馈（如"指对啦"）和社会性表扬（如"你真棒"）。休息停顿2秒，进行下一个回合。 当学生连续在3个回合中反应正确，即3次都指出代表"伤心"的图片时，则可进行下一步的教学。 **三、表达性命名儿童真人伤心的表情图片（有口语的学生）** 1. 吸引学生注意，呈现儿童真人伤心的表情图片。 2. 发出指令："这是什么表情？" 3. 等待学生反应。给学生3秒（或5秒）时间做出反应。 （1）学生反应正确。学生回答"伤心"（或"悲伤""难过""心碎"等），教师就可提供强化，包括描述性反馈（如"答对啦"）和社会性表扬（如"你真棒"）。休息停顿2秒，进行下一个回合。 （2）学生反应错误/无反应。教师说"不对哦"或不给予反馈，进行错误纠正。教师吸引学生注意，出示儿童真人伤心的表情图片，发出指令："这是什么表情？"教师直接辅助学生，提供语言提示"伤心"，让学生随教师说"伤心"；教师再次发出指令："这是什么表情？"学生说"伤心"；教师发出指令"摸摸你的耳朵"，学生摸自己的耳朵；然后教师再次发出指令："这是什么表情？"学生说"伤心"，此时教师可以提供强化，包括描述性反馈（如"答对啦"）和社会性表扬（如"你真棒"）。休息停顿2秒，进行下一个回合。 当学生在连续3个回合中反应正确，正确说出"伤心"（或"悲伤""难过""心碎"等）时，则可进行下一步的教学。 **四、识别成人真人伤心的表情图片** 1. 吸引学生注意，呈现成人真人伤心的表情图片。 2. 发出指令："指一指，这个人的表情是什么？"或"这是什么表情？" 3. 配对活动。出示3张成人真人不同情绪的表情图片（包括伤心表情），教师手持儿童伤心的表情图片，发出指令："请将表情一样的图片给我。"

		续表
		五、识别真人伤心的表情图片 教师出示代表高兴、生气、害怕、伤心情绪的儿童和成人真人表情图片若干张（至少分别包含 2 张代表伤心的儿童和成人真人表情图片），小组以开火车的形式，从所有图片中找出代表"伤心"的表情图片，将图片给教师。 当学生连续在 3 次活动中将代表"伤心"的表情图片给教师时，可结束教学。
教学形式		个别训练、小组训练、家庭互动
活动评价	学生表现	1. 知识与技能： 2. 过程与方法： 3. 情感与态度：
	教师反思	
	家庭作业	选择真人的各种表情图片（包括伤心表情），让孩子找一找哪张代表"伤心"。

活动五

活动名称	识别卡通人物伤心的表情图片
教学对象	对于情绪与行为教育评估第 11 条，评价结果为"1"或"0"的学生
教学目标	学生连续 3 次将卡通人物伤心的表情图片贴在"楼梯"上（1.2）
器材	代表高兴、生气、害怕、伤心情绪的卡通表情图片，卡纸、彩泥，学生喜欢的卡通动画人物高兴、生气、害怕、伤心的表情图片
教学要点	**一、认识卡通人物伤心的面部表情特征** 1. 听老师说 （1）吸引学生注意，出示卡通人物伤心的表情图片。 （2）指着图片，描述伤心表情的面部特征：眉毛向内皱、眼睛可能会流泪、嘴角下拉，下巴上推且中心鼓起来。 2. 我会捏 （1）出示伤心的卡通表情图片，引导学生观察。 （2）介绍"我会捏"活动（在白纸上用彩泥捏出伤心的卡通表情）。 （3）分发材料，组织学生捏伤心的表情。 可逐步开展活动，如第一次活动中学生只需要捏眉毛，第二次活动中学生需要捏眉毛和嘴巴，第三次活动中学生需要捏眉毛、眼睛和嘴巴。

续表

| | 当学生在活动中能独立正确捏出伤心的卡通表情时,可进行下一步教学。
二、接受性命名卡通人物伤心的表情图片
1. 吸引学生注意,呈现3张卡通人物不同情绪的图片(包括伤心表情),发出指令:"指一指,哪张图片代表伤心?"
2. 等待学生反应。给学生3秒(或5秒)时间做出反应。
(1)学生反应正确。学生指出代表"伤心"的图片,教师就可提供强化,包括描述性反馈(如"指对啦")和社会性表扬(如"你真棒")。休息停顿2秒,进行下一个回合。
(2)学生反应错误/无反应。教师说"不对哦"或不给予反馈,进行错误纠正。教师吸引学生注意,呈现3张卡通人物不同情绪的图片(包括伤心表情),发出指令:"指一指,哪张图片代表伤心?"教师需要依据对学生的了解,选择一种辅助(**手势提示**,用手指向代表"伤心"的图片,这张图片代表伤心;**语言提示**,"请跟老师指一指,这张图片代表伤心";**肢体辅助**,教师拿着学生的手指向代表"伤心"的图片,说"这张图片代表伤心"),让学生跟随教师指向代表"伤心"的图片;然后教师再次发出指令:"指一指,哪张图片代表伤心?"学生指出代表"伤心"的图片;此时教师可以发出指令"摸摸你的鼻子",学生摸自己的鼻子;教师再次发出指令"指一指,哪张图片代表伤心?"学生指向代表"伤心"的图片,教师提供强化,包括描述性反馈(如"指对啦")和社会性表扬(如"你真棒")。休息停顿2秒,进行下一个回合。
当学生连续在3个回合中反应正确,即3次都指出代表"伤心"的图片时,则可进行下一步的教学。
三、表达性命名卡通人物伤心的表情图片(有语言的学生)
1. 吸引学生注意,出示卡通人物伤心的表情图片。
2. 发出指令:"这是什么表情?"
3. 等待学生反应。给学生3秒(或5秒)时间做出反应。
(1)学生反应正确。学生回答"伤心"(或"悲伤""难过""心碎"等),教师就可提供强化,包括描述性反馈(如"答对啦")和社会性表扬(如"你真棒")。休息停顿2秒,进行下一个回合。
(2)学生反应错误/无反应。教师说"不对哦"或不给予反馈,进行错误纠正。教师吸引学生注意,出示代表"伤心"的卡通表情图片,发出指令:"这是什么表情?"教师直接辅助学生,提供语言提示"伤心",让学生跟随教师说"伤心";教师再次发出指令:"这是什么表情?"学生说"伤心";教师发出指令:"摸摸你的耳朵",学生摸自己的耳朵;然后教师再次发出指令:"这是什么表情?"学生说"伤心",此时教师可提供强化,包括描述性反馈(如"答对啦")和社会性表扬(如"你真棒")。休息停顿2秒,进行下一个回合。
当学生连续在3个回合中反应正确,即3次都正确说出"伤心"(或"悲伤""难过"等)时,则可进行下一步的教学。
四、识别卡通人物伤心的表情图片
1. 吸引学生注意,呈现卡通人物伤心的表情图片。
2. 发出指令:"指一指,它的表情是什么?""它是什么表情?"
3. 配对活动。出示3张卡通人物表情图片(包括伤心表情),教师手持伤心的卡通表情图片,发出指令:"请将表情一样的图片给我。" |

续表

活动评价		当学生连续在3次活动中将卡通人物伤心的表情图片给教师时，可结束教学。 **五、识别卡通人物伤心的表情图片** 教师出示代表高兴、生气、害怕、伤心情绪的卡通表情图片（至少包含2张代表"伤心"的图片），及学生喜欢的卡通人物高兴、生气、害怕、伤心的表情图片若干张（至少包含2张代表"伤心"的图片），小组排队轮流找代表"伤心"的图片，依次由高到低贴在"楼梯"的每一个台阶上（楼梯可画在黑板上）。 当学生连续在3次活动中将伤心的卡通表情图片或伤心的卡通人物表情图片贴在"楼梯"上时，可结束教学。
	教学形式	个别训练、小组训练、家庭互动
	学生表现	1. 知识与技能： 2. 过程与方法： 3. 情感与态度：
	教师反思	
	家庭作业	和孩子一起看绘本《我好难过》，看到书中主人公流露出伤心样子的图片时，和孩子一起观察主人公伤心时的面部表情特征。

活动六

活动名称	识别真人情境中伤心的表情图片
教学对象	对于情绪与行为教育评估第12条，评价结果为"1"或"0"的学生
教学目标	学生连续3次将伤心的表情图片贴在表演伤心情绪的人员身上（1.2）
器材	代表高兴、生气、害怕、伤心情绪的学生本人、同伴和成人的情境性图片，代表高兴、生气、害怕、伤心情绪的卡通表情图片
教学要点	**一、区辨真人情境中伤心的表情图片** 1. 区辨情境中自己伤心的表情图片 （1）教师呈现学生本人2种表情（含伤心表情）的情境性图片各1张，分别描述图片中的情境，例如，"图片中的这个人是你，你的玩具车坏了"和"图片中的这个人是你，你在吃好吃的蛋糕"。 （2）教师提问："指一指，哪张图片你是伤心的？"然后直接指向学生"伤心"的图片，学生是否指向"伤心"的图片均可；教师再次提问："指一指，哪张图片你是伤心的？"学生指向"伤心"的图片；教师发出指令"摸摸你的鼻子"，学生摸自己的鼻子；教师再次提问："指一指，哪张图片你是伤心的？"学生指向"伤心"的图片，此时教师可强化学生（如"指对啦，你真棒！"）。该回合结束后，停顿2秒，进入下一个回合。

(3) 教师出示学生本人3种表情（含伤心表情）的情境性图片各1张，分别描述图片中的情境，例如，"图片中的这个人是你，你的玩具车坏了""图片中的这个人是你，你在吃好吃的蛋糕""图片中的这个人是你，你听到了害怕的声音"。
(4) 教师提问："指一指，哪张图片你是伤心的？"然后直接指向学生"伤心"的图片，学生是否指向"伤心"的图片均可；教师再次提问："指一指，哪张图片你是伤心的？"学生指向"伤心"的图片；教师发出指令"摸摸你的鼻子"，学生摸自己的鼻子；教师再次提问："指一指，哪张图片你是伤心的？"学生指向"伤心"的图片，此时教师可强化学生（如"指对啦，你真棒！"）。该回合结束后，停顿2秒，进入下一个回合。

2. 区辨情境中同伴伤心的表情图片
(1) 教师出示同伴2种表情（含伤心表情）的情境性图片各1张，分别描述图片中的情境，例如，"图片中的这个人是×××，他（她）的玩具车坏了""图片中的这个人是×××，他（她）在玩喜欢的游戏"。
(2) 教师提问："指一指，哪张图片他（她）是伤心的？"然后直接指向同伴"伤心"的图片，学生是否指向"伤心"的图片均可；教师再次提问："指一指，哪张图片他（她）是伤心的？"学生指向"伤心"的图片；教师发出指令"摸摸你的耳朵"，学生摸自己的耳朵；教师再次提问："指一指，哪张图片他（她）是伤心的？"学生指向"伤心"的图片，此时教师可强化学生（如"指对啦，你真聪明！"）。该回合结束后，停顿2秒，进入下一个回合。
(3) 教师出示同伴3种表情（含伤心表情）的情境性图片各一张，分别描述图片中的情境，例如，"图片中的这个人是×××，他（她）的玩具车坏了""图片中的这个人是×××，他（她）在玩喜欢的游戏""图片中的这个人是×××，他（她）听到了令人害怕的声音"。
4. 教师提问："指一指，哪张图片他（她）是伤心的？"然后直接指向同伴"伤心"的图片，学生是否指向"伤心"的图片均可；教师再次提问："指一指，哪张图片他（她）是伤心的？"学生指向"伤心"的图片；教师发出指令"摸摸你的耳朵"，学生摸自己的耳朵；教师再次提问："指一指，哪张图片他（她）是伤心的？"学生指向"伤心"的图片，此时教师可强化学生（如"指对啦，你真聪明！"）。该回合结束后，停顿2秒，进入下一个回合。

3. 区辨情境中成人伤心的表情图片
(1) 教师呈现成人2种表情（含伤心表情）的情境性图片各1张，分别描述图片中的情境，例如，"图片中的人丢东西了""图片中的人在过生日"。
(2) 教师提问："指一指，哪个人是伤心的？"然后直接指向成人"伤心"的图片，学生是否指向"伤心"的图片均可；教师再次提问："指一指，哪个人是伤心的？"学生指向"伤心"的图片；教师发出指令"摸摸你的头"，学生摸自己的头；教师再次提问："指一指，哪个人是伤心的？"学生指向"伤心"的图片，此时教师可强化学生（如"指对啦，顶呱呱！"）。该回合结束后，停顿2秒，进入下一个回合。
(3) 教师呈现成人3种表情（含伤心表情）的情境性图片各1张，分别描述图片中的情境，例如，"图片中的人丢东西了""图片中的人在过生日""图片中的人遇到了火灾"。
(4) 教师提问："指一指，哪个人是伤心的？"然后直接指向成人"伤心"的图片，学生是否指向"伤心"的图片均可；教师再次提问："指一指，哪个人是伤心的？"学生指向"伤心"的图片；教师发出指令："摸摸你的头"，学生摸自己的头；教师再次提问："指一指，哪个人是伤心的?"学生指向"伤心"的图片，此时教师可强化学生（如"指对啦，顶呱呱!"）。该回合结束后，停顿2秒，进入下一个回合。
教学生"区辨情境中自己伤心的表情"和"区辨情境中同伴伤心的表情"时可采用个别训练的形式，教学生"区辨情境中成人伤心的表情"时可采用小组训练的形式。

二、匹配真人情境中伤心的表情图片
1. 匹配情境中自己伤心的表情图片
（1）教师出示1张学生本人伤心的情境性图片和2张卡通表情图片（含伤心表情），描述代表"伤心"的情境性图片中的情境，例如，"图片中的这个人是你，你喜欢的蛋糕掉地上了，不能吃了"。
（2）教师提问："从这2张图片中（卡通表情图片），指出你的心情。"然后直接指向"伤心"的卡通表情图片，学生是否指向"伤心"的卡通表情图片均可；教师再次提问："从这2张图片中（卡通表情图片），指出你的心情。"学生指向"伤心"的卡通表情图片；教师发出指令"摸摸你的鼻子"，学生摸自己的鼻子；教师再次提问"从这2张图片中（卡通表情图片），指出你的心情。"学生指向"伤心"的卡通表情图片，此时教师可强化学生（如"指对啦，你真棒!"）。该回合结束后，停顿2秒，进入下一个回合。

2. 匹配情境中同伴伤心的表情图片
（1）教师出示1张同伴伤心的情境性图片和2张卡通表情图片（含伤心表情），描述代表"伤心"的情境性图片中的情境，例如，"图片中的这个人是×××，他（她）的玩具坏了"。
（2）教师提问："从这2张图片中（卡通表情图片），指出他（她）的心情。"然后直接指向"伤心"的卡通表情图片，学生是否指向"伤心"的卡通表情图片均可；教师再次提问："从这2张图片中（卡通表情图片），指出他（她）的心情。"学生指向"伤心"的卡通表情图片；教师发出指令："摸摸你的耳朵"，学生摸自己的耳朵；教师再次提问："从这2张图片中（卡通表情图片），指出他（她）的心情。"学生指向"伤心"的卡通表情图片，此时教师可强化学生（如"指对啦，你真聪明!"）。该回合结束后，停顿2秒，进入下一个回合。

3. 匹配情境中成人伤心的表情图片
（1）教师出示1张成人伤心的情境性图片和2张卡通表情图片（含伤心表情），描述代表"伤心"的情境性图片中的情境，例如，"图片中的人最喜欢的礼物不见了"。
（2）教师提问："从这2张图片中（卡通表情图片），指出这个人的心情。"然后直接指向"伤心"的卡通表情图片，学生是否指向"伤心"的卡通表情图片均可；教师再次提问："从这2张图片中（卡通表情图片），指出这个人的心情。"学生指向"伤心"的卡通表情图片；教师发出指令"摸摸你的头"学生摸自己的头；教师再次提问："从这2张图片中（卡通表情图片），指出这个人的心情。"学生指向"伤心"的卡通表情图片，此时教师可强化学生（如"指对啦，顶呱呱!"）。该回合结束后，停顿2秒，进入下一个回合。

教学生"匹配情境中自己伤心的表情"和"匹配情境中同伴伤心的表情"时可采用个别训练的形式，教学生"匹配情境中成人伤心的表情"时可采用小组训练的形式。

三、识别真人情境中伤心的表情图片
1. 一个人表演伤心时的情境，教师可采用旁白方式描述情境，然后定格画面。
2. 请学生将代表"伤心"的表情图片贴在表演人员的身上（小组成员可轮流参与）。当学生连续在3次活动中将代表"伤心"的表情图片贴在表演人员身上时，可结束教学。

续表

活动评价	教学形式	个别训练、小组训练、家庭互动
	学生表现	1. 知识与技能： 2. 过程与方法： 3. 情感与态度：
	教师反思	
	家庭作业	阅读绘本时，看到书中主人公出现伤心的情绪，询问孩子是否能识别伤心时的情境。

活动七

活动名称	我很高兴
教学对象	对于情绪与行为教育评估第21条，评价结果为"1"或"0"的学生
教学目标	学生连续3次表现出与情景匹配的高兴的面部表情（2.1）
器材	具有明显表现高兴的面部表情图片若干、律动视频、笑声音频
教学要点	**一、学习高兴的表情特征** 1. 教师出示各种带有高兴表情的图片，并描述图片内容，强调"高兴"这一情绪，学生倾听并观察图片。 2. 提问学生："感到高兴时我可以怎样做？"学生做高兴的表情：眉毛弯弯的，眼睛闪着光，面颊上提，嘴角上翘。 3. 如果学生不能表现出高兴的面部表情，教师可以给学生做一做抚触、挠痒痒等激发学生做出高兴的面部表情，并及时给予肯定，如"你笑啦！""你感到很高兴""是不是很开心？" **二、听故事共情** 1. 教师出示开联欢会时大家高兴活动的照片，并讲述联欢会时开心的一幕。 2. 学生在快乐的氛围中表现出高兴的面部表情。 **三、开心地舞起来** 1. 教师播放学生喜欢的律动视频，如律动儿歌《口香糖》。 2. 师生跟随音乐一起唱跳，教师一定要情绪高涨，引导学生一起快乐地舞蹈。 3. 观察学生的面部表情，如果表情变化不大，可以在唱跳过程中增加创意动作，与学生开心互动。如与学生面对面俯身示范高兴的面部表情，激发学生也做出高兴的面部表情，也可以出示高兴的面部表情图片，引导学生模仿，将高兴的情绪与高兴的面部表情相匹配。 当学生连续3次表现出高兴的面部表情时，可结束教学。

		续表
	教学形式	个别训练、小组训练、家庭互动
活动评价	学生表现	1. 知识与技能： 2. 过程与方法： 3. 情感与态度：
	教师反思	
	家庭作业	1. 家长经常和孩子一起做能够让孩子开心的活动，或陪孩子做想做的、喜欢做的事情等。 2. 家长在孩子每次表达自己高兴的情绪后及时指出"你笑了！""你很高兴"。 3. 注意减少表达上的支持，强化孩子独立自主表达自己高兴情绪的能力。

活动八

活动名称	我难过了
教学对象	对于情绪与行为教育评估第 23 条，评价结果为"1"或"0"的学生
教学目标	学生连续 3 次表现出难过的面部表情（2.1）
器材	具有明显表现难过的面部表情图片若干、律动视频
教学要点	一、学习难过的表情特征 1. 教师出示各种带有难过表情的图片并描述图片内容，强调"难过"这一情绪，学生倾听并观察图片。 2. 提问学生："感到难过时我可以怎样做？"学生做难过的表情：眉心向内，嘴角下拉，下巴上推且中心鼓起来。 3. 如果学生不能表现出难过的面部表情，教师可以与学生面对面，做伤心的面部表情来调动学生也做出伤心的表情。若学生表现出难过的表情，教师则及时说"难过""我感到很难过"等。 二、听故事共情 1. 教师出示学生的手工作品破损的照片，并讲述作品破损时难过的情景。 2. 学生在难过的氛围中表现出难过的面部表情。 三、难过地哭起来 1. 教师出示学生表现出难过表情的图片，提问学生："当时是什么样的心情？" 2. 学生观察图片说出自己"难过""不开心""伤心"等相关词语，表现出难过的表情。如学生做不出难过的表情，则可以出示表现难过的面部表情图片，引导学生模仿，将难过的情绪与难过的面部表情相匹配。 3. 注意，完成展现负面情绪教学后，要及时帮助学生转换情绪，如转移注意力、给予强化物、更换教学场地等。 当学生连续 3 次表现出难过的面部表情时，可结束教学。

活动评价	教学形式	个别训练、小组训练、家庭互动
	学生表现	1. 知识与技能： 2. 过程与方法： 3. 情感与态度：
	教师反思	
	家庭作业	1. 家长感到难过时，向孩子袒露自己难过的心情，为孩子做示范。 2. 家长在孩子每次表达自己难过的情绪时及时指出："你哭了""你很难过"。 3. 注意减少表达上的支持，强化孩子独立自主表达自己难过情绪的能力。

活动九

活动名称	开心一刻
教学对象	对于情绪与行为教育评估第25条，评价结果为"1"或"0"的学生
教学目标	学生连续3次在不同的情境中用适当的面部表情，如眉毛弯弯的、眼睛闪着光、面颊上提、嘴角上翘或各种程度的笑（微笑、咧嘴笑、哈哈大笑）等，或言语（"我很高兴"！"真高兴"等），或动作（捂着肚子笑、拍手笑、手舞足蹈地笑）表达自己高兴的情绪（2.2）
器材	注意力桶、泡泡机、点心零食
教学要点	**一、热身活动** 1. 学生情绪平稳地坐在椅子上，眼神关注教师。 2. 教师播放音乐，学生模仿教师完成相应动作。 3. 教师出示注意力桶，请学生拿出桶里的玩具。 **二、过生日** 1. 教师播放《生日歌》，引导学生在欢乐的氛围中唱歌跳舞，激发学生表达出高兴的语言和表现出开心的动作、面部表情，并问学生："你现在感觉怎么样？"学生回答："很高兴！" 2. 出示学生过生日的照片、收到礼物的照片等，提问学生："过生日时你的心情怎么样？"学生回答："高兴。" **三、评价奖励环节** 1. 根据学生在"过生日"活动中的表现对学生进行评价，并表扬学生认真参与活动。学生被夸奖，露出微笑的表情。如学生未露出适当的微笑，则出示微笑的图片提示学生："老师夸奖你时你可以用微笑回应老师。" 2. 奖励学生代币，学生收到代币，微笑着向教师说"谢谢"。

		四、好玩的泡泡 1. 学生使用代币兑换奖励物，如吹泡泡 5 分钟。 2. 教师出示泡泡机，学生向教师兑换泡泡机后，学生拿到泡泡机，笑着跑到安全的空地上欢蹦着玩吹泡泡。 当学生连续 3 次在令人开心的情境中，以适当的面部表情、言语、动作表达自己高兴的情绪时，可结束教学。
	教学形式	个别训练、小组训练、家庭互动
活动评价	学生表现	1. 知识与技能： 2. 过程与方法： 3. 情感与态度：
	教师反思	
	家庭作业	1. 在生活中遇到令人开心的事情时，家长积极向孩子示范表达高兴的语言、动作、面部表情。 2. 家长在孩子每次表达自己高兴的情绪后及时指出："你现在很高兴，因为你在……" 3. 注意减少表达上的支持，强化孩子独立自主表达自己高兴情绪的能力。

活动十

活动名称	难过时的我
教学对象	对于情绪与行为教育评估第 27 条，评价结果为"1"或"0"的学生
教学目标	学生连续 3 次在情境中用适当的面部表情，如眉心向内、嘴角下拉、下巴上推且嘴巴鼓起来，或言语（"我很难过！""太难过了！"等），或动作（掩面而泣等）表达自己难过的情绪（2.2）
器材	律动音乐、注意力桶、学生喜欢的玩具、每日代币统计时学生被扣"笑脸"贴纸时难过的视频
教学要点	**一、热身活动** 1. 学生情绪平稳地坐在椅子上，注视教师。 2. 教师播放音乐，学生模仿教师完成相应动作。 3. 教师出示注意力桶，请学生拿出桶里的玩具。 **二、搭建大城堡** 1. 教师出示积木块，问学生说明本节课的活动要求：用积木搭建高塔、城堡等。 2. 教师示范搭建高塔，并触碰高塔，当高塔倒落时，表现出难过的表情，说："高塔倒了，太可惜了！"

	3. 教师出示高塔或城堡图片，让学生自主搭建积木高塔或城堡。如遇积木倒塌，学生表现出眉心向内、嘴角下拉、下巴上推且嘴巴鼓起来的难过表情。 4. 如果学生不能接受积木倒塌，出现哭喊大叫等不适当的难过情绪，教师需要出示代表"难过"的表情图片，引导学生恰当地表达难过。 **三、评价奖励环节** 1. 教师出示积木倒塌时的视频，询问学生："你怎么了？视频中的你心情怎么样？"学生做出眉心向内、嘴角下拉的表情并说："积木倒了，不开心。" 2. 如果学生此时不能回答，教师示范做出难过的表情并说："积木倒了你很难过。" 3. 如果此时学生不能做出难过的表情，可以询问同伴："你来说一说，这个时候他的心情怎么样？"同伴做出眉心向内、嘴角下拉的表情并说："难过。"学生模仿同伴做出难过的表情并进行仿说表达难过的情绪。 4. 根据学生本节课的参与情况奖励或扣除学生的代币"笑脸"贴纸，观察学生的表情，学生被扣除"笑脸"贴纸时应表现出适当的难过情绪，如果学生出现大喊大叫、崩溃大哭的行为，可以拿出社交故事《不开心时可以怎样做》来平复学生的情绪，学习不开心时应该如何表现。 当学生连续3次在令人难过的情境中，以适当的面部表情、言语、动作表达自己难过的情绪时，可结束教学。
教学形式	个别训练、小组训练、家庭互动
活动评价	

活动评价	学生表现	1. 知识与技能： 2. 过程与方法： 3. 情感与态度：
	教师反思	
	家庭作业	1. 在生活中遇到令人难过的事情时，家长积极向孩子示范表达难过的语言、动作、面部表情。 2. 家长在孩子每次表达自己难过的情绪后及时指出："你现在很难过，因为你在……"

活动十一

活动名称	理解情境中自己高兴的情绪
教学对象	对于情绪与行为教育评估第29条，评价结果为"1"或"0"的学生
教学目标	学生连续3次识别出照片中不同情境下自己高兴的情绪（3.1）
器材	3张不同真实情境下学生高兴的照片
教学要点	**一、热身活动** 1. 教师出示呈现"高兴"表情的人脸图片，引导学生认识高兴的表情特点，例如嘴角上扬等。

续表

		2. 出示多个"高兴"和"伤心"表情的人脸图片，请学生选出"高兴"的表情图片。 当学生连续3次识别出"高兴"的表情图片时，可进入下一环节的教学。 **二、我高兴的表现** 1. 教师出示学生做律动游戏的情境照片，并描述照片中的情境："照片中的人是你，你正在做你喜欢的律动游戏，请认真观察你的表情是什么样的?"让学生观察并说一说。若学生无法说出，教师可给予口头提示，例如"嘴角上扬、眼睛眯起来"。 2. 请学生回答问题："照片中你的心情是怎样的? 为什么?"教师出示2张不同表情的人脸图片（高兴和伤心），引导学生指一指，并说出高兴的原因。若学生无法指出，教师可给予口头提示。教师还需要引导其他同学判断他指的是否正确。 3. 教师出示学生玩积木的情境照片，并描述照片中的情境："照片中的人是你，你正在玩你喜欢的积木，请认真观察你的表情是什么样的?"让学生观察并说一说。若学生无法说出，教师可给予口头提示，例如"嘴角上扬、眼睛眯起来"。 4. 请学生回答问题："照片中你的心情是怎样的? 为什么?"教师出示2张不同表情的人脸图片（高兴和伤心），引导学生指一指，并说出高兴的原因。若学生无法指出，教师可给予口头提示。教师还需引导其他同学判断他指的是否正确。 5. 教师出示学生领贴纸的情境照片，并描述照片中的情境："照片中的人是你，你正在领你喜欢的贴纸，请认真观察你的表情是什么样的?"让学生观察并说一说。若学生无法说出，教师可给予口头提示，例如"嘴角上扬、眼睛眯起来"。 6. 请学生回答问题："照片中你的心情是怎样的? 为什么?"教师出示2张不同表情的人脸图片（高兴和伤心），引导学生指一指，并说出高兴的原因。若学生无法指出，教师可给予口头提示。教师还需引导其他同学判断他指的是否正确。 当学生能够连续3次识别出"高兴"的表情图片并说出合理的原因时，可结束教学。
	教学形式	个别训练、小组训练、家庭互动
活动评价	学生表现	1. 知识与技能： 2. 过程与方法： 3. 情感与态度：
	教师反思	
	家庭作业	家长帮助孩子理解生活情境中自己高兴的情绪。

活动十二

活动名称	理解情境中自己伤心的情绪
教学对象	对于情绪与行为教育评估第31条，评价结果为"1"或"0"的学生
教学目标	学生连续3次识别出照片中不同情境下自己伤心的情绪（3.1）
器材	3张不同真实情境下学生伤心的照片

续表

教学要点	**一、热身活动** 1. 教师出示呈现"伤心"表情的人脸图片，引导学生认识伤心的表情特点，例如嘴角向下撇等。 2. 出示多个"高兴"和"伤心"表情的人脸图片，请学生选出"伤心"的表情图片。当学生能够连续3次识别出"伤心"的表情图片时，可进入下一环节的教学。 **二、我伤心的表现** 1. 教师出示学生游戏失败的情境照片，并描述照片中的情境："照片中的人是你，你在游戏活动中失败了，请认真观察你的表情是什么样的？"让学生观察并说一说。若学生无法说出，教师可给予口头提示，例如"嘴角向下"。 2. 请学生回答问题："照片中你的心情是怎样的？为什么？"教师出示2张不同表情的人脸图片（高兴和伤心），引导学生指一指并说出伤心的原因。若学生无法指出，教师可给予口头提示。教师还需引导其他同学判断他指的是否正确。 3. 教师出示学生的玩具被抢走的情境照片，并描述照片中的情境："照片中的人是你，你的玩具被小朋友抢走了，请认真观察你的表情是什么样的？"让学生观察并说一说。若学生无法说出，教师可给予口头提示，例如"嘴角向下"。 4. 请学生回答问题："照片中你的心情是怎样的？为什么？"教师出示2张不同表情的人脸图片（高兴和伤心），并指一指，引导学生说出伤心的原因。若学生无法指出，教师并给予口头提示。教师还需引导其他同学判断他指的是否正确。 5. 教师出示学生输了比赛的情境照片，并描述照片中的情境："照片中的人是你，你在比赛中输了，请认真观察你的表情是什么样的？"让学生观察并说一说。若学生无法说出，教师并给予口头提示，例如"嘴角向下"。 6. 请学生回答问题："照片中你的心情是怎样的？为什么？"教师出示2张不同表情的人脸图片（高兴和伤心），引导学生指一指并说出伤心的原因。若学生无法指出，教师可给予口头提示。教师还需引导其他同学判断他指的是否正确。 当学生能够连续3次识别出"伤心"的表情图片并说出合理的原因时，可结束教学。
教学形式	个别训练、小组训练、家庭互动
活动评价	**学生表现** 1. 知识与技能： 2. 过程与方法： 3. 情感与态度： **教师反思** **家庭作业** 家长帮助孩子理解生活情境中自己伤心的情绪。

活动十三

活动名称	理解情境中他人高兴的情绪1
教学对象	对于情绪与行为教育评估第33条，评价结果为"1"或"0"的学生
教学目标	学生连续3次识别出照片中不同情境下男孩（女孩）高兴的情绪（3.2）

续表

器材	3张不同真实情境下男孩（女孩）高兴的照片	
教学要点	一、热身活动 1. 教师出示呈现"高兴"表情的人脸图片，引导学生认识高兴的表情特点，例如嘴角上扬等。 2. 出示多个"高兴"和"伤心"表情的人脸图片，请学生选出"高兴"的表情图片。当学生能够连续3次识别出"高兴"的表情图片时，可进入下一环节的教学。 二、他（她）高兴的表现 1. 教师出示小男孩（小女孩）吃雪糕的情境照片，并描述照片中的情境："照片中的小男孩（小女孩）正在吃他很喜欢的雪糕，请认真观察他的表情是什么样的？"让学生观察并说一说。若学生无法说出，教师可给予口头提示，例如"嘴角上扬，眼睛眯起来"。 2. 请学生回答问题："照片中小男孩（小女孩）的心情是怎样的？为什么？"教师出示2张不同表情的人脸图片（高兴和伤心），引导学生指一指，还需说出小男孩（小女孩）高兴的原因。若学生无法指出，教师可给予口头提示。教师还需引导其他同学判断他指的是否正确。 3. 教师出示小男孩（小女孩）搭积木的情境照片，并描述照片中的情境："照片中的小男孩（小女孩）正在玩他很喜欢的积木，请认真观察他的表情是什么样的？"让学生观察并说一说。若学生无法说出，教师可给予口头提示，例如"嘴角上扬，眼睛眯起来"。 4. 请学生回答问题："照片中小男孩（小女孩）的心情是怎样的？为什么？"教师出示2张不同表情的人脸图片（高兴和伤心），引导学生指一指，还需说出小男孩（小女孩）高兴的原因。若学生无法指出，教师可给予口头提示。教师还需引导其他同学判断他指的是否正确。 5. 教师出示小男孩（小女孩）在滑滑梯的情境照片，并描述照片中的情境："照片中的小男孩（小女孩）正在玩他很喜欢的滑滑梯，请认真观察他的表情是什么样的？"让学生观察并说一说。若学生无法说出，教师可给予口头提示，例如"嘴角上扬，眼睛眯起来"。 6. 请学生回答问题："照片中小男孩（小女孩）的心情是怎样的？为什么？"教师出示2张不同表情的人脸图片（高兴和伤心），引导学生指一指，并说出小男孩（小女孩）高兴的原因。若学生无法指出，教师可给予口头提示。教师还需引导其他同学判断他指的是否正确。 当学生能够连续3次识别出"高兴"的表情图片并说出合理的原因时，可结束教学。	
教学形式	个别训练、小组训练、家庭互动	
活动评价	学生表现	1. 知识与技能： 2. 过程与方法： 3. 情感与态度：
	教师反思	
	家庭作业	家长帮助孩子理解生活情境中他人高兴的情绪。

活动名称	理解情境中他人高兴的情绪 2
教学对象	对于情绪与行为教育评估第 33 条，评价结果为"1"或"0"的学生
教学目标	学生连续 3 次识别出照片中不同情境下成年男性（成年女性）高兴的情绪（3.2）
器材	3 张不同真实情境下成年男性（成年女性）高兴的照片
教学要点	一、热身活动 1. 教师出示呈现"高兴"表情的人脸图片，引导学生认识高兴的表情特点，例如嘴角上扬等。 2. 出示多个"高兴"和"伤心"表情的人脸图片，请学生选出"高兴"的表情图片。 当学生能够连续 3 次识别出"高兴"的表情图片时，可进入下一环节的教学。 二、叔叔（阿姨）高兴的表现 1. 教师出示成年男性（成年女性）的孩子考试得了满分的照片，并描述照片中的情境："照片中的男孩得了 100 分，请认真观察他的爸爸的表情是什么样的？"让学生观察并说一说。若学生无法说出，教师可给予口头提示，例如"嘴角上扬，眼睛眯起来"。 2. 请学生回答问题："照片中爸爸（妈妈）的心情是怎样的？为什么？"教师出示 2 张不同表情的人脸图片（高兴和伤心），引导学生指一指，并说出成年男性（成年女性）高兴的原因。若学生无法指出，教师可给予口头提示。教师还需引导其他同学判断他指的是否正确。 3. 教师出示成年男性（成年女性）参加生日聚会的情境照片，并描述照片中的情境："照片中的男人（女人）正在参加好朋友的生日聚会，请认真观察他的表情是什么样的？"让学生观察并说一说。若学生无法说出，教师可给予口头提示，例如"嘴角上扬，眼睛眯起来"。 4. 请学生回答问题："照片中的男人（女人）的心情是怎样的？为什么？"教师出示 2 张不同表情的人脸图片（高兴和伤心），引导学生指一指，并说出成年男性（成年女性）高兴的原因。若学生无法指出，教师可给予口头提示。教师还需引导其他同学判断他指的是否正确。 5. 教师出示成年男性（成年女性）在打篮球的情境照片，并描述照片中的情境："照片中的男人（女人）正在和朋友一起打篮球，请认真观察他的表情是什么样的？"让学生观察并说一说。若学生无法说出，教师可给予口头提示，例如"嘴角上扬，眼睛眯起来"。 6. 请学生回答问题："照片中男人（女人）的心情是怎样的？为什么？"教师出示 2 张不同表情的人脸图片（高兴和伤心），引导学生指一指，并说出成年男性（成年女性）高兴的原因。若学生无法指出，教师可给予口头提示。教师还需引导其他同学判断他指的是否正确。 当学生能够连续 3 次识别出"高兴"的表情图片并说出合理的原因时，可结束教学。
教学形式	个别训练、小组训练、家庭互动
活动评价	学生表现	1. 知识与技能： 2. 过程与方法： 3. 情感与态度：

续表

教师反思	
家庭作业	家长帮助孩子理解生活情境中他人开心的情绪。

活动十四

活动名称	理解情境中他人伤心的情绪1
教学对象	对于情绪与行为教育评估第35条，评价结果为"1"或"0"的学生
教学目标	学生连续3次识别出照片中不同情境下男孩（女孩）伤心的情绪（3.2）
器材	3张不同真实情境下小男孩（小女孩）伤心的照片
教学要点	一、热身活动 1. 教师出示呈现"伤心"表情的人脸图片，引导学生认识伤心的表情特点，例如嘴角向下撇等。 2. 出示多个"高兴"和"伤心"表情的人脸图片，请学生选出"伤心"的表情图片。当学生能够连续3次识别出"伤心"的表情图片时，可进入下一环节的教学。 二、他（她）伤心的表现 1. 教师出示小男孩（小女孩）摔倒了的情境照片，并描述照片中的情境："照片中的小男孩（小女孩）摔倒了，请认真观察他的表情是什么样的？"让学生观察并说一说。若学生无法说出，教师可给予口头提示，例如"嘴角向下"。 2. 请学生回答问题："照片中小男孩（小女孩）的心情是怎样的？为什么？"教师出示2张不同表情的人脸图片（高兴和伤心），引导学生指一指，并说出小男孩（小女孩）伤心的原因。若学生无法指出，教师可给予口头提示。教师还需引导其他同学判断他指的是否正确。 3. 教师出示小男孩（小女孩）的玩具被抢走的情境照片，并描述照片中的情境："照片中的小男孩（小女孩）被抢走了玩具，请认真观察他的表情是什么样的？"让学生观察并说一说。若学生无法说出，教师可给予口头提示，例如"嘴角向下"。 4. 请学生回答问题："照片中小男孩（小女孩）的心情是怎样的？为什么？"教师出示2张不同表情的人脸图片（高兴和伤心），引导学生指一指，并说出小男孩（小女孩）伤心的原因。若学生无法指出，教师可给予口头提示。教师还需引导其他同学判断他指的是否正确。 5. 教师出示小男孩（小女孩）被批评的情境照片，并描述照片中的情境："照片中的小男孩（小女孩）被批评了，请认真观察他的表情是什么样的？"让学生观察并说一说。若学生无法说出，教师可给予口头提示，例如高兴"嘴角向下"。 6. 请学生回答问题："照片中小男孩（小女孩）的心情是怎样的？为什么？"教师出示2张不同表情的人脸图片（高兴和伤心），引导学生指一指，并说出小男孩（小女孩）伤心的原因。若学生无法指出，教师可给予口头提示。教师还需引导其他同学判断他指的是否正确。 当学生能够连续3次识别出"伤心"的表情图片并说出合理的原因时，可结束教学。

续表

活动评价	教学形式	个别训练、小组训练、家庭互动
	学生表现	1. 知识与技能： 2. 过程与方法： 3. 情感与态度：
	教师反思	
	家庭作业	家长帮助孩子理解生活情境中他人伤心的情绪。

活动十五

活动名称	理解情境中他人伤心的情绪 2
教学对象	对于情绪与行为教育评估第 35 条，评价结果为"1"或"0"的学生
教学目标	学生连续 3 次识别出照片中不同情境下成年男性（成年女性）伤心的情绪（3.2）
器材	3 张不同真实情境下成年男性（成年女性）伤心的照片
教学要点	一、热身活动 1. 教师出示呈现"伤心"表情的人脸图片，引导学生认识伤心的表情特点，例如嘴角向下撇等。 2. 出示多个"高兴"和"伤心"表情的人脸图片，请学生选出"伤心"的表情图片。 当学生能够连续 3 次识别出"伤心"的表情图片时，可进入下一环节的教学。 二、叔叔（阿姨）伤心的表现 1. 教师出示成年男性（成年女性）的孩子的手划伤了的情境照片，并描述照片中的情境："照片中的男孩手划伤了。请认真观察他的爸爸的表情是什么样的？"让学生观察并说一说。若学生无法说出，教师可给予口头提示，例如"嘴角向下"。 2. 请学生回答问题："照片中的爸爸（妈妈）的心情是怎样的？为什么？"教师出示 2 张不同表情的人脸图片（高兴和伤心），引导学生指一指，并说出成年男性（成年女性）伤心的原因。若学生无法指出，教师可给予口头提示。教师还需引导其他同学判断他指的是否正确。 3. 教师出示成年男性（成年女性）错过公交车的情境照片，教师描述照片中的情境："照片中的男人（女人）没赶上公交车。请认真观察他的表情是什么样的？"让学生观察并说一说。若学生无法说出，教师可给予口头提示，例如"嘴角向下"。 4. 请学生回答问题："照片中男人（女人）的心情是怎样的？为什么？"教师出示 2 张不同表情的人脸图片（高兴和伤心），引导学生指一指，并说出成年男性（成年女性）伤心的原因。若学生无法指出，教师可给予口头提示。教师还需引导其他同学判断他指的是否正确。

续表

		5. 教师出示成年男性（成年女性）摔倒了的情境照片，教师描述照片中的情境："照片中的男人（女人）摔倒了。请认真观察他的表情是什么样的？"让学生观察并说一说。若学生无法说出，教师可给予口头提示，例如"嘴角向下"。 6. 请学生回答问题："照片中男人（女人）的心情是怎样的？为什么？"教师出示 2 张不同表情的人脸图片（开心和伤心），引导学生指一指，并说出成年男性（成年女性）伤心的原因。若学生无法指出，教师可给予口头提示。教师还需引导其他同学判断他指的是否正确。 当学生能够连续 3 次识别出"伤心"的表情图片并说出合理的原因时，可结束教学。
	教学形式	个别训练、小组训练、家庭互动
活动评价	学生表现	1. 知识与技能： 2. 过程与方法： 3. 情感与态度：
	教师反思	
	家庭作业	家长帮助孩子理解生活情境中他人伤心的情绪。

活动十六

活动名称	上课时感到很高兴该怎样做
教学对象	对于情绪与行为教育评估第 37 条，评价结果为"1"或"0"的学生
教学目标	学生连续 3 次能用适当的行为方式调控自己在课堂上很高兴的情绪（4.1）
器材	社交指导卡《上课时感到很高兴该怎样做》、课堂上学生很高兴时的视频、学生很高兴时的动作卡
教学要点	一、借助社交故事学习调控很高兴的情绪 1. 教师出示社交指导卡《上课时感到很高兴该怎样做》，带学生读社交故事，学生听故事并观察图片。社交故事《上课时感到很高兴该怎样做》内容简述如下： （1）我们经常会感到很高兴。 （2）比如看动画片时，或是玩玩具时。 （3）很高兴时我们往往会哈哈大笑或者手舞足蹈，这是一件平常事。 （4）但是如果在公共场合或者上课时，我们感到很高兴，就需要用适当的方法来表达，这是十分重要的。 （5）我们可以尝试小声笑、微笑，或是用手轻捂嘴巴笑。 （6）能用这些方法来表达高兴，老师会夸我做得好。

续表

		2. 教师为学生讲解社交指导卡中学生在上课时是怎样表达高兴的。 **二、学习课堂上如何调控很高兴的情绪** 1. 教师提问："上课时感到很高兴该怎样做？"引导学生回答："小声笑，用手轻捂嘴巴。" 2. 教师带领观看课堂上学生很高兴时的视频或录像，并提问："课堂上，同学们感到很高兴时是怎样做的？"引导学生回答："小声笑，用手轻捂嘴巴。" 3. 小组训练。将学生分为两组，教师出示学生很高兴时的各种行为卡片，请两组学生看图片抢答："在上课感到很高兴时，卡片中哪些做法是正确的，哪些做法是错误的，为什么？" **三、我能在课堂上调控自己很高兴的情绪** 在课堂上给学生播放动画片或让学生玩玩具，观察并记录学生的反应，引导学生用适当的行为方式调控自己高兴的情绪的行为。对表达正确的同学及时给予强化物进行奖励，对表达不正确的学生及时纠正，可进行口头提示、动作提示。 学生连续在3次练习中均能正确调控自己高兴的情绪即可。
教学形式		个别训练、小组训练、家庭互动
活动评价	学生表现	1. 知识与技能： 2. 过程与方法： 3. 情感与态度：
	教师反思	
	家庭作业	带孩子去喜欢的公共场所，观察孩子很高兴时的表现，适时指导孩子调控自己很高兴的情绪，如告诉孩子不要很大声地笑。

活动十七

活动名称	感到生气时我该怎样做
教学对象	对于情绪与行为教育评估第38条，评价结果为"1"或"0"的学生
教学目标	学生连续3次正确表达出如何调控自己很生气的情绪（4.1）
器材	社交指导卡《感到很生气时我该怎样做》、学生很生气时的视频、学生很生气时的动作卡、不同真实情境下学生生气的照片
教学要点	**一、借助社交故事学习调控很生气的情绪** 1. 教师出示社交指导卡《感到很生气时我该怎样做》，带学生读社交故事，学生听故事并观察图片。社交故事《感到很生气时我该怎样做》内容简述如下： （1）人们有时会很开心。 （2）有时会感到很生气。 （3）人人都会有很生气的时候，这是一件平常事。 （4）很生气时，用适当的方式来调控情绪，这是十分重要的。

续表

		（5）当我很生气时，我可以深呼吸，然后数数让自己放松下来，也可以玩一会儿我喜欢的玩具，这可以让我开心起来。 （6）我还可以告诉老师或者家长，他们会想办法帮助我。 （7）用这些方法来调控情绪，老师会夸我做得好。" 2. 为学生讲解社交指导卡中学生在感到很生气时是怎样做的。 二、学习生活中如何调控很生气的情绪 1. 提问学生："感到很生气时可以怎样做？"引导学生回答："（1）告诉老师或家长，大人会尝试明白和帮助我。（2）深呼吸，然后数数让自己放松下来。（3）趴在桌子上休息一会儿。（4）玩一会儿玩具，忘记不开心的事。" 2. 教师带领观看学生感到很生气时的视频或录像，并提问："同学们感到很生气时是怎样做的？"引导学生回答："（1）告诉老师或家长，大人会尝试明白和帮助他们。（2）深呼吸，然后数数让自己放松下来。（3）趴在桌子上休息一会儿。（4）玩一会儿玩具，忘记不开心的事。" 3. 小组训练。将学生分为两组，教师出示学生很生气时的各种动作卡片，请两组学生看图片抢答："当感到很生气时，卡片中哪些做法是正确的，哪些做法是错误的，为什么？" 三、我知道生活中如何调控自己很生气的情绪 1. 教师出示一张"很生气"的情景图片，问学生："这个男生要抢走你的玩具，你的心情是怎样的？"学生回答："我很生气。"教师继续询问："你很生气的时候，该怎么办呢？"学生回答："我可以找老师帮忙。"教师询问："你可以和老师说什么，让她帮助你呢？"学生回答："老师，这个男生要抢我的玩具，我很生气，请你帮帮我。"当学生无法回答相应的问题时，及时提示学生。 2. 教师出示一张"很生气"的情景图片，问学生："看电视时间结束，动画片没有播完，妈妈关掉电视，你的心情是怎样的？"学生回答："我很生气。"教师继续询问："你生气的时候，该怎么办呢？"学生回答："我可以：（1）深呼吸，然后数数让自己放松下来。（2）趴在桌子上休息一会儿。（3）玩一会儿玩具，忘记不开心的事。"当学生无法回答相应的问题时，及时提示学生。 学生连续在3次练习中能正确说出如何调控自己很生气的情绪即可。
	教学形式	个别训练、小组训练、家庭互动
活动评价	学生表现	1. 知识与技能： 2. 过程与方法： 3. 情感与态度：
	教师反思	
	家庭作业	亲子共读绘本《我好生气》，重点引导孩子学习绘本中主人公很生气时的做法，还可提问孩子："如果是你，你会怎么做？"

活动十八

活动名称	分享快乐
教学对象	对于情绪与行为教育评估第41条，评价结果为"1"或"0"的学生
教学目标	学生连续3次用适当的行为方式向他人分享自己快乐的情绪（4.2）
器材	出游照片、礼物
教学要点	一、识别快乐的情境及相应的情绪 教师出示小男孩过生日的情景照片，引导学生观察照片中的内容，并询问："照片中小男孩在做什么？他的心情怎么样？"可通过语言提示等引导学生回答。 二、学习向他人分享快乐的做法 1. 引导学生探讨分享快乐的方法及带来的后果 （1）描述情绪。教师引导学生观察照片中小男孩的表情，并询问："照片中小男孩的心情是怎样的？"引导学生说出"开心"。 （2）描述情景。教师询问："为什么照片中小男孩很开心？"引导学生说出原因，如"因为大家和他一起庆祝生日"。 （3）教学指令及教学回应。教师询问："你会怎样和好朋友分享快乐的心情呢？"让学生说一说自己想到的方法。积极的做法有将喜欢的玩具和其他小朋友一起玩，将生日蛋糕分享给好朋友。引导学生思考与他人分享快乐后自己的感受和别人的感受，如别人更愿意与你交朋友。消极的做法有不愿与别人分享生日蛋糕。引导学生思考这样做带来的结果，如别人觉得你很小气，不愿与你做朋友，也不会将自己的玩具分享给你。 在小组训练中，教师可以引导其他同学对该生采用的解决方法进行评价，让同学们互相分析此方法可能带来的结果。在个训或家庭互动中，教师或家长可采用谈话法引导学生说出分享方法。 2. 教师总结向他人分享快乐的方法 （1）教师引导学生分析积极的方法，积极的方法是将自己的生日蛋糕与别人分享，带来的结果是，结识新朋友，别人可能将自己喜欢的东西分享给你玩，你也会觉得很快乐。 （2）消极的方法是谁也不和谁分享，别人不愿与你做朋友，只能看着其他小朋友一起玩耍。 （3）教师引导学生分析这两种方法，总结出积极的方法更好，不仅能让别人感受你的快乐，更有可能交到更多新朋友。 三、我知道如何向他人分享快乐的情绪 1. 教师出示小男孩与别人分享玩具的照片，请学生回答问题："照片中小男孩的心情是怎样的？你会怎样和好朋友分享快乐的心情呢？" 2. 教师出示小男孩与他人分享零食的情景照片，请学生回答问题："照片中小男孩的心情是怎样的？你会怎样和好朋友分享快乐的心情呢？" 3. 教师出示小男孩被表扬的情景照片，请学生回答问题："照片中小男孩的心情是怎样的？你会怎样和好朋友分享快乐的心情呢？" 学生连续3次均回答出"开心"和分享快乐情绪的方法即可。 四、我能正确地向他人分享自己快乐的情绪 教师创设情境，让学生感受到快乐，观察学生分享的过程，事后复盘，并进一步指导学生如何更好地分享快乐的情绪。 学生连续3次均能正确分享自己快乐的情绪即可。

续表

教学形式	个别训练、小组训练、家庭互动		
活动评价	学生表现	1. 知识与技能： 2. 过程与方法： 3. 情感与态度：	
^	教师反思		
^	家庭作业	与家人或朋友分享一件自己感到快乐的事。	

活动十九

活动名称	寻求帮助以调节生气情绪
教学对象	对于情绪与行为教育评估第42条，评价结果为"1"或"0"的学生
教学目标	学生连续3次正确表达如何寻求帮助以调节生气情绪（4.2）
器材	一组真实情境下引起生气情绪的照片
教学要点	一、识别很生气的情景及相应的情绪 教师出示同学抢夺玩具的情景照片，引导学生观察照片中的内容，并询问："照片中的两个小朋友在做什么？他脸上的情绪怎么样？"可通过语言提示等引导学生回答。 二、学习调节很生气的情绪的方法 1. 引导学生探讨调节很生气的情绪的方法 （1）描述情绪。教师引导学生观察照片中被抢走玩具的小朋友的表情，询问："照片中小朋友的心情是怎样的？"引导学生回答："生气。" （2）描述情景。教师询问："为什么照片中小朋友很生气？"引导学生说出原因，如"因为他的玩具被抢走了"。 （3）教学指令及教学回应。教师询问："请你想一想他会怎样做？"学生说出自己想到的方法。如果学生说出消极的方法，教师可以顺着此方法引导学生思考消极方式带来的不好结果。如果学生说出积极的方法，教师给予大量口头表扬。 在小组训练中，教师可以引导其他同学对该生采用的解决方法进行评价，可以请同学们互相分析此方法可能带来的结果，说一说谁的解决方法更好。在个训或家庭互动中，教师或家长可采用谈话法引导学生说出情绪调节方法。 2. 教师总结调节很生气的情绪的方法 （1）积极的方法是向大人求助，如指着被拿走的玩具，哭着向教师说"玩具……我的"。教师引导学生分析积极的方法带来的结果是玩具被要回来了。 （2）消极的方法是小朋友之间互相争抢玩具，发生肢体冲突，不仅没要回玩具，而且小朋友还受了伤。

续表

		3. 引导学生分析这两种方法，总结出第一种积极的方法更好，不仅能要回玩具，而且不会让小朋友受伤。 **三、我知道如何寻求帮助以调节生气的情绪** 1. 教师出示小朋友被同学抢走故事书的情景照片，请学生回答问题："照片中小朋友的心情是怎样的？他应当如何求助？" 2. 教师出示小朋友被同学抢走学习用具的情景照片，请学生回答问题："照片中小朋友的心情是怎样的？他应当如何求助？" 3. 教师出示小朋友被人误解的情景照片，请学生回答问题："照片中小朋友的心情是怎样的？他应当如何求助？" 学生连续3次均说出很生气时恰当的求助方法即可。
教学形式		个别训练、小组训练、家庭互动
活动评价	学生表现	1. 知识与技能： 2. 过程与方法： 3. 情感与态度：
	教师反思	
	家庭作业	在生活情境中能以恰当的方法寻求帮助以调节生气的情绪。

活动二十

活动名称	请注意我
教学对象	对于情绪与行为教育评估第45条，评价结果为"1"或"0"的学生
教学目标	学生连续3次用眼神接触、举手示意、轻摇对方身体、手指向或拉着他人的手等适当的方式获取他人注意（5.1）
器材	学生喜欢的强化物玩具、儿歌《毛毛虫爬呀爬》、感统刷
教学要点	**一、用面部表情获取他人注意——"毛毛虫爬呀爬"（或其他学生喜欢的小活动）** 1. 教师与学生面对面，向学生说明："一会儿我们要玩一个游戏，如果你想继续玩，你就看看老师，如果你不看老师，游戏就停止。" 2. 播放儿歌，引起学生注意，告知学生："游戏开始喽。" 3. 教师在学生身体上，用手做毛毛虫爬的动作。然后突然停下来，等待学生反应。学生看向教师后，教师说："你的眼神告诉我你要继续玩。" 4. 如果学生不看向教师，游戏停止。 5. 继续开始新一轮的游戏。 6. 重复进行游戏。

		续表
	\multicolumn{2}{l|}{二、用肢体动作获取他人注意——"刷一刷我的身体"（或其他学生喜欢的小活动） 1. 教师与学生面对面，向学生说明："一会儿我们要做一个活动，如果你想继续，你就拉拉我的手。" 2. 播放儿歌，引起学生注意，告知学生："游戏开始喽。" 3. 教师与学生面对面，教师用刷子给学生刷头、手臂和手掌，然后突然停下，等待学生反应。学生拉教师的手后，教师继续刷他的身体。 4. 如果学生没有反应，游戏停止。 5. 教师继续刷学生身体的各部位，然后停下来，学生拉教师的手，活动继续。 6. 重复进行游戏。 当学生连续3次在活动中用适当的面部表情、肢体动作获取他人注意时，可结束教学。}
教学形式	\multicolumn{2}{l|}{个别训练、家庭互动}
活动评价	学生表现	1. 知识与技能： 2. 过程与方法： 3. 情感与态度：
	教师反思	
	家庭作业	1. 家长在生活中一些程序性的事情上减少对孩子的支持和帮助，让孩子主动去寻求帮助，激发学生适当的行为。 2. 家长积极矫正孩子表现出的以获取他人注意的问题行为（如自伤、大喊大叫、打人等），可采取教授替代行为或忽略问题行为等策略。

活动二十一

活动名称	我来选
教学对象	对于情绪与行为教育评估第47条，评价结果为"1"或"0"的学生
教学目标	学生连续3次用点头或摇头、摆手、手指向或拉着他人的手至想要选择的物品等适当的方式选择喜欢的物品（5.2）
器材	孩子喜欢的玩具球和小汽车
教学要点	一、用眼神告诉老师 1. 教师出示光电玩具球和小汽车，引起学生注意。 2. 教师拿起玩具球和小汽车，告知学生："用眼神告诉老师你要哪个，想要哪个就看着它。" 3. 教师提问："你想要哪个？" 4. 观察学生的反应，如果他看了某个玩具，就将那个玩具给他。 5. 如果学生没有看，问下一名学生（同伴示范）。

续表

		6. 再次拿出两个玩具，提问："用眼神告诉我，你要哪个？" 7. 重复进行游戏。 **二、用手指告诉教师** 1. 教师再次拿起玩具球和小汽车，告知学生："想要哪个就用手指一下。" 2. 教师提问："指一指，你想要哪个？" 3. 观察学生的反应，如果他指出某个玩具，就将那个玩具给他。 4. 如果学生没有反应，问下一名学生（同伴示范）。 5. 再次拿出两个玩具，提问："指一指，你要哪个？" 6. 重复进行游戏。 当学生连续 3 次在活动中用适当的面部表情、肢体动作选择喜欢的物品或活动时，可结束教学。
教学形式		个别训练、小组训练、家庭互动
活动评价	学生表现	1. 知识与技能： 2. 过程与方法： 3. 情感与态度：
	教师反思	
	家庭作业	1. 在周末去哪里出游、午饭吃什么、衣服如何搭配等家长可控的问题上可以让孩子自己来选择。 2. 鼓励孩子采用不同的、别人容易理解的方式（面部表情、肢体动作）选择自己喜欢的物品或活动。

活动二十二

活动名称	用肢体动作说"不"
教学对象	对于情绪与行为教育评估第 49 条，评价结果为"1"或"0"的学生
教学目标	学生连续 3 次用摇头、摆手等肢体动作来逃避自己不喜欢的物品或活动（5.3）
器材	学生不喜欢的玩具、食物的实物及照片
教学要点	**一、感知用肢体动作说"不"** 1. 给学生他不喜欢的食物（如香蕉、鸡蛋等），观察学生的反应。教师向学生说明："你可以用摇头表达不喜欢这些食物。" 2. 给学生他不喜欢的玩具（如拼图、积木等），观察学生的反应。教师向学生说明："你可以用摆手表达你不喜欢这些玩具。" 当学生连续 3 次均用肢体语言正确表达时，可进入下一环节的教学。

续表

		二、理解图片中的"不" 1. 教师出示学生不喜欢的游戏的照片，并询问："你想做这个游戏吗？可以怎样表达？"若学生反应错误或无反应，教师可以口头提示，引导学生用肢体表达，然后请其他同学判断他表达得是否正确。 2. 教师出示学生不喜欢的玩具的照片，并询问："你想玩这个吗？可以怎样表达？"若学生反应错误或无反应，教师可以口头提示，引导学生用肢体表达，然后请其他同学判断他表达得是否正确。 3. 教师出示学生不喜欢的食物的照片，并询问："你想吃这个吗？可以怎样表达？"若学生反应错误或无反应，教师可以口头提示，引导学生用肢体表达，然后请其他同学判断他表达得是否正确。 当学生连续3次均用肢体语言正确表达时，可进入下一环节的教学。 三、生活中的应用，在情境中表达"不" 1. 带学生做他不喜欢的律动小游戏，当学生表现出不开心的时候，教师询问："做游戏的时候你的心情是怎样的，你可以用哪些动作来表达？"若学生反应错误或无反应，教师可以口头提示，引导学生用肢体表达，并引导其他同学判断他表达得是否正确。 2. 给学生他不喜欢的积木玩，当学生表现出不开心的时候，教师询问："玩积木的时候你的心情是怎样的，你可以用哪些动作来表达？"若学生反应错误或无反应，教师可以口头提示，引导学生用肢体表达，并引导其他同学判断他表达得是否正确。 3. 奖励学生他不喜欢的食物，当学生表现出厌恶的时候，教师询问："拿到这些食物的时候你的心情是怎样的，你可以用哪些动作来表达？"若学生反应错误或无反应，教师可以口头提示，引导学生用肢体表达，并引导其他同学判断他表达得是否正确。 当学生连续3次均用肢体语言正确表达时，可结束教学。
	教学形式	个别训练、小组训练、家庭互动
活动评价	学生表现	1. 知识与技能： 2. 过程与方法： 3. 情感与态度：
	教师反思	
	家庭作业	家长帮助孩子表达生活中他有哪些不喜欢的事物或活动。

活动二十三

活动名称	用正确的方法获取感官刺激
教学对象	对于情绪与行为教育评估第51条，评价结果为"1"或"0"的学生

续表

<table>
<tr><td rowspan="5">活动评价</td><td>教学目标</td><td colspan="2">学生连续3次在适当的情境下用适当的行为获取感官刺激（5.4）</td></tr>
<tr><td>器材</td><td colspan="2">图片（摇手、荡秋千），私密空间的照片和有关词卡，不适当行为的视频</td></tr>
<tr><td>教学要点</td><td colspan="2">一、什么是适当的情境
1. 教师出示图片，如自己的小屋、自己的个人工作空间、教室的一个角落，让学生认识到这些是私密空间，不是可以影响他人的集体环境。
2. 带学生到真实的个人空间中，如个人工作室、教室的一个角落，分组教学区等，让学生认识到这些是个人私密空间。
3. 引导学生说一说哪些是个人私密空间，可以用词卡或图片进行提示。
当学生能够说出2个正确答案时，可进入下一环节的教学。
二、什么是可以获得感官刺激的适当行为
1. 教师出示适当行为的图片，如摇手、荡秋千等。请学生观察，说出图中的行为是什么。若学生无法说出或无反应，教师可以进行详细讲解。
2. 播放视频，请学生识别哪些行为是不适当的，如大声尖叫、猛烈摇晃身体、揪头发等。
3. 找出可以在私密空间中做的可获得自我刺激的适当行为（通过图片或视频判断）。若学生不能找出，教师可以口头提示或拿出图片进行讲解，继续引导学生观察和认识适当的行为图片。
当学生连续3次回答正确时，可进入下一环节的教学。
三、我可以怎么做
1. 在真实情境中，请学生用图片选择可以做的行为，如在个人工作区选择"摇手"的图片，表示可以用摇手进行自我刺激。若学生选择错误或无反应，教师可给予口头提示，并引导其他同学判断选择得是否正确。
2. 在小组活动时，请学生用语言表达"我想荡秋千"或者其他能够获得自我刺激的形式。若学生用语言表达的行为不恰当或无反应，教师可给予口头提示，并引导其他同学判断该生表达的行为是否正确。
3. 在真实情境中观察学生的表现。
当学生能连续3次在适当的情境下用适当的行为获取感官刺激时，可结束教学。</td></tr>
<tr><td>教学形式</td><td colspan="2">个别训练、小组训练、家庭互动</td></tr>
<tr><td rowspan="3"></td><td>学生表现</td><td>1. 知识与技能：
2. 过程与方法：
3. 情感与态度：</td></tr>
<tr><td>教师反思</td><td></td></tr>
<tr><td>家庭作业</td><td>家长帮助孩子认识到在生活中他可以用哪些适当的行为获得自我刺激。</td></tr>
</table>

(三) 情绪与行为教育训练活动示例使用说明及注意事项

1. 教学对象说明

情绪与行为教育训练活动的教育对象是情绪与行为教育评估中评价结果为"1"或"0"的学生。

2. 教学要点说明

情绪与行为教育训练活动示例仅供教师参考。教师也可依据实际情况撰写教学要点，创编可达到相同目的的各种活动。

3. 教学形式说明

情绪与行为教育训练活动示例基本均可采用个别训练、小组训练、家庭互动三种教学形式，但具体使用哪种教学形式，教师须具体情况具体分析。

4. 训练器材说明

教育训练活动中所要求的器材均基于教师教育教学实践，使用教育训练活动示例的教师，可根据学生特点及实际情况等准备相应的训练器材。如活动二十二所需器材为"学生不喜欢的玩具、食物的实物及照片"，教师可基于学生的特点准备相应的器材。

5. 教育训练活动使用注意事项

其一，情绪与行为教育训练须循序渐进。课标中情绪与行为训练内容共分为情绪识别、情绪表达、情绪理解、情绪调节、行为管理五个模块。其中，情绪识别、情绪表达、情绪理解、情绪调节为渐进关系，如学生未达到上一层级能力，就不需要进行下一层级的训练；但行为管理的训练，如学生有需要，可随时进行，不需要等学生具备前四个模块的能力再开始训练。

其二，教育活动中使用"辅助"策略的，需依据学生能力不断降低辅助，最终进行辅助的撤离。

本章小结：本章基于《培智学校义务教育康复训练课程标准（2016年版）》，通过三节内容解答了导读中提出的问题。第一节是情绪与行为训练的概述，首先介绍了情绪与行为训练包括情绪识别、情绪表达、情绪理解、情绪调节、行为管理五个模块，共12条具体内容；然后介绍了情绪与行为训练的对象及实施流程，重点阐述了情绪与行为训练实施流程的"初筛—分流—评估—拟订IEP—实施、检验与反馈"五个环节，同时介绍了初筛使用的工具《情绪与行为初筛表》。第二节是情绪与行为能力的教育评估，重点内容包括

《情绪与行为教育评估表》的编制与介绍，为了确保教师能更顺利地使用评估表对学生进行精准评估，我们对评估表进行了进一步的解析，编制形成了《情绪与行为教育评估标准解析》，并介绍了评估解析的使用说明及注意事项。第三节是情绪与行为的教育训练，重点阐述了情绪与行为教育训练的理念，介绍了情绪与行为教育训练活动示例。活动示例涵盖情绪识别、情绪表达、情绪理解、情绪调节和行为管理五个模块，共 23 个活动，进一步保障教师更好地以生为本，基于课标、落实课标，开展精准的情绪与行为康复，支持特殊儿童提升生活质量。

参考文献

1. 中华人民共和国教育部. 培智学校义务教育康复训练课程标准（2016年版）[M]. 北京：人民教育出版社，2018.
2. 胡晓毅，刘艳虹. 学龄孤独症儿童教育评估指南[M]. 北京：北京师范大学出版社，2017.
3. 励建安，丁勇. 特殊儿童物理治疗[M]. 南京：南京师范大学出版社，2015.
4. 李晓捷，姜志梅，丁勇. 特殊儿童作业治疗[M]. 南京：南京师范大学出版社，2015.
5. 中国残疾人联合会. 智力残疾儿童系统康复训练[M]. 北京：华夏出版社，1997.
6. 于兑生. 康复医学评价手册[M]. 北京：华夏出版社，1993.
7. 协康会. ASD儿童训练指南3[M]. 香港：协康会，1997.
8. 吴端文. 解放聪明的"笨"小孩[M]. 北京：中国发展出版社，2014.
9. 王辉. 特殊儿童感知觉训练[M]. 南京大学出版社，2012.
10. 谢明. 感知觉统合的理论与实践[M]. 天津：新蕾出版社，2010.
11. 王和平. 特殊儿童的感觉统合训练[M]. 北京：北京大学出版社，2011.
12. 杨淑兰. 沟通与沟通障碍：理论与实务[M]. 台北：心理出版社，2015.
13. 锜宝香. 儿童语言与沟通发展[M]. 台北：心理出版社，2009.
14. SUNDBEG M L. 语言行为里程碑评估及安置计划[M]. 黄伟合，李丹，译. 北京：北京大学医学出版社，2018.
15. 胡晓毅. 自闭症儿童教育新论[M]. 北京：北京师范大学出版社，2020.
16. 柳慧萍，刘穿石. 动态图片结合回合式教学对自闭症儿童情绪识别能力的干预研究[J]. 中国特殊教育，2020（01）：45-50.
17. 韦晴. 随班就读中孤独症儿童情绪能力的干预研究[D]. 北京：北京师范大学，2019.
18. 陈赛. 基于情绪主题绘本开展大班幼儿情绪教育的教学策略研究[D]. 北京：北京师范大学，2018.
19. 张孟地. 基于Avatar技术的孤独症儿童面部表情识别的干预与实证研究[D]. 北京：北京师范大学，2017.
20. 王永固，张庆，黄智慧，等. 社会故事法在孤独症儿童社交障碍干预中的应用[J]. 中国特殊教育，2015（04）：45-50.
21. 霍文瑶. 自闭症儿童面部表情识别的干预研究[D]. 北京：北京师范大学，2015.

22. 陈颖. 情绪主题图画书阅读活动提升智力落后儿童情绪能力的研究[D]. 北京：北京师范大学，2015.
23. 王凤梅. 孤独症谱系障碍儿童情绪理解能力干预的个案研究[D]. 北京：北京师范大学，2015.
24. 过雅琪. 提高孤独症儿童共情能力的个案研究[D]. 北京：北京师范大学，2015.
25. 佟月华. 学习障碍儿童情绪理解研究[D]. 北京：北京师范大学，2007.

图书在版编目（CIP）数据

培智学校康复训练评估与教学 / 孙颖，陆莎，王善峰著. -- 北京：华夏出版社有限公司，2023.1（2024.11 重印）

（融合教育在北京）

ISBN 978-7-5222-0433-8

Ⅰ.①培… Ⅱ.①孙… ②陆… ③王… Ⅲ.①智力落后－中小学教育－康复训练－教育研究－北京 Ⅳ.①G764

中国版本图书馆 CIP 数据核字（2022）第 222712 号

© 华夏出版社有限公司 未经许可，不得以任何方式使用本书全部及任何部分内容，违者必究。

培智学校康复训练评估与教学

作　　者	孙　颖　陆　莎　王善峰
策划编辑	刘　娲
责任编辑	李亚飞
出版发行	华夏出版社有限公司
经　　销	新华书店
印　　装	三河市少明印务有限公司
版　　次	2023 年 1 月北京第 1 版 2024 年 11 月北京第 2 次印刷
开　　本	787×1092　1/16 开
印　　张	16
字　　数	331 千字
定　　价	88.00 元

华夏出版社有限公司　地址：北京市东直门外香河园北里 4 号　邮编：100028
网址：www.hxph.com.cn　电话：（010）64663331（转）

若发现本版图书有印装质量问题，请与我社营销中心联系调换。